Harriet Goldhor Lerner
Das mißdeutete Geschlecht

W0179749

Harriet Goldhor Lerner

Das mißdeutete Geschlecht

Falsche Bilder der Weiblichkeit in Psychoanalyse und Therapie

Aus dem Amerikanischen übertragen
von Olga Rinne

Kreuz Verlag

Die Originalausgabe erschien bei Jason Aronson Inc., Publishers,
Northvale, New Jersey, London
unter dem Titel »Women in Therapy«

Die Deutsche Bibliothek – CIP-Einheitsaufnahme

Lerner, Harriet Goldhor:
Das mißdeutete Geschlecht: falsche Bilder der Weiblichkeit
in Psychoanalyse und Therapie / Harriet Goldhor Lerner. Aus
dem Amerikan. übertr. von Olga Rinne. – 1. Aufl. der gekürzten
Fassung. – Zürich: Kreuz-Verl., 1991
Einheitssacht.: Women in therapy < dt. >
ISBN 3-268-00115-7

1. Auflage
© der gekürzten Fassung Kreuz Verlag AG Zürich 1991
»Women in Therapy« © 1988 by Jason Aronson Inc.
by arrangement with Mark Paterson
Umschlaggestaltung: Atelier Reichert, Stuttgart
Umschlagbild: Henri Matisse »Femme à la fontaine (1919),
Foto: ARTEPHOT/FAILLET, Paris.
© VG Bild-Kunst, Bonn/Les Héritiers Matisse 1991.
Gesamtherstellung: Ebner Ulm
ISBN 3 268 00115 7

Inhalt

Widmung

Dieses Buch ist den vielfältigen Stimmen der feministischen Bewegung gewidmet und der Menninger Foundation, die – sowohl was ihre Größe wie ihre Gesinnung angeht – in der Lage ist, unterschiedliche Auffassungen zu fördern.

Vorwort

Eine vorsichtigere Einschätzung der weiblichen Psychologie

Wenn eine Frau heute ihre Symptome und Beschwerden zehn verschiedenen Psychiatern oder Psychotherapeuten vorträgt, ist sie höchstwahrscheinlich mit zehn unterschiedlichen Auffassungen und Deutungen konfrontiert. Alle zehn Ansätze könnten falsch sein. Oder es könnten auch alle zehn richtig sein, in dem Sinn, daß jeder Ansatz einen anderen Teilaspekt des Ganzen beleuchtet. In der Psychologie der Frau gibt es noch viele ungeklärte Fragen, obwohl immer neue Theorien entstehen, aus denen therapeutische Interventionen abgeleitet werden. Diese Theorien, meine eigene eingeschlossen, werden selten als vorläufige und partielle Erkenntnisse dargestellt; meistens präsentieren sie sich vielmehr als die neuesten wissenschaftlichen Tatsachen. Da Generationen von Frauen versucht haben, sich den vorherrschenden Ansichten darüber, was für ihr Geschlecht richtig und angemessen sei, anzupassen, sind die psychischen Kosten ins Unermeßliche gewachsen.

Unglücklicherweise werden Theorien über die weibliche Psychologie als Wahrheiten gehandelt und so betrachtet, als besäßen sie ein Eigenleben, unabhängig vom jeweiligen Kontext. Ganz gleich, wie anspruchsvoll unsere Forschungsmethoden sein mögen und wie aufrichtig wir uns um Neutralität bemühen – unsere Thesen sagen im besten Fall etwas darüber aus, wie Interaktionsmuster entstehen und wie psychische Strukturen sich in einer bestimmten Familienform an einem bestimmten Punkt der patriarchalen Geschichte entwickeln. Außerdem muß jede brauchbare Theorie weiblicher Entwicklung oder weiblichen

Verhaltens sowohl den tiefgehenden Einfluß geschlechtsspezifischer Familien- und Berufsrollen als auch die Psychologie dominanter und untergeordneter Gruppen mitreflektieren. Und schließlich ist die Art, wie wir wissenschaftliche Fragen formulieren, Theorien bilden und Psychotherapie praktizieren, untrennbar mit unseren eigenen geschlechtsspezifischen und familiären Erfahrungen verbunden, die unbewußte Ängste, Wünsche und Vorstellungen in bezug auf Frauen einschließen. Wir sind, wie die Familientherapeutin Betty Carter[1] betont, in unseren Reaktionen nie unabhängig von unserem Geschlecht, unserer Klasse, unserer Geschwisterposition, unserem ethnischen Hintergrund, unserer persönlichen Geschichte, unseren theoretischen Orientierungen, unseren Erfahrungen, unserem Wissen oder unserem Mangel an Wissen. Die Wahl, die wir haben, liegt nur darin, uns dieser Tatsache bewußt zu sein oder nicht – unabhängig davon, ob wir Theorien als höhere Wahrheiten glorifizieren oder einfach sagen, was wir glauben. Unter diesem Gesichtspunkt ist das, was wir inhaltlich über das Thema Frauen in Therapie denken, vielleicht weniger wichtig als die Art, *wie* wir denken. Wir können uns auf ein sinnvolleres Verständnis von weiblicher Psychologie zubewegen, wenn wir erkennen, daß uns nicht nur die Antworten fehlen, sondern daß wir noch dabei sind, die richtigen Fragen zu formulieren und eine angemessene Sprache zu finden, in der wir geschlechtsbezogene Probleme diskutieren können. In diesem Licht betrachtet, war es eine besonders ernüchternde Erfahrung für mich, meine eigene, fünfzehn Jahre umfassende Arbeit über weibliche Psychologie und über die Therapie von Frauen vorzulegen. Wenn man den letzten Teil dieses Buches mit meinen früheren Beiträgen vergleicht, wird es evident, daß mein gegenwärtiges Denken sich in vieler Hinsicht von meinen früheren Vorstellungen unterscheidet und daß diese Unterschiede sich in meiner veränderten psychotherapeutischen Praxis spiegeln. Die Konfrontation mit den Wandlungen in meiner eigenen Arbeit im Lauf der Zeit hilft mir, meiner üblichen Tendenz, an jedem Wendepunkt des Weges »Heureka!« zu rufen, entgegenzuarbeiten.

1 Carter, B. (1985): Ms intervention's guide to »correct« feminist family therapy; The Family Therapy Networker 9(6), p. 78–79

Die Psychologie der Frau ist eine unabgeschlossene Aufgabe, eben so wie dieses Buch. Jede von uns trägt einen kleinen Teil zu einem Gesamtbild bei, das sich im Lauf der Zeit weiter verändern und erweitern wird. Dieses Buch bietet weder umfassende Erklärungen noch definitive Erkenntnisse; es dokumentiert vielmehr die Evolution bestimmter Ideen, die sich in dem Maß veränderten, wie meine psychoanalytischen Sichtweisen durch die feministische Theorie und dann durch die Familien-System-Theorie in Frage gestellt und bereichert wurden. Ich hoffe, daß diese Arbeit den Geist der Offenheit und des Hinterfragens widerspiegelt, den die feministische Bewegung angeregt und ermöglicht hat.

Weibliches Verhalten im Kontext

Die früheren Beiträge in diesem Band spiegeln meine Versuche, traditionelle psychoanalytische Vorstellungen von Weiblichkeit zu revidieren und phallozentrischen Auffassungen entgegenzutreten, die weibliches Verhalten pathologisieren und eine enge, intrapsychische Sichtweise perpetuieren, die die größeren Zusammenhänge verdunkelt. Trotz meiner Überzeugung, daß weibliches Verhalten aus einem weiteren Blickwinkel betrachtet werden muß, konzentrierte ich meine Aufmerksamkeit in den siebziger Jahren auf die Mutter-Kind-Dyade, was die Rolle des Vaters und anderer Familienmitglieder in diesem Zusammenhang als peripher erscheinen ließ. Im Gegensatz dazu ist das letzte Kapitel dieses Buches eine Kritik an der psychoanalytischen Fixierung auf die Macht der Mütter und auf die Mutter-Kind-Dyade; es beschreibt die Probleme, die entstehen, wenn die in sich geschlossene Einheit von Mutter und Kind oder die ödipale Triade Vater, Mutter und Kind den hauptsächlichen, wenn nicht ausschließlichen Rahmen für die Beobachtung und Theoriebildung darstellt. Hier behaupte ich, daß das Verständnis der weiblichen Entwicklung und der Differenzierung des Selbst einer systemorientierten Perspektive bedarf, deren Beobachtungs- und Forschungsfeld das reziproke, zirkuläre Muster ist, das von allen Familienmitgliedern aufrechterhalten wird. Aus dieser Sichtweise leiten sich weitreichende Konsequenzen für die Psychotherapie von Frauen ab.

Was die in diesem Band dokumentierten Verschiebungen und Veränderungen zusammenhält, ist mein fortgesetztes Bemühen, weibliches Verhalten im weitestmöglichen Kontext zu sehen. Zunächst brachte die feministische Theorie mich dazu, die Mutter-Kind-Dyade in die kulturellen Zusammenhänge hineinzustellen und zu zeigen, daß Probleme in diesem Bereich nicht isoliert von der Gesellschaft, in der die Mutter lebt, verstanden werden können. Die Familien-System-Theorie vermittelt mir dann eine neue erkenntnistheoretische Grundlage, die mir zu beobachten erlaubte, wie untrennbar die Mutter-Tochter-Dyade mit der Vater-Tochter-Dyade, der ehelichen Beziehung und anderen familiären Beziehungen und Triaden verwoben ist, die oft mehrere Generationen umfassen. Es ist keine kleine Aufgabe, den familiären Prozeß zu analysieren und die komplexen Wechselbeziehungen zwischen Individuum, Familie und Kultur richtig einzuschätzen. Ich kämpfe immer noch mit dem defensiven Bedürfnis, die feministische Theorie, die psychoanalytische Theorie und die Familien-System-Theorie in meinem Kopf gleichsam wie in luftdichten Verpackungen voneinander getrennt zu halten, so daß sie sich nicht aneinander reiben und mir Schwierigkeiten machen können.

Mit den Beiträgen dieses Buches habe ich mich ernsthaft bemüht, dieser Art des Schubladendenkens entgegenzuwirken und die traditionelle Auffassung zu entkräften, daß die Kultur kein angemessener Gegenstand psychoanalytischer Fragestellungen sei oder daß das Studium der laufenden familiären Prozesse ein weniger schwieriges oder unwichtigeres Gebiet sei als internalisierte Objekte, die durch Übertragung wiedererweckt werden. Als Psychotherapeutin kann ich Frauen am nützlichsten sein, wenn ich ihnen helfe, ihr Verhalten und ihre Probleme aus dem weitestmöglichen Blickwinkel zu sehen, und ihre Aufmerksamkeit dabei auf die intrapsychischen, familialen und kulturellen Faktoren lenke, die eine Differenzierung des Selbst vereiteln und die die Fähigkeit zu lieben und zu arbeiten hemmen.

Trotz aller guten Absichten reflektiert dieses Buch, wie alle anderen wissenschaftlichen Arbeiten auf psychologischem Gebiet, den begrenzten Rahmen der persönlichen und professionellen Erfahrungen einer Autorin. Die Praxiserfahrungen, aus denen ich meine theoretischen Einsichten ableite, beziehen sich vorwiegend (wenn auch durchaus nicht ausschließlich) auf Angehörige der weißen Mittelschicht. Damit will ich die Relevanz meiner Ideen für andere gesellschaftliche Gruppen nicht verkleinern und auch nicht verleugnen, daß es in den Erfahrungen von Frauen aller Schichten Gemeinsamkeiten gibt. Ich hebe diese Tatsache vielmehr hervor, weil mir zunehmend deutlich wird, wie oft meine Kollegen und ich von der »Psychologie der Frau« sprechen, als ob *alle* Frauen gemeint wären, was durchaus nicht der Fall ist. Mit diesem reflexiven Sprachgebrauch verdunkeln wir Unterschiede zwischen Frauen und die Mannigfaltigkeit weiblicher Existenzmöglichkeiten, und wir verweisen Frauen mit anderer Hautfarbe und aus anderen Schichten oder mit anderen sexuellen Vorlieben bestenfalls in eine »Spezialkategorie«, schlimmstenfalls in eine abweichende Randgruppe oder unsichtbare »Subkultur«. Erst wenn wir das Zusammenwirken von ethnischer Zugehörigkeit, Klasse, sexuellen Neigungen und Geschlecht erforscht haben, können wir uns einer komplexeren und allgemeineren Auffassung von weiblicher Psychologie annähern. Ich möchte also an dieser Stelle betonen, daß mein Beitrag ein kleines Stück des großen Mosaiks ist, das wir gemeinsam schaffen, indem wir uns bemühen, den Reichtum und die Vielfalt weiblicher Erfahrung darzustellen.

Letzten Endes ist jede einzelne Frau, mit der wir psychotherapeutisch arbeiten, die Expertin für ihr eigenes Selbst. Im Idealfall werden es die Lebenserfahrungen von Frauen sein, die unsere Theorien erweitern und formen – und nicht umgekehrt. Ich hoffe auch, daß weibliche Erfahrungen sich in Zukunft in einem neuen Kontext entwickeln, in dem die Geschlechter einander ebenbürtig sind, was die Macht in Familie und Gesellschaft angeht. Unser gegenwärtiges Verständnis der besonderen Stärken und Schwächen von Frauen ist untrennbar mit der Psychologie des Verhaltens unterprivilegierter Gruppen verbunden.

Die Erforschung der komplexeren und tiefverwurzelten patriarchalen Vorurteilshaltung unserer Kultur, die mit dem allzu glatten Wort »Sexismus« nicht angemessen beschrieben wird, ist eine Aufgabe, die wir gerade erst in Angriff zu nehmen beginnen. Eben weil der Einfluß des patriarchalen Denkens so tiefgehend und so allgegenwärtig ist, können wir seine Auswirkungen auf unsere Theoriebildung und unsere psychotherapeutische

Praxis nicht vollständig erfassen. Erst nachdem wir die patriarchalen Strukturen (auch in der Sprache und im Denken) in Frage gestellt und verändert haben, können wir uns von der Problematik der alten Auffassungen und Methoden ein klares Bild machen.

Wie würde die Psychotherapie von Frauen in einer Gesellschaft aussehen, in der Frauen denselben kulturellen und sozialen Einfluß ausüben können wie Männer, in der Frauen in jedem Bereich des öffentlichen Lebens akzeptiert und präsent sind? Würden wir uns unter solchen Bedingungen überhaupt noch auf Fragen der Geschlechtszugehörigkeit konzentrieren oder eine speziell weibliche Psychologie für notwendig halten? Nur die kühnsten und radikalsten Denkerinnen unter uns können sich in eine solche Zukunft hineinversetzen.

Harriet Goldhor Lerner
Topeka, Kansas, im Januar 1988

Ursprünge der Frauenverachtung
und des Neides auf Frauen

Psychoanalytiker haben lange geglaubt, der Penisneid sei für das Verständnis des weiblichen Seelenlebens von zentraler Bedeutung. Unter Berufung auf dieses Konzept ließ sich alles erklären, von dem Wunsch der Frauen nach einem Ehemann und einem Kind bis hin zu ihren Bemühungen, in traditionellen Männerdomänen zu arbeiten und zu konkurieren. Menschen außerhalb der psychoanalytischen Zirkel brachten weniger Enthusiasmus für solche Erklärungen auf – insbesondere die Feministinnen, die darauf hinwiesen, daß Frauen gute Gründe haben, auf die Stellung der Männer in der Gesellschaft neidisch zu sein, und daß es dabei um andere Dinge geht als um den Besitz des kostbaren Penis. Im Gegenzug beharrten gewisse Psychoanalytiker darauf, die feministische Bewegung selbst sei eine Manifestation von Penisneid und die Unzufriedenheit mit der traditionellen weiblichen Rolle sei ein psychiatrisches Problem.

Engstirnige, stereotype Vorstellungen vom angemessenen Platz der Frau in der Gesellschaft sind nicht nur unter einigen wenigen Psychoanalytikern verbreitet. Die autoritärsten Analytiker stimmen darin überein, daß es der »wahren Natur« der Frau entspreche, ihre Erfüllung in der traditionellen Rolle der Ehefrau und Mutter zu finden (Chesler 1972). Jung, der Freuds Auffassung des Penisneides und des Ödipuskomplexes nicht teilte, stellte dennoch fest: »Aber niemand kommt um die Tatsache herum, daß die Frauen einen männlichen Beruf ergreifen, in männlicher Weise studieren und arbeiten und damit etwas tun, was ihrer weiblichen Natur zum mindesten nicht ganz liegt, wenn nicht geradezu schädlich ist« (Jung 1928, d. A., S. 31). Bettelheim vertrat die Ansicht: ». . . so sehr Frauen gute Wissenschaftlerinnen und Ingenieure sein wollen, so wünschen sie doch zuerst und vor allem frauliche Gefährtinnen von Männern und Mütter zu sein« (Bettelheim 1965, S. 15). Nach Freuds Auffassung konnten Frauen, die mit diesem Stand der Dinge nicht zufrieden waren, sich nicht mit ihrer sexuellen Minderwertigkeit abfinden und hegten unbewußt immer noch »die Hoffnung, doch noch einmal einen Penis zu bekommen und dadurch dem Manne gleich zu werden . . .« (Freud 1925, d. A., S. 261). Obwohl ich nicht mit denjenigen übereinstimme, die die Existenz des Penisneides leugnen, meine ich doch, daß Psychoanalytiker, die gewisse unangepaßte Aspekte von Weiblichkeit als unvermeidliche biologische Notwendigkeiten rationalisieren, ihre Frauenverachtung ausdrücken, indem sie das Konzept des Penisneides bis zu einem unhaltbaren Extrem treiben. Chesler sagt dazu: »Aus Freudscher Sicht haben Frauen in erster Linie die ›Funktionen der Brutpflege und Aufzucht‹ zu erfüllen, sind potentiell warmherzige Geschöpfe, aber häufiger übellaunige Kinder mit Uteri, die ständig um den Verlust der männlichen Organe und der männlichen Identität trauern« (Chesler 1972, d. A., S. 78).

Es ist allerdings bedauerlich, daß Wut und Mißverständnisse in feministischen Kreisen zu einer globalen Verdammung des psychoanalytischen Denkens und zu einer etwas milderen Ablehnung anderer etablierter Therapiemethoden geführt haben. Freuds Ansichten über Frauen wurden vielfach einer kritischen Revision unterzogen, mit häufigen Hinweisen auf die unglücklichen »phallozentrischen« Vorurteile seiner Theoriebildung und unter offener Anerkennung der Tatsache, daß die bisherigen Auffassungen von Weiblichkeit und weiblicher Sexualität unzulänglich sind (David 1970, Torok 1970). Auch Freud selbst drückte angesichts des »dunklen Kontinents« Weiblichkeit Zurückhaltung und Unsicherheit aus und betonte immer wieder, daß seine Hypothesen unvollständiger und vorläufiger Natur seien. Neuere psychoanalytische Autoren zollten dem feministischen Protest inzwischen beträchtliche Anerkennung und gestanden ein, daß die Kombination des starken kulturellen und des intrapsychischen Drucks Frauen dazu treibt, »eine neurotisch-abhängige, selbstauslöschende Lebenshaltung zu akzeptieren« (Symonds 1971–72, S. 224).

Es war jedoch lange vor dem Aufleben der gegenwärtigen feministischen Bewegung bekannt, daß das weibliche Geschlecht in den meisten Kulturen stark abgewertet wird und daß die häufige Idealisierung und Überhöhung der Frau die darunterliegende Frauenverachtung kaum zu verhüllen vermag (Horney 1932). Autoren aus verschiedenen Disziplinen, darunter auch Psychoanalytiker, beschrieben die Radikalität, mit der Frauen diskriminiert werden. David (1970) führt einen primitiven Stamm als Beispiel an, bei dem die Frauen als »die Rasse ohne Sprache« bezeichnet werden, und Anthropologen beobachteten, daß die Entwertung der Frauen in vielen Kulturen ebenso stark ausgeprägt ist wie die Unterdrückung ethnischer Minderheiten. In einem wichtigen Punkt ist die Unterdrückung der Frauen allerdings einmalig: Oft hegen die Frauen dieselbe Geringschätzung für das weibliche Geschlecht wie die Männer. Die »masochistische« Einstellung vieler Frauen ist leicht zu erkennen, und wir erleben täglich in unseren Sprechzimmern, wie Frauen ihr eigenes Geschlecht herabsetzen. Die Selbstverachtung der Frauen ist durch experimentelle Untersuchungen belegt, und sie schlägt sich überall auf der Welt in kulturellen Institutionen nieder (Lederer 1968).

Die Entwertung der Frauen ist leicht zu dokumentieren, aber die Ursachen für die Komplizenschaft zwischen beiden Geschlechtern sind weniger klar. Zusätzlich zu den mächtigen kulturellen Zwängen, die Frauen dazu bringen, sich selbst zu entwerten, muß auch ein starker innerer Druck am Werk sein, denn kulturelle Muster lassen sich nicht ohne weiteres fest etablieren und aufrechterhalten, wenn nicht gewisse Vorteile für alle damit verbunden sind. Selbst die Gründe für die Komplizenschaft der Männer bei sexistischen »Lösungen« liegen nicht klar auf der Hand. Zu oft wurden Männer als die alleinigen Nutznießer der Machtvorteile einer »herrschenden Klasse« beschrieben, obwohl die psychischen Kosten für ihre Situation auch nicht gering sind. Torok (1970) schrieb:

»Wenn man . . . genauer darüber nachdenkt, scheint es gar nicht mehr so selbstverständlich, daß der Mann sich *a priori* eine solche Herrschaftsbeziehung wünscht. Die Falschheit, die Ambivalenz und die Verweigerung von Identifikationen, die zwangsläufig mit einer solchen Beziehung einhergehen, müßten ihn in gleichem Maße an seiner eigenen vollen und authenti-

schen Selbstverwirklichung hindern. Gleichwohl, wer wollte bezweifeln, daß der Mann sich, entgegen seinen eigenen übergeordneten Interessen, fast universell zum Komplizen des Abhängigkeitszustands der Frau macht? Wer wollte in Abrede stellen,
daß es ihm gefällt, diesen Zustand zu einem religiösen, metaphysischen oder anthropologischen Prinzip zu erheben? Welches Interesse nimmt er an seiner Herrschaft über ein Wesen,
durch das er sich selbst verstehen und das ihn verstehen könnte?
Die Entdeckung seiner selbst durch das andere Geschlecht wäre
die Enthüllung der Humanität; aber genau das haben die wenigsten von uns begriffen« (d. A., S. 230).

Für viele psychoanalytische Theoretiker ist die Entwertung
der Frauen ein unvermeidliches Problem, das sich aus der »genitalen Minderwertigkeit« des weiblichen Geschlechts herleitet.
Der intensive Haß auf die Mutter ihres penislosen Status wegen
und die daraus resultierende Verachtung für sie und für alle anderen Frauen ist das unausweichliche Schicksal sowohl der
Mädchen (aufgrund des Kastrationskomplexes) als auch der
Knaben (aufgrund der Kastrationsangst). Solange der Mann
den Penis, die Frau die Vagina hat, bleibt der institutionalisierte
Sexismus ein unvermeidlicher Bestandteil unseres anatomischen
Schicksals, für das allein die Phylogenese verantwortlich ist.

Das Konzept der »genitalen Minderwertigkeit« des weiblichen Geschlechts wurde jedoch überstrapaziert, um die Entwertung der Frauen zu erklären; andere entscheidende Faktoren
wurden dagegen nicht wahrgenommen. Meiner Ansicht nach
entstammen sowohl die Entwertung der Frauen als auch die
Vorstellungen vom adäquaten »männlichen« und »weiblichen«
Verhalten zum großen Teil den machtvollen und nachhaltig
wirkenden Affekten der frühen Mutter-Kind-Beziehung. Die
starken Affekte (Neid, Angst, Wut, Scham), die durch die hilflose Abhängigkeit des Kindes von einer allmächtigen Mutter
ausgelöst werden, erkannte man durchaus, aber ihr nachhaltiger
Einfluß auf das erwachsene Leben wurde immer wieder heruntergespielt und nicht genügend durchdacht. Lederer (1968) bemerkt dazu: ». . . wir, die männlichen Autoren psychoanalytischer Beiträge, haben es geschafft, würdevolles brüderliches
Schweigen zu bewahren, was unsere Angst vor Frauen und unseren Neid auf Frauen betrifft« (S. 135).

Neid auf Frauen

Der Begriff »Penisneid« ist auch dem Laien vertraut; will man dagegen etwas über den Brustneid erfahren, erfordert das eine mühsame Suche in der psychoanalytischen Literatur. Diese Tatsache ist bemerkenswert, denn in unserer Kultur ist die weibliche Brust Gegenstand starker Idealisierung, Ablehnung und regelrechter Obsessionen, was eigentlich auf die Existenz eines solchen Phänomens hinweist. In der frühen Kindheit spielt die Mutterbrust eine ebenso zentrale wie ambivalente Rolle: Sie ist die früheste Quelle von Befriedigung und Liebe einerseits, von Versagung und Haß andererseits und das erste Medium intimen sozialen Kontakts (Fairbairn 1952). Auch Klein hebt hervor, daß die Brust in ihren positiven Aspekten der Prototyp mütterlicher Güte, unerschöpflicher Geduld und Großzügigkeit und das Urbild der Kreativität ist. Obwohl der Brustneid in der psychoanalytischen Theorie nicht den Status eines Fachterminus genießt, ist er in Kleins theoretischer Arbeit von zentraler Bedeutung. Neid ist in Kleins Definition »die Wut darüber, daß ein anderer Mensch etwas Begehrenswertes besitzt oder genießt, und der neidische Impuls besteht darin, es wegzunehmen oder zu verderben« (1957, S. 6). Sie schreibt: »Meine Arbeit hat mich gelehrt, daß die nährende Brust das erste beneidete Objekt ist, denn der Säugling hat das Gefühl, daß sie alles besitzt, was er begehrt, und daß die Brust über einen unbegrenzten Strom von Milch und Liebe verfügt, den sie sich zu ihrer eigenen Befriedigung vorbehält« (1957, S. 10). Für Klein ist die Internalisierung der Brust – der Wunsch, die Brust zu besitzen, so daß die Macht und die magischen Kräfte, die der Säugling ihr zuschreibt, ihm selbst zu eigen sind – von zentraler Wichtigkeit. Sie berichtet, daß in der Analyse von Frauen auch der Penisneid letztlich auf den Neid auf die mütterliche Brust (beziehungsweise ihr symbolisches Äquivalent, die Flasche) zurückgeführt werden kann.

Auch Freud (1909, 1918) erkannte, daß ein Gegenpart zum Penisneid existiert, als er die Schwangerschaftsphantasien und Kinderwünsche von Männern beschrieb. In der psychoanalytischen Literatur findet man Fallstudien, die Schwangerschaftsphantasien und -inszenierungen sowohl bei erwachsenen Männern als auch bei kleinen Knaben schildern. Andere Autoren, wie Brunswick (1940), führten dieses Thema weiter aus und stellten fest, daß bei Mädchen der Wunsch nach einem Kind dem Wunsch nach einem Penis vorausgeht und daß der Penisneid selbst als der Wunsch verstanden werden kann, die omnipotente Mutter und ihre Attribute zu besitzen.

Es ist nicht mein Ziel, die Vorstellung vom Brustneid populär zu machen; ich möchte vielmehr darauf hinweisen, daß männlicher Neid auf weibliche Geschlechtsmerkmale und auf die Gebärfähigkeit der Frauen eine weitverbreitete, aber in auffälliger Weise ignorierte Dynamik ist. Noch wichtiger aber ist die Tatsache, daß Neid bei beiden Geschlechtern in der Regel ein viel komplexeres Phänomen ist und sich meistens nicht auf Körperteile wie den Penis oder die Brust beschränkt. Wie Torok (1970) betont, ist es nicht das Fehlen bestimmter Körpermerkmale wie Penis oder Brust, das so tiefe Gefühle des Neides, der Verzweiflung oder des Selbsthasses auslöst; diese Gefühle sind vielmehr Symptome unbewußter Bedürfnisse, Wünsche und Ängste, die mit den objektiven anatomischen Realitäten vermutlich wenig zu tun haben. Der Ursprung des Penisneides liegt oft in der dyadischen Beziehung zwischen Mutter und Tochter; als Symptom kann er Probleme der Identifikation mit und der ablösenden Unterscheidung von einer Mutter spiegeln, die als eifersüchtig, destruktiv und zudringlich wahrgenommen wird (Chasseguet-Smirgel 1970, Torok 1970). Was Männer angeht, ist es unwahrscheinlich, daß ihr Neid auf Frauen sich nur auf die nährende Brust und die reproduktiven Fähigkeiten bezieht; er entstammt vielmehr den vielfältigen Eindrücken der Säuglingszeit und der frühen Kindheit, in der die Mutter als omnipotente Gestalt erlebt wird, die über unerschöpfliche Ressourcen verfügt und die mit der Macht ausgestattet ist, allen Schmerz und alles Leiden abzuwehren, aber auch zuzufügen.

Neid und Entwertung – Die Umkehrung des frühen Matriarchats

Der enge Zusammenhang von Neid und Entwertung ist für das Verständnis der Dynamik des defensiven Sexismus von ausschlaggebender Bedeutung. Die Entwertung eines beneideten

Objekts ist eine typische Abwehrstrategie, denn sobald ein Objekt entwertet ist, braucht man es nicht mehr zu beneiden. Klein wies darauf hin, daß das Zerstören und Abwerten Aspekte sind, die dem Neid innewohnen, und daß die Mutterbrust und dann die Mutter die frühesten und wichtigsten Objekte des Neides und der Entwertung darstellen. Kernberg (1972) beobachtete in seiner Arbeit mit Borderline- und narzißtischen Patienten, daß intensiver Neid auf Frauen zu einer auffälligen Dynamik gehört, die in eine schwere Beeinträchtigung der Fähigkeit mündet, Liebesbeziehungen einzugehen. Er stellte fest, daß sich in der Entwertung und Verachtung von Frauen ein defensiver Umgang mit Neid und Haß spiegelt.

Nun stellt sich die Frage, ob Neid auf Frauen und Frauenverachtung ausschließlich pathologische Phänomene sind, oder ob es sich um eine weiter verbreitete, wenn nicht universelle Dynamik handelt. Obwohl Kernberg meint, daß diese Konstellation nur für schwer gestörte Patienten ein ernstes Problem darstellt, merkt er auch an, daß sie nicht als ein klar eingrenzbares klinisches Phänomen betrachtet werden kann: »Intensiven Neid und Haß auf Frauen findet man bei vielen männlichen Patienten. Vom klinischen Standpunkt aus scheint es tatsächlich, als komme die Intensität dieser dynamischen Konstellation bei Männern der des Penisneides bei Frauen gleich« (1972, S. 14).

Ich stimme Kernbergs These zu, daß die Entwertung von Frauen letztlich auf die Entwertung der Mutter, des primären Objekts der Abhängigkeit, zurückzuführen ist (ebenda). Darüber hinaus meine ich aber, daß es sich um eine allgemein verbreitete Dynamik handelt, die sich in den meisten Kulturen der Welt in geschlechtsbezogenen Sitten und Wertvorstellungen ausdrückt. In unserer Kultur spiegelt sich meiner Ansicht nach die Neid-Entwertung-Konstellation in der Auswahl der Persönlichkeitsmerkmale, Qualitäten, Verhaltensweisen und Rollen, die den Geschlechtern jeweils zugeschrieben werden. Unsere gegenwärtigen Vorstellungen von Männlichkeit und Weiblichkeit sind so angelegt, daß enormer Druck auf Frauen ausgeübt wird, den Mann »Sieger« sein zu lassen, den direkten Ausdruck von Aggression, Selbstbewußtsein, Ehrgeiz und intellektueller Kompetenz zu meiden und den Wunsch nach führenden und initiatorischen statt abhängigen und zuarbeitenden Rollen zu unterdrücken (Lerner 1974, Lynn 1972). Ich vermute, daß diese weithin akzeptierten Geschlechtsrollendefinitionen und -klischees selbst Ausdruck einer defensiven Entwertung der Frau und somit einer Kompensation der frühkindlichen Abhängigkeit von der Mutter sind.

In unseren Geschlechtsrollendefinitionen und -stereotypen spiegelt sich auch der Versuch, alle pflegenden und nährenden Eigenschaften der »guten Mutter« in erwachsenen Beziehungen wiederherzustellen und zu bewahren. Dem kulturellen Klischee gemäß verkörpert die erwünschte »feminine« Frau alle Aspekte der »guten Mutter« (sie sorgt für Nahrung und Ordnung, bringt emotionales Verständnis auf, spendet Trost, Nähe und Wärme), verfügt jedoch nicht über Macht, Dominanz und Kontrolle – Eigenschaften also, die der Imago der omnipotenten, beneideten Mutter ebenfalls innewohnen. Mit anderen Worten: In konventionellen erwachsenen Beziehungen erleben Männer in der Regel eine defensive Umkehrung des frühkindlichen Matriarchats, wobei die pflegenden und nährenden Funktionen der »guten Mutter« jedoch erhalten bleiben. So wird eine psychische und soziale Situation geschaffen, in der sich der erwachsene Mann die positiven Aspekte der Mutter erhält; aber nun ist er der Dominierende und kontrolliert das weibliche Objekt, von dem er in der frühen Kindheit abhängig war. Seine Frau – eigentlich ebenbürtige weibliche Partnerin – erhält jetzt den Kind-Status. Solange diese defensive Umkehrung der frühen Abhängigkeitssituation weiterbesteht, sind Neid und Ablehnung Frauen gegenüber gedämpft oder scheinbar eliminiert – die Entwertung der Frau findet ihren Ausdruck in der Umkehrung selbst.

Wie sollen wir aber die aktive Mitwirkung der Frauen an diesem System verstehen? Denn obwohl Frauen ihre eigene frühkindliche Abhängigkeitssituation dadurch umkehren, daß sie selbst Mutter werden, »wählen« sie in der Partnerbeziehung mit dem Mann oft die Rolle des abhängigen Kindes. Wie Kernberg (1972) betont, ist der Neid auf die Mutter und die Ablehnung der Mutter als der ersten Quelle der Abhängigkeit bei Frauen nicht weniger stark als bei Männern. Daher kann das Akzeptieren und Übernehmen »femininer« Rollenklischees (Schwäche, Abhängigkeit, Passivität) sowie die Idealisierung des Mannes und des Penis bei Frauen auch ein Versuch sein, die Omnipotenz und die Macht der frühkindlichen Mutter zu negieren. Diese Vorstellung stimmt mit der Aussage Chasseguet-Smirgels überein, daß ein Frauenbild, in dem Frauen als kastriert oder mit Mängeln behaftet erscheinen, bei beiden Geschlechtern eine Ablehnung der primitiven Mutterimago in ihrer Doppelnatur darstellt (die gute omnipotente Mutter wird durch die üppigen Brüste, den fruchtbaren Bauch, durch Ganzheit und Fülle symbolisiert; die schlechte omnipotente Mutter ist durch Frustration, Bedrängen und Einmischen, durch das Böse gekennzeichnet)[1].

Auch andere Autorinnen und Autoren, die sich nicht speziell mit dem Phänomen des Neides befaßten, brachten die Macht der frühkindlichen Mutter und die Frauenverachtung miteinander in Verbindung. David (1970) äußert die Vermutung, daß die tiefen narzißtischen Kränkungen, die dem Kind von der omnipotenten Mutter zugefügt werden, zu einem machtvollen Rachebedürfnis führen. Er nimmt an, daß unser verzerrtes Bild von Weiblichkeit und weiblicher Sexualität, die Diskriminierungen, denen Frauen von seiten der Männer und aus den eigenen Reihen ausgesetzt sind, und die masochistische Einstellung, die Frauen kennzeichnet – daß all dies Ausdrucksformen der »Rache« für die tiefen narzißtischen Verletzungen weiblicher und männlicher Säuglinge an der Mutterbrust sind. Horney (1932) bringt sowohl die Idealisierung als auch die Geringschätzung von Frauen mit den heftigen aggressiven Rachebedürfnissen in Zusammenhang, die der Dominanz und der Macht der Mutter und den damit verbundenen frühkindlichen Gefühlen der Schwäche, Machtlosigkeit und Demütigung entstammen. Brunswick (1940) weist auf den machtvollen Charakter des pri-

1 Penisneid und Kastrationsgefühle bei Frauen weisen auf ein defensives Bedürfnis hin, die primitive Mutterimago abzuwehren. In solchen Symptomen können sich jedoch auch tiefe Schuldgefühle und Ängste vor der Identifikation mit dieser Imago ausdrücken, besonders dann, wenn die Mutter in der Beziehung zum Vater als machtvolle, bösartige und kastrierende Gestalt erlebt wurde. Daher ist das Selbstbild von Frauen als »kastrierte« Wesen (und ihre Idealisierung des Mannes und des Penis) oft eine Reaktionsbildung gegen ihre eigenen unterdrückten »kastrierenden« und regressiven Bedürfnisse. Siehe die exzellente Darstellung dieses Problems bei Chasseguet-Smirgel.

mitiven Mutterbildes hin und betont die Bedeutung der frühen narzißtischen Kränkungen, die aus der Abhängigkeit des Kindes von der omnipotenten Mutter, die über alle wertvollen Eigenschaften verfügt und alle Fähigkeiten besitzt, resultieren. Chasseguet-Smirgel (1970) beschreibt einen anderen wesentlichen Aspekt des Bedürfnisses, die frühkindliche Situation umzukehren, nämlich die tiefverwurzelte Angst vor Frauen:

»Ich meine, infolge der Feindseligkeit, die wegen der eigenen Ohnmacht auf die Mutter projiziert wird, hinterläßt auch die zärtlichste und beste Mutter im Unbewußten des Kindes ein erschreckendes Bild. Dieses mit dem ganzen symbolischen Spektrum der bösen Macht ausstaffierte Bild schließt übrigens die Existenz einer schützenden Imago der Allmacht ... nicht aus; je nach den Umständen der Entwicklung des Subjektes und den realen Zügen des Objektes gewinnt die eine die Oberhand über die andere. Aber aufgrund der primären Ohnmacht des Kindes, der intrinsischen Merkmale seiner psycho-physiologischen Situation und der unvermeidlichen Erziehungsschwierigkeiten kann die Imago der guten Mutter die der erschreckenden Omnipotenz der bösen Mutter nie vollständig verdecken« (d. A., S. 159).

Unabhängig voneinander trugen Horney (1932) und Lederer (1968) eine eindrucksvolle Menge klinischer, mythologischer und anthropologischer Beispiele für die intensive männliche Angst vor der Frau zusammen. Obwohl beide darauf hinweisen, daß dieses Thema erstaunlich wenig Beachtung und Anerkennung gefunden hat, meine ich, daß es vielleicht nicht die Angst vor der Frau ist, die ignoriert wurde, sondern daß die Konsequenz dieser Angst, was den patriarchalen Charakter von Gesellschaften angeht, nicht genügend gewürdigt wurde. Zu welchen Verzerrungen unseres Bildes von Weiblichkeit hat dieses Bedürfnis geführt, Frauen an der Erkenntnis und am Ausdruck ihrer selbstbezogenen, aggressiven, wetteifernden und ehrgeizigen Strebungen zu hindern, um sicherzustellen, daß die primitive Mutterimago im erwachsenen Leben endlich kontrolliert, beherrscht und unterworfen werden kann? Und umgekehrt: Wenn Männer dazu ermutigt würden, sogenannte weibliche Eigenschaften in sich zuzulassen und auszudrücken (Abhängigkeit, Passivität, Schwäche), würden sie sich dann gefährdet fühlen, in die gefürchtete (obwohl auch erwünschte) Abhängigkeit von der omnipotenten Mutter zurückzufallen? Chasseguet-Smirgel beleuchtet dieses Thema, indem sie die Probleme, die beiden Geschlechtern aus der mütterlichen Dominanz und Omnipotenz erwachsen, mit der religiösen Mythologie in Zusammenhang bringt:

»Männer wie Frauen werden von einer Frau zur Welt gebracht: Wir alle sind in erster Linie Kinder unserer Mutter. Unsere Wünsche scheinen sich in dem Bestreben zu vereinigen, diese Tatsache aufzuheben, so sehr ist sie mit Konflikten beladen und so sehr erinnert sie uns an unsere ursprüngliche Abhängigkeit. Die Schöpfungsgeschichte scheint diesen Wunsch, uns von unserer Mutter zu befreien, zu übertragen: Der Mann wird von Gott geschaffen, der idealisierten Vaterfigur, Projektion der verlorenen Allmacht. Die Frau entsteht aus dem Körper des Mannes. Obgleich dieser Mythos anscheinend den Sieg des Mannes über die Mutter, über die Frau, die damit zu seinem Kinde wird, ausdrückt, stellt er für die Frau, insofern sie zugleich Tochter ihrer Mutter ist, einen relativ günstigen Ausweg dar: Es scheint nicht so sehr in ihrem Interesse zu liegen, ihre ›Bindung‹ an die Mutter fortzusetzen, vielmehr scheint sie sich dafür zu entscheiden, dem Mann zu gehören, für ihn geschaffen zu sein, – nicht als Selbstzweck –, ein Teil von ihm zu sein – Adams Rippe« (d. A., S. 187).

Geschlechtsrollenklischees

Auf die Gefahr hin, die Dinge übermäßig zu vereinfachen, möchte ich aufzuzeigen versuchen, wie die traditionellen Werte und Strukturen der Geschlechterbeziehung in dieser Kultur innerhalb des dargestellten theoretischen Rahmens verstanden werden können. Die Tatsache, daß Frauen in der Ehe die fürsorglichen Funktionen der »guten Mutter« (Nähren, Pflegen, Spenden emotionaler Nähe und Wärme) erfüllen, bedarf keiner weiteren Erläuterung. Die Darstellung der folgenden Punkte soll verdeutlichen, daß die kulturellen Stereotypen der erwachsenen Geschlechterbeziehung (abgesehen von den Pflegeaspekten) für Männer eine Umkehrung ihrer früheren hilflosen Abhängigkeit von einem machtvollen weiblichen Objekt beinhalten.

1. Frauen werden zur Abhängigkeit erzogen und oft als verloren und hilflos dargestellt, wenn sie keinen männlichen Partner haben. Es ist bezeichnend, daß »kleinmädchenhafte« Züge bei erwachsenen Frauen als attraktiv gelten und daß Wörter wie »Mädchen«, »Kleines«, »Süße«, »Baby« als zärtliche Kosenamen für Frauen verwendet werden. Mütter neigen dazu, weibliche Kinder stärker in Abhängigkeit zu halten als männliche Kinder (Lynn 1972), und Untersuchungen zeigen, daß erwachsene Männer und Frauen das Streben nach Selbstbehauptung und Unabhängigkeit bei Mädchen im allgemeinen mit einem Mangel an Weiblichkeit gleichsetzen (Baumrind 1972).

Der Ausdruck von Abhängigkeitsbedürfnissen bei Männern wird als unattraktiv, schwach oder weibisch betrachtet, und diese Bedürfnisse werden eher verleugnet als gefördert. Für Männer ist die Vorstellung von der stärkeren männlichen Unabhängigkeit eine Umkehrung der frühkindlichen Situation, in der das Kind sich in hilfloser Abhängigkeit von der machtvollen Mutter befindet.

2. In der Mann-Frau-Beziehung werden die geistigen Fähigkeiten und die intellektuelle Kompetenz häufig als die Domäne des Mannes betrachtet. In dem Maß, in dem ein Mädchen dazu erzogen wird, »feminin« zu sein, wird es entmutigt, intellektuelles Können zu zeigen; die junge Frau soll klug genug sein, sich einen Mann zu angeln, aber sie soll ihm geistig nie überlegen sein (Baumrind 1972, Lerner 1974). In den Medien werden Ehefrauen oft als launenhaft, geschwätzig, unlogisch und intellektuell hilflos dargestellt; die angebliche Unfähigkeit der Frauen, logisch und kritisch zu denken, ist Gegenstand zahlloser populärer Witze. Obwohl Frauen eine spezifische Form der Erkenntnisfähigkeit, die sogenannte weibliche Intuition, zugestanden wird, bleibt das hartnäckige Vorurteil erhalten, daß organisiertes, konsequentes logisches Denken bei Frauen nicht vorkommt. Untersuchungsergebnisse zeigen, daß beide Geschlechter intellektuelle Leistungen als »unweiblich« betrachten und daß Studentinnen akademische Erfolge oft mit negativen sozialen Konsequenzen gleichsetzen (Baumrind 1972).

Obwohl viele Männer das Klischee des »dummen Blondchens« ablehnen, streben nur wenige Liebesbeziehungen mit einer Partnerin an, die sie als intellektuell ebenbürtig oder überlegen anerkennen könnten. Frauen, die eine kritische, intellektuell aggressive oder dominante Haltung einnehmen, werden in der Regel als »maskulin« oder »kastrierend« etikettiert. Auch diese soziale Situation erscheint wieder als eine Umkehrung der Position des intellektuell hilflosen Kleinkindes, das allmählich lernt, seine Umwelt zu begreifen, angeleitet durch eine Mutter, die als unendlich weise und kompetent erfahren wird. Die Rolle der frühen Lehrenden (und Frustrierenden) geht systematisch von der Mutter auf eine Reihe weiterer, vorwiegend weiblicher Vorbildfiguren über (Tagesmütter, Erzieherinnen, Grundschullehrerinnen).

3. Physische Kraft und Kühnheit, die bei Männern glorifiziert und kultiviert werden, gelten bei Frauen als unattraktiv; die starke, athletische Frau, die Sportlerin, wird im allgemeinen nicht als attraktive Partnerin angesehen. Während Männer dazu angehalten werden, sich bei der Ausübung von Sport oder Bodybuilding sogar schmerzhaften Extremen zu unterwerfen, lehrt man Frauen, Schwäche zu übertreiben oder vorzutäuschen, um »feminin« zu erscheinen. Männer sehen Frauen als zarte, zerbrechliche Kreaturen, die kaum in der Lage sind, selbst Türen zu öffnen oder Päckchen zu tragen. Den meisten Männern ist es außerdem sehr wichtig, körperlich größer zu sein als ihre Partnerinnen. Kleine oder körperlich zarte Männer werden verachtet. Für Männer spiegelt sich auch in diesem Muster wieder eine Umkehrung der Situation des schwachen und zarten Kleinkindes, das von der starken Mutter mühelos in den Armen herumgetragen wird: Horney (1932) weist darauf hin, daß der kleine Junge mit Verzweiflung und dem Gefühl des Gedemütigtseins darauf reagiert, im Vergleich mit der Mutter klein und schwach zu sein.

4. In Liebesbeziehungen sind die Männer in der Regel älter als ihre Partnerinnen. Während an der Verbindung eines fünfunddreißigjährigen Mannes mit einer dreiundzwanzigjährigen Frau nichts Ungewöhnliches gefunden wird, erscheint die umgekehrte Situation als exzentrisch, wenn nicht pathologisch. Ähnlich verhält es sich, wenn ein Mann eine Frau heiratet, die jung genug ist, seine Tochter zu sein: Die Verbindung wird von

der Gesellschaft entweder kritisiert oder augenzwinkernd geduldet; die Bedürfnisse beider Seiten werden jedenfalls als verständlich betrachtet. In den überaus seltenen Fällen, in denen eine Frau einen Mann heiratet, der jung genug ist, ihr Sohn zu sein, reagiert die Gesellschaft höhnisch oder schockiert. Für Männer ist in dieser Situation wieder eine Umkehrung der Mutter-Kind-Beziehung enthalten, in der die »ältere Frau« das alleinige Objekt der libidinösen Bedürfnisse des Kleinkindes ist. Man könnte weiter spekulieren, daß der enorme Druck, der auf Frauen ausgeübt wird, ewig wie adoleszente Mädchen (statt wie »Mütter«) auszusehen, zumindest teilweise darauf zurückzuführen ist, daß die mütterlich-reife Frau infantilen Neid auf die unerschöpflich nahrungsspendende Brust erweckt und angstbeladene Regressions- und Abhängigkeitswünsche stimuliert.

5. Nur das weibliche Geschlecht wird dazu ermutigt, Persönlichkeitsmerkmale und Verhaltensweisen beizubehalten, die wir mit dem Säuglingsalter und der frühen Kindheit assoziieren. Weinen, Jammern, launisches und verführerisch-manipulierendes Verhalten sind bei Frauen als adäquate Formen, ihre Bedürfnisse zu artikulieren, akzeptiert und werden in den Medien als »typisch weibliche« Eigenschaften dargestellt. Bei Männern sind solche Verhaltensweisen inakzeptabel; es wird erwartet, daß ein Mann seine Bedürfnisse in »maskuliner« Weise geltend macht. Dazu gehört, daß Frauen meistens als »emotional«, Männer als »intellektuell« dargestellt werden. Dem bekannten Klischee nach obliegt es dem Mann, der seine Entscheidungen angeblich mit kühler Vernunft und nach den Gesetzen der Logik trifft, die überemotionale, »hysterische« Ehefrau in Schach zu halten. Auch hier erfahren Männer eine Umkehrung der frühkindlichen Situation, in der die Mutter intellektuelle Kontrolle über das affektiv labile und emotional reagierende Kind ausübt.

6. In der Liebeswerbung und in der sexuellen Begegnung nimmt die Frau dem kulturellen Stereotyp gemäß eine passive und der Mann eine extrem aktive Haltung ein. Männer werden dazu erzogen, das, was sie wünschen, aktiv zu verfolgen; Frauen lernen, sich hübsch genug zu machen, um gefragt zu sein. Frauen dürfen »weibliche List« anwenden, um den Mann ihrer Wahl für sich zu gewinnen, aber sie dürfen nicht offen und

direkt auf den Mann zugehen. Dieser Stand der Dinge ist für Männer wieder eine Umkehrung der frühkindlichen Situation: Der Säugling kann nicht aktiv darüber bestimmen, ob er an die Brust gelegt wird oder in den Genuß der mütterlichen Zuneigung kommt. Das Kind kann mit unterschiedlichen Mitteln versuchen, die Aufmerksamkeit der Mutter zu erregen (durch Schreien oder durch »niedliches«, anschmiegsames Verhalten), aber letztlich ist es die aktive Mutter, die den Kontakt mit dem Kind aufnimmt oder verweigert.

7. Zu den Klischeevorstellungen von weiblicher Sexualität gehört die Glorifizierung von Naivität und »Unschuld«, während die sexuelle Attraktivität von Männern durch »Erfahrung« gesteigert wird. Die unterschiedliche Bewertung sexueller Erfahrungen schlägt sich auch im Sprachgebrauch nieder: Man spricht in diesem Zusammenhang von einem »erfahrenen Liebhaber« und von einer »Frau mit lockerer Moral«. Ähnliches gilt für den offenen Ausdruck aggressiver Impulse: Was bei Jungen »Charakterstärke« genannt wird, betrachtet man bei Mädchen als »unweiblich« (Symonds 1971–72). Verhaltensstereotypen, die darauf abzielen, den Ausdruck sexueller und aggressiver Impulse bei Frauen zu unterdrücken und bei Männern zu gestatten oder zu fördern, sind für Männer ebenfalls eine Umkehrung des Mutter-Kind-Musters: Es ist die Mutter, die den Ausdruck »inakzeptabler« Triebimpulse im frühkindlichen Leben unterdrückt. Viele psychoanalytische Autorinnen und Autoren, darunter Horney, Klein und Freud, wiesen darauf hin, daß Mütter als strafend erfahren werden, weil sie die ersten sind, die dem Kind Triebaktivitäten verbieten.

Es wäre natürlich naiv, anzunehmen, daß die Entwertung der Frau und die Etablierung und Aufrechterhaltung von Geschlechtsrollenstereotypen mit diesen Mitteln vollständig erklärt werden könnten; die vorliegende theoretische Konzeption legt das Schwergewicht auf die frühe orale, dyadische Beziehung zwischen Mutter und Kind, ohne die komplexen Entwicklungen der ödipalen Triade zu berücksichtigen. Außerdem sind sozioökonomische, biologische und psychodynamische Faktoren für diese Diskussion relevant, und die hier geäußerten Überlegungen sind als partielle und nicht als erschöpfende Erklärungen eines komplizierten Phänomens zu betrachten.

Die Bedeutung von Geschlechtsrollenstereotypen

Ich nehme den Einwand vorweg, daß hier mit übermäßig vereinfachenden Generalisierungen gearbeitet wird, die der Vielfalt der individuellen Unterschiede in unserer Kultur nicht gerecht werden. Sowohl die klinische als auch die allgemein menschliche Erfahrung zeigen, daß es unterschiedliche Ausgangsbasen für erfolgreiche Mann-Frau-Beziehungen gibt und daß viele stabile, befriedigende Ehen auf Variationen, wenn nicht auf entschiedenen Abweichungen von diesen generellen Mustern beruhen. Sydney Smith[2] weist auf die in Amerika allgemein verbreitete Vorstellung hin, daß es die Frau ist, die in der Familie die Entscheidungen trifft, auch wenn der Mann davon überzeugt ist, er sei der Boß. Dieses Verständnis der Machtverhältnisse zwischen den Geschlechtern ist den meisten Menschen vertraut, wie ein in Europa verbreitetes Sprichwort verdeutlicht: »Der Mann ist das Haupt, aber die Frau ist der Hals, der das Haupt zu drehen versteht.« Die Idee, daß die Frau ihren Willen bekommt trotz der nach außen zur Schau gestellten Autorität des Mannes, beruht auf der Vorstellung, daß die Frau ihre Macht auf subtile und manipulative Weise ausübt, so daß der Mann seine Phantasie, am Hebel zu sitzen, aufrechterhalten kann. Viele Familien sind in ihrer Machtverteilung tatsächlich matriarchal organisiert, aber dem kulturellen Ideal nach soll der Mann das »Haupt« der Familie sein und keine relativ gefügige, passive (und somit »effeminierte«) Gestalt. Wenn wir sagen, daß die Frau »die Hosen anhat«, heißt das, sie hat die Rolle übernommen, die eigentlich dem Mann zusteht.

Die geheime Macht, die Frauen ausüben, ist außerdem Gegenstand zahlloser Filme, Romane und Theaterstücke, in denen wir häufig dem egozentrischen, realitätsfremden Mann begegnen, der in einer vernünftigen und eminent praktischen Frau

2 persönliche Mitteilung

seine Meisterin findet. Smith erwähnt auch A. J. Leiblings psychologische und soziologische Studien über die amerikanische »Soap Opera«, die den Mann oft als schwach, hilflos und impotent darstellt oder ihn im Lauf der Handlung zum psychischen Krüppel macht, der von einer guten und extrem realitätstüchtigen Frau versorgt werden muß.

Die Möglichkeit der Beziehung zwischen den Geschlechtern sind unendlich variabel und komplex, und ich maße mir nicht an, sie umfassend beschreiben zu können. Was ich hier zu entwerfen versuche, ist vielmehr eine Skizze der allgemein verbreiteten Wertvorstellungen und Idealbilder unserer Kultur – der gesellschaftlichen Definition, wie eine Beziehung sein sollte, wenn beide Partner die Kriterien für adäquates »männliches« beziehungsweise »weibliches« Verhalten erfüllen. Natürlich kommt es vor, daß ein schwächlicher, abhängiger, intellektuell unbeholfener Mann sich eine selbstbewußte und kompetente Frau sucht, die ihn unter ihre Fittiche nimmt; die Bedürfnisse und die seelische Dynamik der beiden Individuen können sich in einer Weise ergänzen, die zu einer stabilen und befriedigenden Ehe führt. Ein solcher Mann verkörpert jedoch schwerlich das maskuline Ideal unserer Gesellschaft, und höchstwahrscheinlich wird man ihn als ein armseliges, wenn nicht krankhaftes Rollenvorbild für seinen Sohn betrachten. Die Ehepartnerin dieses Mannes wird vermutlich als eine Frau wahrgenommen, die eine »schlechte Partie« gemacht hat, und man wird darüber spekulieren, ob irgendein neurotisches Problem sie daran gehindert hat, eine bessere Wahl zu treffen. Männer können durchaus passiv, angepaßt, kindlich und in unrealistischer Weise abhängig sein, aber sie werden, wie Chesler (1972) betont, nicht dazu erzogen, diese Eigenschaften zu romantisieren und als wesentliche Aspekte ihrer Männlichkeit zu begreifen.

Außerdem sind die Geschlechtsrollenstereotypen, die ich beschrieben habe, keine für die Kultur peripheren Phänomene, sondern machtvolle und allgegenwärtige Kräfte, die selbst die emanzipiertesten Persönlichkeiten nicht unbeeinflußt lassen. Wenn ein Mädchen mit einem Weiblichkeitskonzept heranwächst, das auf dem Glauben basiert, es sei unweiblich, lieblos oder sogar »kastrierend«, aggressiver, selbstbewußter oder intellektuell leistungsfähiger zu sein als der männliche Partner, wird das ein Leben lang Konsequenzen haben (Baumrind 1972, Symonds 1971–72). Umgekehrt werden auch Jungen zutiefst von den gegenwärtigen Männlichkeitsvorstellungen geprägt, die Züge wie Machtstreben, Dominanz und intellektuelle Leistungsfähigkeit glorifizieren und für den Ausdruck von Angst, Abhängigkeit, Schwäche und Anlehnungsbedürfnis nicht den geringsten Raum lassen. Obwohl in intellektuellen Kreisen die Tendenz herrscht, diese Geschlechtsrollenstereotypen als überholt und für die sich wandelnden Beziehungsmuster der Gegenwart ungeeignet zu betrachten, wirkt ihre psychische und soziale Dynamik dennoch weiter. Selbst wenn die sozialen Veränderungen der letzten Jahre sich als substantiell erweisen, bleibt die wichtige Aufgabe bestehen, die Ursachen der intensiven Unterwerfung und Entwertung der Frauen, die überall auf der Welt existieren, zu analysieren und zu begreifen. Die Besonderheiten der männlich-weiblichen Geschlechtsrollenstereotypen variieren vielleicht je nach Zeit und Ort, aber das Ethos der männlichen Dominanz und das phallozentrische Weltbild existieren seit Jahrtausenden.

Statt mit der Hilfe unserer psychoanalytischen Prinzipien zu erforschen, wie unsere Vorstellungen von Männlichkeit und Weiblichkeit entstanden sind und fest etabliert wurden, haben wir zugelassen, daß diese Stereotypen in unsere Theoriebildung und in unsere Sprache einflossen und daß somit Mythen und Ängste die Oberhand über wissenschaftliches Denken gewannen. Bei der Durchsicht der psychoanalytischen Literatur zeigt sich deutlich, wie unreflektiert und vorschnell Praktiker und Theoretiker den aktiven Ausdruck von Rivalität, Aggression und intellektuellem Ehrgeiz bei Frauen als »phallisch« oder »maskulin« etikettieren und umgekehrt Manifestationen von Passivität, Unterordnung, Weichheit, Kindlichkeit, Emotionalität und Abhängigkeit bei Männern als »effeminiert« oder »feminin« bezeichnen (Young 1973).

Vielleicht wirkt sich die primitive Mutterimago (und die damit verbundene Angst der Frauen vor ihrem eigenen destruktiven Potential) so aus, daß es dem weiblichen Geschlecht relativ schwerfällt, aggressive, kämpferische und ehrgeizige Strebungen anzunehmen und direkt auszudrücken. Wenn diese Eigenschaften jedoch als »maskulin« etikettiert werden, führt das bei

Frauen nur zu einer Steigerung von Schuldgefühlen und Hemmungen und zu einer Verstärkung masochistischer Einstellungen. Umgekehrt sind die Angst vor der Wiederkehr eines frühen Matriarchats und die damit verbundenen Kastrationsängste vielleicht dafür verantwortlich, daß Männer Schwierigkeiten haben, ihre passiven, abhängigen und regressiven Strebungen anzunehmen. Aber daraus folgt nicht, daß diese Strebungen »feminin« sind. Aufgrund der anatomischen Unterschiede haben die beiden Geschlechter tatsächlich unterschiedliche Entwicklungsaufgaben zu meistern; ich meine jedoch, daß unsere gegenwärtigen Geschlechtsrollendefinitionen nicht so sehr anatomische Realitäten, sondern eher defensive Reaktionen auf die Doppelimago der primitiven Mutter widerspiegeln. Es ist unumgänglich notwendig, daß wir im Hinblick auf die Therapie und die ihr zugrundeliegenden theoretischen Konzeptionen größere begriffliche Klarheit erarbeiten, um bestimmte Charakterzüge und Verhaltensweisen als männlich oder weiblich einzuordnen[3]. Ich meine, daß ein verändertes Elternverhalten wesentlich dazu beitragen könnte, der primitiven Mutterimago ihre Gefährlichkeit zu nehmen und exzessive Neid- und Angstgefühle in bezug auf Frauen zu verhindern: Beide Eltern sollten sich in die Fürsorge für das Kleinkind teilen. Während die psychoanalytische Literatur von Hinweisen auf die Gefahren inadäquaten Mutterverhaltens überquillt, ist von der Sorge um das Verhalten des Vaters und die damit verbundenen Konsequenzen wenig zu spüren. Zum Rezept für die gesunde seelische Ent-

3 Oft werden Untersuchungsergebnisse, die Geschlechterunterschiede demonstrieren (z. B. die relativ größere Aktivität und Aggressivität männlicher Säuglinge) als Beweis dafür herangezogen, daß eine bestimmte Eigenschaft männlich oder weiblich sei. Abgesehen von der Tatsache, daß es zwischen den Geschlechtern stets beträchtliche Überschneidungen gibt, sind solche Schlußfolgerungen unsinnig. Weibliche Kinder verfügen z. B. in der Regel über eine besser ausgebildete verbale Artikulationsfähigkeit als männliche Kinder; wir bezeichnen verbale Fähigkeiten jedoch nicht als »weiblich«, fördern sie nicht aktiv bei Mädchen und unterdrücken sie auch nicht bei Jungen, indem wir sie »feminin« nennen. Geschlechterunterschiede, die an Gruppen beobachtet werden, implizieren in keiner Weise, daß eine bestimmte Eigenschaft oder ein bestimmtes Verhalten für das eine Geschlecht gut und richtig, für das andere hingegen schlecht und falsch wäre.

wicklung des Kindes scheint eine Mutter zu gehören, die in den frühen Jahren »ständig präsent und wachsam ist und auf alle Bedürfnisse des Kindes eingeht« (Mandelbaum 1973, S. 6), während die spätere Beziehung zum Vater sekundär ist und von der Qualität dieser ersten Interaktion abhängt. Das Festhalten an diesem Konzept von Mutterschaft wird heute von vielen Wissenschaftlerinnen und Wissenschaftlern kritisiert, da es mit enormen Nachteilen für die Persönlichkeitsentwicklung von Frauen verbunden ist; die Gefahren dieses Konzepts für die Entwicklung des Säuglings und des Kleinkinds wurden bislang jedoch wenig beachtet. Ist die pathologische Entwicklung nicht vorprogrammiert, wenn das Kind in einer matriarchalen Welt lebt, in der die machtvollen Gestalten, die seine Bedürfnisse erfüllen oder frustrieren, überwiegend weiblich sind? Und ist die defensive Idealisierung und Abwertung von Frauen nicht eine dieser pathologischen Konsequenzen? Wir haben unsere anspruchsvollen psychoanalytischen Prinzipien bislang noch nicht auf ein Erziehungskonzept angewandt, in dem sich Mann und Frau in die Fürsorge für das Kleinkind teilen, und wir haben noch nicht untersucht, wie ein solches Modell die Entwicklungsaufgaben, die jedes Geschlecht meistern muß, verändern würde. Eine geteilte Elternschaft hätte sicherlich Auswirkungen auf das Mutter- und Vaterbild, die das Kind verinnerlicht, und, in der Folge, auf die Fähigkeiten erwachsener Männer und Frauen, einander aus einer Position der Ebenbürtigkeit heraus mit größerer Offenheit und gegenseitigem Respekt zu begegnen[4].

4 Dieser Text erschien zuerst 1974 unter dem Titel »Early Origins of Envy and Devaluation of Women: Implications for Sex-Role Stereotypes« in: Bulletin of the Menninger Clinic 38(6): 538–553.

Literatur

BAUMRIND, D. (1972): From each according to her ability; School Review 80(2), pp. 161–197

BETTELHEIM, B. (1965): The commitment required of a woman entering a scientific profession in present-day American society; in: Women and the Scientific Professions: The M.I.T. Symposium on American Women in Science and Engineering, ed. J. A. Mattfeld and C. G. van Aken, pp. 3–19, Cambridge, Massachusetts (zit. deutsch nach Chesler, S. 76)

BRUNSWICK, R. M. (1940): The preoedipal phase of the libido development; Psychoanalytic Quarterly 9; pp. 293–319

CHASSEGUET-SMIRGEL, J. (1970): Feminine guilt and the Oedipus complex; in: Female Sexuality: New Psychoanalytic Views, ed. J. Chasseguet-Smirgel et al, pp. 94–134, Ann Arbor Michigan (Psychoanalyse der weiblichen Sexualität; Frankfurt a. M. 1974, S. 159, 186)

CHESLER, P. (1972): Women and Madness, Garden City, N. Y. (Frauen – das verrückte Geschlecht?, Reinbek bei Hamburg 1974, S. 78)

DAVID, C. (1970): A masculine mythology of femininity; in: Female Sexuality: New Psychoanalytic Views, ed. J. Chasseguet-Smirgel et al, pp. 47–67, a.a.O. (d. A., S. 73)

FAIRBAIRN, W. R. D. (1952): An Object-Relations Theory of the Personality, New York.

FREUD, S. (1909): Analysis of a phobia in a five-year-old boy; Standard Edition 10; 3–149, 1955 (Analyse der Phobie eines fünfjährigen Knaben, Studienausgabe Bd. 13; Frankfurt a. M. 1971)

– (1918): From the history of an infantile neurosis; Standard Edition 17; 3–122, 1955 (Aus der Geschichte einer infantilen Neurose, Studienausgabe Bd. 13, a.a.O.)

– (1925): Some psychological consequences of the anatomical distinction between the sexes; in: Collected Papers, vol. 5, ed. J. Strachey, London 1950 (Einige psychische Folgen des anatomischen Geschlechtsunterschieds; Studienausgabe Bd. 5, S. 261 a.a.O.)

GOLDBERG, P. (1968): Are women prejudiced against women?; Transaction 5(5): 28–30

HORNEY, K. (1932): The dread of women; International Journal of Psychoanalysis 13: 348–360

JUNG, C. G. (1928): Contibutions to Analytical Psychology; London (Die Frau in Europa; in: Grundwerk C. G. Jung, Bd. 9, S. 31, Olten 1985)

KERNBERG, O. (1971): Barriers to falling and remaining in love, in: Object Relations Theory and Clinical Psychoanalysis, pp. 185–213; New York

KLEIN, M. (1957): Envy and Gratitude; New York

LEDERER, W. (1968): The Fear of Women; New York

LERNER, H. E. (1974): The hysterical personality: a woman's disease; in: Comprehensive Psychiatry 15(2): 157–164

LYNN, D. B. (1972): Determinants of intellectual growth in women; in: School Review 80(2): 241–260

MANDELBAUM, A. (1973): Separation; Menninger Perspective 4(5): 5–9, 27
SYMONDS, A. (1971–1972): Discussion (of Ruth Moulton's paper »Psychoanalytic reflections on women's liberation«), in: Contemporary Psychoanalysis 8: 224–228
TOROK, M. (1970): The significance of penis envy in women; in: Chasseguet-Smirgel, a.a.O. (d. A., S. 230)
YOUNG, E. (1973): A review of feminine psychology; unpublished manuscript, University of California, Berkeley

Aggressionshemmungen
bei Frauen

Probleme im Umgang mit Wut und Aggression sind nicht ausschließlich bei Frauen anzutreffen. In der klinischen Arbeit sehen wir Menschen beider Geschlechter, die im direkten Ausdruck normaler Aggressionen gehemmt sind oder zu impulsiven, unkontrollierten Wutausbrüchen neigen. Tatsächlich ist der Umgang mit Wut und Aggressionen für uns alle mit intrapsychischen Schwierigkeiten verbunden, die unsere Fähigkeiten zu lieben und zu arbeiten mehr oder minder stark beeinträchtigen.

Es gibt in dieser Hinsicht Ähnlichkeiten, aber auch augenfällige Unterschiede zwischen den Geschlechtern. Auf die einfachste Formel gebracht: Frauen sind übermäßig gehemmt, und Männer sind nicht gehemmt genug, was den direkten Ausdruck von Wut und Aggression angeht. Obwohl es auch von dieser Regel viele Ausnahmen gibt, ist die größere Aggressivität des männlichen Geschlechts eine leicht zu beobachtende Tatsache, die auch durch klinische und experimentelle Untersuchungen dokumentiert ist (Lewis 1976). Daß Männer Kriege führen und Frauen nicht, ist, wie Lewis betont, der eindeutigste und unstrittigste Unterschied zwischen den Geschlechtern, abgesehen von der biologischen Tatsache, daß nur Frauen gebären und stillen.

Eigentlich sollte es uns überraschen, daß Psychiater und Psychologen es unterlassen haben, die Varianten von Wut und Aggression für jedes Geschlecht gesondert zu erforschen. Die Arbeit von Bernardez-Bonesatti (1978) war der erste ernsthafte Versuch, die intrapsychischen und kulturellen Faktoren zu erhellen, die für die Wut- und Aggressionsprobleme von Frauen spezifisch sind. Die Probleme von Frauen in diesem Bereich verdienen mit Sicherheit besondere Studien, denn Männer und Frauen haben unterschiedliche anatomische Gegebenheiten zu akzeptieren und unterschiedliche Entwicklungsaufgaben zu meistern, und sie sind anderen Sozialisationsimpulsen von seiten der Eltern und der Kultur insgesamt ausgesetzt, die ein Leben lang weiterwirken.

Die Unterschiede in der Sozialisation der Geschlechter sind eklatant, wenn es um Wut und Aggression geht. Das Bewußtsein der Eltern von der Geschlechtszugehörigkeit des Kindes (»mein Baby ist ein Mädchen«) determiniert und steuert vom Augenblick der Geburt an die Reaktionen dieser Eltern auf die kindlichen Äußerungen von Wut, Rebellion und Protest. Trotz der durch die feministische Bewegung ausgelösten Veränderungen wird der offene Ausdruck von Aggressionen noch immer bei Männern als »maskulin« und bei Frauen als »unweiblich« betrachtet. Die sozialen Verbote, die dem Ausdruck von Wut bei Frauen entgegenstehen, sind so stark, daß die wütende Frau selbst dann verdammt wird, wenn sie sich in einer unblutigen und humanen Revolution für ihre eigenen legitimen Rechte engagiert. Ich kann nicht mehr zählen, wie oft ich den Satz gehört habe: »Ich bin mit der Frauenbewegung in vielen Punkten einverstanden, aber diese wütenden Emanzen ekeln mich einfach an!«

Während der männliche Held, der für seine Überzeugung kämpft und sogar stirbt, bewundert wird, wirkt die kämpferische oder aggressive Frau häufig auf beide Geschlechter abstoßend. Denn welche Bilder assoziieren wir? Denken wir an die neiderfüllte, destruktive »Megäre«, die ihrem Männerhaß und ihrer Wut freien Lauf läßt? Oder an die passiv-aggressive Hausfrau, die ihren Mann auf verdeckte Weise tyrannisiert und kontrolliert? Oder an die infantile, irrationale, hitzköpfige Frau, die mit Kaffeekannen und Tellern um sich wirft und sich wie eine »hysterische Ziege« aufführt? Diese vertrauten Bilder sind mehr als nur grausame sexistische Stereotypen. Es sind neurotische Fehlhaltungen, die bei realen Frauen auftreten, wenn intrapsychische und gesellschaftliche Zwänge zusammenwirken, um den direkten Ausdruck legitimer Aggressionen zu hemmen. Bernardez-Bonesatti (1978) merkt außerdem an, daß solche Bilder zur Verstärkung kultureller Klischees dienen, nach denen die gesunde, »feminine« Frau von Wut und Aggressionen frei ist – insbesondere Männern gegenüber. Frauen dürfen zwar Wut ausdrücken, wenn sie andere verteidigen, die noch schwächer und hilfloser sind als sie selbst, aber gegen Männer gerichtete Aggressionen werden »durch die ständige Warnung vor dem furchterregenden und verabscheuungswürdigen Klischee, das Frauen als bösartig, neidisch, rachsüchtig oder ›kastrierend‹ darstellt, in Schach gehalten« (Bernardez-Bonesatti 1978, S. 216).

Feministische Autorinnen haben die Schwierigkeiten der Frauen mit dem Ausdruck von Aggressionen als eine der Konsequenzen des weiblichen Sozialisationsprozesses beschrieben (Kaplow 1971). Klinische und empirische Untersuchungen belegen tatsächlich, daß Mädchen in einer Weise erzogen werden, die ihre Freiheit im Ausdruck von Wut und Aggressionen stark einschränkt und ihre Durchsetzungs- und Selbstbehauptungsfähigkeiten hemmt (Gornick and Moran 1971, Kaplan and Bean 1976). Aber warum wurden diese kulturellen Zwänge so fest etabliert? Der Mythos von der »femininen Frau«, die keine Wut und keine Aggressionen kennt, hätte nicht über Jahrhunderte lebendig bleiben können, wenn die tiefen intrapsychischen Ängste vor weiblicher Wut nicht bei beiden Geschlechtern gleichermaßen vorhanden wären.

In diesem Kapitel werde ich zwei der intrapsychischen Faktoren diskutieren, von denen ich meine, daß sie für das Verständnis der Angst der Frauen vor ihrer eigenen Wut von zentraler Bedeutung sind. Der erste betrifft die irrationale Angst der Frauen vor ihrer eigenen omnipotenten Destruktivität – ein Thema, das bereits von einigen Autorinnen und Autoren aufgegriffen wurde (Lederer 1968, Lerner 1974, Bernardez-Bonesatti 1976). Der zweite bezieht sich auf die Trennungs- und Individuationsprobleme in der Mutter-Tochter-Beziehung, die es dem Mädchen/der Frau unmöglich machen können, das Getrenntsein und Sich-Unterscheiden von anderen – was der Aggressionserfahrung innewohnt – zu ertragen. Die Grundlagen meiner theoretischen Überlegungen sind diagnostische Testverfahren und die intensive klinische Arbeit mit erwachsenen Patientinnen, die eine Reihe von Eigenschaften und Persönlichkeitsmerkmalen gemeinsam haben. Sie nehmen in der Beziehung zu anderen eine beschützende, besänftigende und harmonisierende Haltung ein. In manchen Fällen erscheinen Passivität, Schwäche und eine Neigung zu Unterwerfung und Opfermentalität als die hervorstechenden Merkmale ihrer Persönlichkeit. Es ist typisch für diese Frauen, daß sie die unmittelbare Erfahrung und den direkten Ausdruck von Aggressionen meiden; in Situationen, in denen Wut oder Protest realistisch und angemessen wäre, reagieren sie mit »Verletztheit«. Streit und Konfrontation lösen in diesen Frauen tiefe, unbewußte Ängste aus, die nicht nur ihre Fähigkeiten zum adäquaten Ausdruck von Aggressionen, sondern auch ihr Selbstvertrauen und ihre Durchsetzungsfähigkeit schwer beeinträchtigen.

Die Angst vor der omnipotenten Destruktivität

Beide Geschlechter haben Katastrophenphantasien, was die zerstörerischen Auswirkungen ihrer eigenen unkontrollierten Aggressionen betrifft; bei Frauen sind diese primitiven Ängste jedoch in der Regel wesentlich stärker ausgebildet und lösen stärkere Hemmungen aus (Lederer 1968, Bernardez-Bonesatti 1978). Zunächst erscheint es paradox, daß gerade Frauen, die sich in unseren Sprechzimmern als das schwächere, das »kastrierte« Geschlecht präsentieren, im Hinblick auf ihre eigene Macht und Destruktivität stärkere Ängste empfinden als Männer. Dieser scheinbare Widerspruch löst sich jedoch auf, wenn wir erkennen, daß die Selbsteinschätzung der Frau als schwaches oder »kastriertes« Wesen oft die Funktion hat, ein furchterregendes Selbstbild abzuwehren: das der omnipotenten, destruktiven, kastrierenden Frau, deren archetypische Erscheinung der Film »Einer flog über das Kuckucksnest« in Gestalt der Krankenschwester Ratched sehr gut darstellt.

Um die bei beiden Geschlechtern gleichermaßen verbreitete Angst vor weiblicher Wut zu verstehen, müssen wir uns klarmachen, daß Säuglinge und Kleinkinder in einer matriarchalen Welt leben, in der Macht und Autorität überwiegend, wenn nicht ausschließlich, in den Händen von Frauen liegen (Lerner 1974). Die Mutter befriedigt nicht nur die Bedürfnisse des Kindes, sie ist auch die erste, die ihm den Ausdruck von Triebimpulsen verbietet. Die Mutter (und die anderen Frauen, von denen das Kind in den ersten Jahren umgeben ist, Tagesmütter, Erzieherinnen, Grundschullehrerinnen) hält nicht nur Vergnügungen und Belohnungen bereit, sondern fügt dem Kind auch die narzißtischen Kränkungen zu, die im alltäglichen Prozeß der Sozialisation unvermeidlich sind. Vor allem aber ist die Mutter das erste Objekt der Abhängigkeit des Kindes; an ihr und mit ihr muß das Kind lernen, sich aus der ursprünglichen Symbiose zu lösen und allmählich Individualität, Eigenständigkeit und Autonomie zu entwickeln. Die Intensität dieses Kampfes mit der Mutter – des Konflikts zwischen regressiven Abhängigkeitswünschen und dem Bedürfnis nach Unabhängigkeit und Autonomie – ruft unweigerlich Aggressionen und heftige Wut auf das Objekt der Abhängigkeit hervor. Da das Erleben des Kleinkindes von primitiven Projektionsmechanismen geprägt ist, bleibt ein Aspekt der frühen Mutterimago selbst bei überaus »rational« eingestellten Erwachsenen im Unbewußten erhalten: der Aspekt der rachsüchtigen, wütenden, besitzergreifenden, allmächtigen »bösen« Mutter, die den Freiheitsbestrebungen und der Autonomieentwicklung des Kindes machtvoll Widerstand entgegensetzt.

Das Mädchen, das sich mit der Mutter identifiziert, steht vor dem Dilemma, daß die internalisierte Mutterimago Aspekte der bösen, omnipotenten, destruktiven Mutter enthält. Um die Identifikation mit diesem furchterregenden Aspekt zu vermeiden, flieht das Mädchen/die Frau vielleicht in ein Selbstbild, in dem sie sich als kastriert und beruhigend hilflos erlebt. Dieses Selbstbild und die damit verbundene Idealisierung von Männern verdecken oft eine gegenteilige Vorstellung der Frau von sich selbst: destruktiv und kastrierend zu sein, insbesondere in der Beziehung zu Männern (Chasseguet-Smirgel 1970, Lerner 1974, Bernardez-Bonesatti 1978). Der defensive Wechsel von kastrierend zu kastriert findet oft auch einen konkreten anatomischen Ausdruck. Im Fall des symptomatischen Penisneides zum Beispiel wehrt die Frau, die ihre Genitalien als verstümmelt oder minderwertig wahrnimmt, die viel stärkere unbewußte Angst ab, ihre Vagina könne ein gefährliches, oral-verschlingendes Organ sein, das den Penis des Mannes beim Geschlechtsakt buchstäblich zerstört.

Furchterregende Phantasien über die omnipotente Destruktivität der Frau müssen nicht in realen negativen Zügen der Mutter begründet sein; meiner Erfahrung nach sind solche Ängste jedoch dann am stärksten, wenn die Mutter sich in der Beziehung zu einem passiven und distanzierten Vater besitzergreifend und kontrollierend verhält. Dennoch: In Kulturen, in denen sich die Geschlechter nicht in die Fürsorge für die Kleinkinder teilen und in denen die Welt des Kindes überwiegend oder ausschließlich matriarchal ist, sind irrationale Ängste vor der Wut und der Macht der Frauen vermutlich die unausweichlichen Folgen (Lerner 1974, Dinnerstein 1976). Außerdem werden die primitiven Ängste der Frauen vor ihrer eigenen Destruktivität in hohem Maß durch kulturelle Klischees verstärkt, die Frauen nahelegen, »sich dumm zu stellen«, »den Mann gewinnen zu lassen«, ihm das Gefühl zu geben, er sei der Boß, oder mit ähnlichen Manövern Schwäche vorzutäuschen, wenn sie sich nicht von selbst einstellen will. In diesen kulturellen Klischees liegt die paradoxe Warnung, daß die »schwachen Frauen« sich für Männer als gefährliche Gegnerinnen erweisen könnten, wenn sie einfach nur sie selbst wären.

Von der Wut zur Verletztheit: Trennungsangst

Um die emotionale Dynamik von Frauen zu verstehen, die in Situationen, in denen Wut angemessen wäre, »verletzt« reagieren, müssen wir uns klarmachen, wodurch Wut beziehungsweise Verletztheit charakterisiert sind und worin beide Phänomene sich unterscheiden. Es ist wichtig zu erkennen, daß die Erfahrung der Wut mit Gefühlen des Getrenntseins, Andersseins und Alleinseins verbunden ist. Jede aggressive Konfrontation drückt die Nicht-Übereinstimmung zwischen Menschen aus; wir treten in dieser Situation aus einem Beziehungskontext heraus und sind ganz und gar auf uns selbst zurückgeworfen. Mitten in einer wütenden Auseinandersetzung empfindet eine Frau sich nicht mehr als die Ehepartnerin ihres Mannes, die Tochter ihrer Mutter, die Mutter ihres Kindes. Sie ist nur noch sie selbst, allein und von den anderen getrennt[1].

1 In meinem Buch »Wohin mit meiner Wut« (deutsche Ausgabe Zürich 1987) zeige ich, daß freigesetzte Aggressionen nicht immer zu einem Gefühl größerer Distanz vom anderen führen; sie können vielmehr auch die

Bernardez-Bonesatti weist darauf hin, daß ein Mensch, der seine Wut äußert, automatisch Distanz etabliert und sich zeitweilig vom Objekt seiner Wut abgrenzt (1978, S. 216). Frauen fürchten den Verlust dieser Verbundenheit so sehr, daß ihre Wut häufig mit Tränen, Schuldgefühlen und Kummer einhergeht, wodurch die eigentliche Aggression vernebelt oder gänzlich zurückgedrängt wird.

Die Erfahrung des Verletztseins (die sich im Verhalten durch Weinen, Selbstkritik, Zurschaustellung von Depressionen und/oder durch Schuldzuweisungen ausdrücken kann) steht in deutlichem Gegensatz zur Erfahrung der Wut. Wenn eine Frau mitten in einer aggressiven Auseinandersetzung von Wut zu Gekränktheit und Tränen übergeht, nimmt sie ihre Abgrenzung vom anderen zurück. Durch das Ausdrücken von Verletztheit wird Nähe zum anderen hergestellt und seine oder ihre Wichtigkeit für das eigene Selbst betont. Im Gegensatz zur Wut, die das autonome Ich hervorhebt, betont die Verletztheit das beziehungsorientierte »Wir«.

In Übereinstimmung mit Bernardez-Bonesattis Beobachtungen konnte ich feststellen, daß es Frauen besonders schwerfällt, das Gefühl des Getrenntseins und Alleinseins, das der Erfahrung der Wut innewohnt, auszuhalten. Das Gefühl des Auf-sich-selbst-gestellt-Seins löst die unbewußte Angst vor dem Verlust des Liebesobjekts aus und ruft Trennungsängste hervor; die Frau versucht, die Person, auf die sie wütend ist, »zurückzugewinnen«, indem sie weint, sich entschuldigt, Selbstkritik übt oder Gekränktheit und Depression zur Schau stellt. Ich meine, daß diese Trennungsangst unabhängig von den Ängsten der Frau oder der destruktiven Wirkung ihrer Aggressionen oder vor dem möglichen Gegenangriff des anderen existiert. Die Trennungsangst stammt vielmehr aus der phänomenologischen Erfahrung, nicht an ein Objekt gebunden, sondern ganz auf sich selbst gestellt zu sein – einer Erfahrung, die nicht nur für das Erleben der Wut charakteristisch ist, sondern auch für Phasen intensiver kreativer und intellektueller Arbeit. Manche Frauen finden diese Art des Alleinseins erträglich oder sogar in-

Angst vor unterschiedlichen Auffassungen spiegeln und zur Aufrechterhaltung der Verschmelzung in Beziehungen dienen.

spirierend und erfrischend. Andere (deren Persönlichkeitsstruktur mit der zuvor beschriebenen übereinstimmt) erleben das Auf-sich-selbst-gestellt-Sein jedoch als gefährlich, so, als wäre die Bindung an eine Mutter bedroht, die ausgebrannt und leer zurückbleibt, wenn ihre Tochter sich unabhängig vom Beziehungskontext als vollständiges Selbst empfindet. Der Kern des Problems ist die spezifische Schwierigkeit des Mädchens, sich aus der symbiotischen Bindung an die Mutter zu lösen und ein adäquates Maß an Autonomie zu entwickeln.

Meine eigene klinische Arbeit hat mich davon überzeugt, daß es für Mädchen schwieriger ist als für Jungen, sich in der Getrenntheit und Verschiedenheit von der Mutter zu behaupten. Es ist besonders die Tochter, die den Autonomieprozeß unbewußt als gefährlich erlebt, so als wäre es ein Akt der Illoyalität und ein Verrat an der Beziehung, ohne die Mutter eine vollständige Persönlichkeit zu sein. Wenn es Mutter und Tochter nicht gelingt, sich in angemessener Weise voneinander abzulösen, opfert die Tochter vielleicht ihre eigene Persönlichkeitsentwicklung und meidet autonomes Verhalten; sie bewahrt damit eine unbewußte Verbundenheit mit der Mutter, die als zu besitzergreifend oder als zu verletzlich erlebt wird, um die wachsende Autonomie der Tochter zu ertragen. Wenn es gefährlich ist, die eigene Autonomie und die Verschiedenheit von der Mutter auszudrücken, kann die Erfahrung des Auf-sich-selbst-gestellt-Seins und des Sich-Unterscheidens von anderen, die mit der Wut verbunden ist, ebenfalls zum Tabu werden. Der gesunde Ausdruck von Wut und Protest wird dann vielleicht durch masochistische »Lösungen« ersetzt: Wenn die Tochter wieder zum gekränkten oder abhängigen Kind wird, bleibt die unbewußte Verbundenheit mit der Mutter bestehen.

Als nächstes werde ich das Entwicklungsproblem der Separation – Individuation allgemein erörtern und anschließend der Frage nachgehen, warum die Tochter mehr als der Sohn dazu neigt, die Behauptung ihrer Getrenntheit und Verschiedenheit von der Mutter mit Ängsten und Schuldgefühlen zu erleben. Obwohl eine große Zahl kultureller und intrapsychischer Faktoren in diesem Zusammenhang relevant ist, werde ich mich auf einen Unterschied konzentrieren, der meiner Auffassung nach für die hier angesprochene Problematik von ausschlaggebender

Bedeutung ist. Ich spreche von der Tatsache, daß das weibliche Kind sich in seiner Ich-Entwicklung von einer Mutterfigur differenzieren muß, mit der es sich identifizieren soll, während das männliche Kind sich von einer Mutterfigur differenzieren muß, deren Eigenschaften und Verhaltensweisen es in sich selbst zu bekämpfen lernt, um »männlich« zu werden.

Separation – Individuation: Geschlechterunterschiede

Fragen der Verschmelzung und der Individuation wurden von psychoanalytischen Theoretikern wie Searles (1965, 1973), Fairbairn (1952), Guntrip (1961) und Mahler (1963) sowie von Familientherapeuten, unter anderen Bowen (1978) und Minuchin (1974), aufgegriffen. Karpel greift sowohl auf individualpsychologische als auch auf beziehungsorientierte Theorien zurück und definiert Individuation als den »Prozeß, in dem ein Mensch sich zunehmend aus einem vergangenen oder gegenwärtigen Beziehungskontext herausdifferenziert . . . Individuation beinhaltet die subtile, aber entscheidende phänomenologische Wendung, durch die ein Mensch dazu kommt, sich in dem Beziehungskontext, in den er/sie eingebettet ist, als abgesondert und klar unterschieden wahrzunehmen. Innerhalb eines ›Wir‹ wird in zunehmendem Maß ein Ich definiert« (1976, S. 67). Der Prozeß der Separation – Individuation beginnt mit der Mutter, endet aber nicht bei ihr. Individuationsprozesse sind nie vollständig abgeschlossen; wir nehmen unser Leben lang die Arbeit daran wieder auf in einer Vielfalt von intrapsychischen und interpersonellen Beziehungen. Der Prozeß, der aus der Fusion heraus und zu Beziehungen der Individuation hinführt, ist eine »universelle Entwicklung und existentieller Kampf . . ., ein fundamentales Organisationsprinzip menschlicher Persönlichkeitsentwicklung« (Karpel 1976, S. 67).

Die Versuche des Kindes, sein Unterschiedensein von der Mutter zum Ausdruck zu bringen, und die Reaktion der Mutter auf diese Unabhängigkeitserklärungen (mit Anerkennung und Zuneigung oder mit dem Entzug von Liebe und Bestätigung) sind für den Individuationsprozeß von zentraler Bedeutung.

Das Bemühen, sich von der Mutter (und später vom Vater) zu trennen und in der eigenen Individualität zu behaupten, manifestiert sich ein Leben lang in einer Vielfalt von Verhaltensweisen. Das kleine Mädchen, das gerade laufen gelernt hat, behauptet sich in seiner Verschiedenheit von der Mutter vielleicht durch aktiven Bewegungsdrang und demonstriert auf diese Weise, daß es eine individuelle Ganzheit ist, physisch von der Mutter getrennt und anders als sie. Der kleine Junge findet großes Vergnügen an seinem Penis, dem Symbol der Verschiedenheit und Getrenntheit von der Mutter. Die Heranwachsende demonstriert ihr Unterschiedensein von der Mutter vielleicht durch die Verletzung der unausgesprochenen Familienregel, daß die Mutter die Kleidung für die Kinder aussucht. Der adoleszente Junge ärgert seine Familie durch eine provozierende Frisur oder weigert sich, in das Familienunternehmen einzusteigen. Obwohl diese Formen der Abgrenzung zum Teil einer gegen die Elterngeneration gerichteten aufbegehrenden und feindseligen Haltung entspringen, sind sie oft die einzigen Mittel, die einem Kind zu einem bestimmten Zeitpunkt zur Verfügung stehen, um seine/ihre Unabhängigkeit von Mutter und Vater zu behaupten. Wenn die Eltern, wie es oft geschieht, die Unabhängigkeitserklärung des Kindes als drohenden Verlust, Vertrauensbruch oder Verrat an der Eltern-Kind-Beziehung interpretieren, kann das Kind als Reaktion darauf in chronische Passivität, Konformität und Hilflosigkeit verfallen; es versucht auf diese Weise, die bedrohte Objektbeziehung wiederherzustellen und zu erhalten (Masterson 1976).

Warum also hat das weibliche Kind relativ größere Schwierigkeiten, seine Unabhängigkeit und sein Unterschiedensein von der Mutter zu behaupten? Warum hat es das männliche Kind in diesem Selbstbehauptungskampf vergleichsweise leichter? Obwohl der weibliche Sozialisationsprozeß zweifellos darauf angelegt ist, beim Mädchen eher abhängige als autonome Verhaltensweisen anzubahnen (Kaplan 1976), geht es mir hier nicht an erster Stelle um kulturelle Muster. Wie ich zuvor betonte, möchte ich einen besonders drastischen Unterschied zwischen den Geschlechtern hervorheben, der den komplexen Separations-Individuations-Prozeß von der Mutter entscheidend beeinflußt: Das Mädchen steht in diesem Selbstbehauptungskampf einem gleichgeschlechtlichen Elternteil, der Junge einem gegengeschlechtlichen Elternteil gegenüber[2]. Das Mädchen erfährt sich als der Mutter gleich; der Junge erfährt sich als von der Mutter verschieden. Margaret Mead schrieb vor langer Zeit, daß »die früheste Erfahrung des Selbst beim Jungen darin besteht, daß er sich in der Beziehung zu seiner Mutter zwangsläufig als unterschiedlich erlebt, als ein Wesen, das anders ist als seine Mutter« (Mead 1949, S. 167).

Ich meine, daß der Individuationskampf des Jungen mit dem gegengeschlechtlichen Elternteil ihm von dem Zeitpunkt an, da er alt genug ist, das Konzept »ich bin ein Junge« zu begreifen, gewissermaßen die Erlaubnis gibt, von der Mutter getrennt und verschieden zu sein. Zusätzlich zu der Tatsache, daß der Junge sich anatomisch von der Mutter unterscheidet, wird die Mutter durch die bipolaren Vorstellungen von Männlichkeit und Weiblichkeit dahingehend beeinflußt, ihren Sohn bei der Behauptung seiner Unterschiedlichkeit zu unterstützen. Damit soll nicht gesagt sein, daß die Entwicklungsaufgabe der Separation – Individuation zwischen Mutter und Sohn problemlos zu bewältigen sei. In vielen Familien gelingt es den männlichen Kindern nicht, ein klares Gefühl von Autonomie zu entwickeln; sie verharren in der Verschmelzung mit den Eltern, die der Autonomieentwicklung ihres Sohnes machtvollen Widerstand entgegensetzen. Es geht mir vielmehr darum, daß die bipolaren Definitionen von Männlichkeit und Weiblichkeit als solche Mütter dazu bringen, den Trennungs- und Unabhängigkeitskampf bei ihren Söhnen zu fördern. Ganz gleich, wie undifferenziert und besitzergreifend die Mutter ist, ganz gleich, wie stark ihr Bedürfnis ist, sich in ihm zu spiegeln und ihn für immer an sich zu binden – sie will jedenfalls auch, daß ihr Sohn männlich ist und somit anders als sie selbst.

2 Ich schrieb und publizierte diesen Text 1978, bevor das richtungweisende Buch von Nancy Chodorow, »The Reproduction of Mothering« (Berkeley und Los Angeles 1978), erschien. Chodorows Arbeit ist ebenfalls auf der psychoanalytischen Theorie begründet, daß der Differenzierungsprozeß in der Ich-Entwicklung (innerhalb der traditionellen Familienstruktur) sich innerhalb der Mutter-Kind-Dyade abspielt und daß die Schwierigkeiten für Mädchen entsprechend größer sind. Zur kritischen Überprüfung dieser Hypothese siehe das letzte Kapitel dieses Buches.

Die Tochter erhält nicht in demselben Maß die »Erlaubnis« der Mutter, sich in ihrer Unterschiedlichkeit zu behaupten und ihre Unabhängigkeit zu erklären. Abgesehen davon, daß sie der Mutter anatomisch gleicht, ist die Entwicklungsaufgabe, sich von ihrer Mutter zu unterscheiden, mit der Aufgabe verknüpft, sich mit ihr zu identifizieren und »weiblich« zu werden. Die Polarität von männlich und weiblich, die in allen Kulturen existiert, kann so eingesetzt werden, daß sie die Tochter in ihren Bemühungen, sich von der Mutter zu unterscheiden, entmutigt. Wenn Mädchen Verhaltensweisen zeigen, die von den traditio nellen Rollenvorschriften, denen ihre Mütter sich beugten, abweichen, werden sie in der Regel als »unweiblich« oder »maskulin« etikettiert. Das Zusammenwirken mehrerer Faktoren erzeugt bei Müttern die Tendenz, die Abgrenzungsversuche der Tochter als Zurückweisung oder Verrat aufzufassen. In einem solchen Fall ist die Übernahme sogenannter weiblicher Eigenschaften (Passivität, Konformität, Aggressionshemmung) für das Mädchen vielleicht das geringere Übel, wenn es darum geht, die Bindung an eine Mutter abzusichern, die unbewußt als zu verletzlich erlebt wird, um die wachsende Autonomie der Tochter zu ertragen.

Obwohl hier betont wurde, wieviel geringer die Schwierigkeiten des Jungen sind, sich in der Getrenntheit und Unterschiedlichkeit von der Mutter zu behaupten, muß doch darauf hingewiesen werden, daß seine Erfahrungen mit gegengeschlechtlichen Pflegepersonen auch ihn vor besondere Probleme stellen. Die Abwesenheit männlicher Pflegepersonen in den frühen Jahren macht ihn anfällig für hartnäckig anhaltende primitive Phantasien über weibliche Omnipotenz (Lerner 1974, 1978) und führt zu einer größeren Unsicherheit im Hinblick auf die eigene Geschlechtsidentität (Lewis 1976). Das zuletzt genannte Problem tritt in besonders auffälliger Weise in patrilokalen Kulturen zutage, in denen die Väter in der frühkindlichen Erziehung gleichsam unsichtbar sind; hier werden strenge männliche Initiationsriten (oft in Verbindung mit der Beschneidung des Penis) notwendig, um über der primären weiblichen eine feste »maskuline« Identität zu etablieren (Burton und Whiting 1961). Die größere Anfälligkeit von Männern für Symptome, die mit der Geschlechtsidentität zusammenhängen, wurde in unserer

Gesellschaft durch klinische und empirische Untersuchungen dokumentiert (Lewis 1972). Von einer anthropologischen Perspektive ausgehend, stellte Chodorow (1972) weitere Nachteile dar, mit denen Männer aufgrund der Tatsache, daß sie vorwiegend von Frauen sozialisiert wurden, konfrontiert sind.

Obwohl dies nicht der Ort für eine detaillierte Diskussion anderer intrapsychischer und kultureller Faktoren ist, die es Müttern und Töchtern besonders erschweren, ein adäquates Maß an Separation voneinander zu erreichen, müssen einige dieser Faktoren zumindest kurz erwähnt werden. Erstens ist das weibliche Kind mit der ungewöhnlich schwierigen Entwicklungsaufgabe konfrontiert, einen »Objektwechsel« (Chasseguet-Smirgel 1970), das heißt eine Wendung von der Mutter zum Vater als dem primären Liebesobjekt zu vollziehen. Schwierigkeiten in dieser Entwicklungsphase können dazu führen, daß das Mädchen besonders empfindlich auf den realen oder imaginierten Neid der Mutter oder auf die mütterliche Verletztheit reagiert, was sich hemmend auf die Autonomieentwicklung und später auf die Fähigkeit auswirkt, heterosexuelle genitale Befriedigung zu finden. Zweitens bewirkt die intensive wechselseitige Identifikation zwischen Mutter und Tochter eine stärkere Neigung zu realitätsverzerrenden Projektionen auf beiden Seiten. Die Tochter wird leichter als der Sohn für die Mutter zum Vehikel, durch das sie Freuden und Befriedigung zu erlangen hofft, die ihr, in der Phantasie oder in der Realität, versagt geblieben sind. Obwohl Söhne und Töchter gleichermaßen dazu erwählt werden können, stellvertretend elterliche Bedürfnisse auszuleben, führt die starke Identifikation zwischen Mutter und Tochter dazu, daß die Mutter (zumindest unbewußt) die Tochter mehr beneidet als den Sohn. Vielleicht ermutigt sie ihre Tochter, unabhängig und selbstbewußt zu sein, unterminiert aber gleichzeitig auf subtile Weise die Versuche des Mädchens, für sich selbst zu erlangen, was sie, die Mutter, nicht bekommen konnte. Ihr Neid kann in der Adoleszenzzeit der Tochter besonders intensiv werden, wenn die Aktivität, die sprudelnde Jugendlichkeit und die erwachende Sexualität des Mädchens mit der Erfahrung der Mutter zusammentreffen, daß ihre sexuelle Attraktivität nachläßt und daß ihre Kinder sie nicht mehr so sehr – und bald gar nicht mehr – brauchen. In einer Kultur, in der die mütterlich-fürsorglichen und die dekorativen Eigenschaften der Frau einen großen Teil ihrer Identität und ihres Selbstwerts ausmachen, erscheint das Problem der ödipalen Rivalität als solches sekundär, verglichen mit der Krise, die die Frau in den mittleren Jahren durchmacht.

Es ist wichtig zu erkennen, daß Probleme in der Mutter-Tochter-Beziehung nicht einseitig aus »Fehlern« im Erziehungsverhalten der Mutter erklärt werden können. Die Rolle der Mutter kann nicht unabhängig von der Rolle des Vaters (dessen auffälligster Zug häufig seine Abwesenheit ist) verstanden werden, und das Verhalten beider muß innerhalb des kulturellen Kontexts gesehen werden, in den sie in ihrer Funktion als Eltern eingebettet sind (Seidenberg 1970, Rich 1976). Der weibliche Sozialisationsprozeß und die traditionelle Struktur der Kleinfamilie als solche tragen viel dazu bei, daß zwischen Müttern und Töchtern symbiotische, abhängige Beziehungen entstehen. Die übermäßig besitzergreifende oder eifersüchtige Mutter, die ihre Tochter in der Autonomieentwicklung einschränkt, ist oft selbst das Produkt eines verzerrenden und einengenden Sozialisationsprozesses, der ihr kaum Möglichkeiten gelassen hat, von etwas anderem »Besitz zu ergreifen« als von ihren Kindern (Seidenberg 1970).

In der gegenwärtigen gesellschaftlichen Situation ist es durchaus nicht verwunderlich, daß Mütter so oft mit starker Ambivalenz auf ihre Töchter reagieren (insbesondere während der Adoleszenzzeit der Mädchen), denn einerseits wird von Frauen gefordert, auf ihre Selbstverwirklichungsbestrebungen zu verzichten, um »gute Mütter« zu sein; andererseits wird kritisch hinterfragt, ob solche Opfer notwendig oder überhaupt wünschenswert sind. Letzten Endes müssen wir bei der Analyse der Probleme, mit denen Mütter und Töchter im Separations-Individuations-Prozeß konfrontiert sind, intrapsychische und kulturelle Faktoren berücksichtigen, die untrennbar miteinander verwoben sind und sich wechselseitig verstärken.

Implikationen für die Therapie

In der offenen Äußerung gerechtfertigter Wut und legitimen Protests liegt ein Bekenntnis zur eigenen Würde und Selbstachtung; darüber hinaus drückt sich darin auch die Bereitschaft aus, das Risiko des Auf-sich-selbst-gestellt-Seins einzugehen, auch wenn das Mißbilligung oder den potentiellen Verlust der Liebe anderer nach sich zieht. Unsere Patientinnen müssen sehr viel Mut aufbringen, um sich dieser Herausforderung zu stellen. Zum einen werden Frauen traditionell dazu erzogen, ihren Selbstwert oder sogar ihre Identität vor allem im Lieben und Geliebtwerden zu finden; zum anderen – und das ist vielleicht noch wichtiger – haben viele Frauen nicht den Grad autonomen Verhaltens erreicht, der es ihnen gestatten würde, sich der Erfahrung ihrer Wut allein und ohne Rückhalt bei anderen auszusetzen (Lerner 1971, Bernardez-Bonesatti 1978).

Es ist eine zentrale Aufgabe der Psychotherapie, Frauen Einsicht in die unbewußten irrationalen Ängste und auch in die äußeren Realitäten zu vermitteln, die sie am direkten, offenen und spontanen Ausdruck ihrer legitimen Aggressionen hindern. Um das zu erreichen, ist die direkte Arbeit an der Aggressionsproblematik notwendig, aber sie reicht als therapeutischer Ansatz nicht aus. Zusätzlich müssen ungelöste Autonomieprobleme und Probleme der Trennung von der Mutter bewußtgemacht und durchgearbeitet werden. Frauen, die aus unbewußter Loyalität heraus das Kind ihrer Mutter geblieben sind und autonomes Verhalten vermeiden, sind nicht nur im Ausdruck ihrer Aggressionen gehemmt, sondern auch in jeder anderen Aktivität, die das subjektive Erleben des Alleinseins und Auf-eigenen-Füßen-Stehens erfordert. Aggressionsgehemmte Frauen werden Schwierigkeiten haben, die Erfahrung des Getrenntseins und Sich-Unterscheidens zu ertragen, die auch mit einer eigenen originellen Idee, einem eigenen kritischen oder innovativen Gedanken verbunden ist, und sie können in sich selbst das Maß an Rivalität nicht tolerieren, das notwendig ist, um berufliche Erfolge zu erlangen. Oft erleben sie solche Manifestationen von Eigenständigkeit unbewußt als den Bruch des Versprechens, das Kind ihrer Mutter zu bleiben und auf autonomes Verhalten zu verzichten.

Wenn erwachsene Frauen zu uns in Therapie kommen, haben sie dieses internalisierte Drama häufig von der Mutter auf den Ehemann übertragen. Sie wählen besitzergreifende, undifferenzierte Männer als Partner, mit denen sie die früheren Konflikte mit der Mutter fortsetzen. Die nach außen hin dominante und kontrollierende Haltung des Mannes ist oft nur eine unvollkommene Tarnung seiner inneren Verletzlichkeit und Unsicherheit. Die Erfahrungen, die die Frau mit ihrer Mutter gemacht hat, wiederholen sich mit dem Ehemann, der die Veränderungs- und Entfaltungsversuche seiner Partnerin vereitelt und ihre Autonomiebestrebungen als Illoyalität und als Bedrohung der gewohnten Sicherheit in der Beziehung erlebt. Wenn wir das Dilemma einer solchen Frau nur im Hier und Jetzt sehen – das heißt als Kampf mit einem repressiven Ehemann –, verpassen wir die Gelegenheit, eine undifferenzierte und unaufgelöste Mutterbindung zu analysieren, die in der Frau die Neigung hervorruft, patriarchale Lösungen zu akzeptieren, statt echte Autonomie zu entwickeln.

Wenn wir Patientinnen in der Entwicklung zu größerer Autonomie unterstützen, helfen wir ihnen auch, mit Festigkeit und Entschlossenheit zum Ausdruck ihrer legitimen Aggressionen zu stehen, was für das Gefühl der eigenen Würde und Selbstachtung von ausschlaggebender Bedeutung ist. Aber die Erfahrung der Autonomie bringt auch neue Belastungen mit sich. In der Erfahrung der Autonomie erleben wir unsere grundlegende Einsamkeit; wir erkennen, daß wir unsere eigenen Entscheidungen treffen, selbst bestimmen, welche Risiken wir eingehen wollen, und wir begreifen, daß wir selbst die Hauptverantwortung für unsere Entwicklung und unser Persönlichkeitswachstum tragen. Vielleicht ist es für uns alle einfacher, unsere Energien dafür einzusetzen, Liebe und Anerkennung von anderen zu gewinnen, Beziehungen einzugehen, die sich in endlosen Zyklen von Schuldgefühlen und Vorwürfen erschöpfen, weil wir es dem anderen übelnehmen, daß er nicht für unser Glück sorgt; vielleicht ziehen wir es vor, uns ewig die Illusion zu erhalten, ein anderer Mensch könnte uns vervollständigen und uns alles geben, was uns fehlt, wie es die nährende Mutter mit ihrem Kind tut. Meine eigenen Patientinnen, die entscheidende Schritte in Richtung eines neuen, autonomen Verhaltens unternahmen, gingen grundsätzlich durch den schmerzhaften Prozeß der Trauer um den Verlust der tröstlichen symbiotischen Beziehung zu einem Elternteil (oder einer internalisierten Mutter- oder Vaterimago), die aufzugeben sie den Mut nicht gefunden hatten. Dennoch bleibt die Entwicklung zur Autonomie das Ziel, das wir bei allen unseren Patientinnen und Patienten anstreben und auch in uns selbst zu verwirklichen suchen. Durch die Fähigkeit, uns in unserer Getrenntheit, Verschiedenheit und in unserem Alleinsein anzunehmen, gewinnen wir nicht nur die Freiheit, Aggressionen und Protest auszudrücken, wenn unsere Rechte verletzt werden; wir werden auch frei für eine Form der Liebe, die auf echter Ebenbürtigkeit und wechselseitigem Respekt beruht[3].

3 Dieser Text wurde 1980 zuerst veröffentlicht in: The American Journal of Psychoanalysis 40(2): 137–148.

Literatur

BERNARDEZ-BONESATTI, T. (1976): Unconscious beliefs about women affecting psychotherapy; North Carolina Journal of Mental Health, 7(5): 63–66

– (1978): Women and anger: conflicts with aggression in contemporary women; Journal of the American Medical Women's Association, 33(5): 215–219

BOWEN, M. (1978): Family Practice in Clinical Practice; New York

BURTON, R., and WHITING, J. (1961): The absent father and cross-sex identity; Merill-Palmer Quarterly, 7: 85–95

CHASSEGUET-SMIRGEL, J. (1970): Feminine guilt and the Oedipus complex; in: Female Sexuality: New Psychoanalytic Views; Ann Arbor, Michigan

CHODOROW, N. (1972): Being and doing: cross-cultural examination of the socialization of males and females; in: Women in Sexist Society: Studies in Power and Powerlessness, ed. V. Gornick and B. Moran, pp. 259–291; New York

DINNERSTEIN, D. (1976): The Mermaid and the Minotaur: Sexual Arrangements and Human Malaise; New York

FAIRBAIRN, W. R. D. (1962): Psychoanalytic Studies of the Personality; London

GORNICK, V., and MORAN, B., eds. (1971): Women in Sexist Society; New York

GUNTRIP, H. J. (1961): Personality Structure and Human Interaction; New York

KAPLAN, A., and BEAN, J. eds. (1976): Beyond Sex-Role Stereotypes; Boston

KAPLOW, S. (1971): Getting angry; Notes from the Third Year, in: Women's Liberation, ed. A. Koedt and S. Firestone, pp. 15–17

KARPEL, M. (1976): Individuation: from fusion to dialogue; in: Family Process 15(1): 65–82

LEDERER, W. (1968): The Fear of Women; New York

LERNER, H. G. (1974): Early origins of envy and devaluation of women; Bulletin of the Menninger Clinic 38: 538–553

– (1977): Taboos against female anger; Menninger Perspective 8(4): 4–11

– (1978): The comfort of patriarchal solutions: some reflections on Brown's paper, Journal of Personality and Social Systems 1(3): 47–50

LEWIS, H. B. (1976): Psychic War in Men and Women; New York

MAHLER, M. S. (1963): Thoughts about development and individuation, in: The Psychoanalytic Study of the Child, vol. 18, New York

MASTERSON, J. F. (1976): Psychotherapy of the Borderline Adult: A Developmental Approach; New York (Psychotherapie bei Borderline-Patienten, Stuttgart 1980)

MEAD, M. (1949): Male and Female; New York

MINUCHIN, S. (1974): Families and Family Therapy; Cambridge, Massachusetts (Familie und Familientherapie, Freiburg 7. Aufl. 1987)

RICH, A. (1976): Of Woman Born New York (Von Frauen geboren, München 1979)

SEARLES, H. F. (1965): Collected Papers on Schizophrenia and Related Subjects; New York

– (1973): Concerning therapeutic symbiosis; The Annual of Psychoanalysis, 1: 247–262

SEIDENBERG, R. (1970): Marriage in Life and Literature; New York

Adaptive und pathogene Aspekte von Geschlechtsrollenstereotypen

Glücklicherweise hat die gegenwärtige feministische Bewegung die Aufmerksamkeit der Öffentlichkeit und wissenschaftlicher Fachkreise auf Fragen gelenkt, die sich auf das Problem von Männlichkeit und Weiblichkeit beziehen. Bei sorgfältiger Durchsicht der psychoanalytischen Literatur zeigt es sich, daß über die Bedeutung von Männlichkeit und Weiblichkeit begriffliche Verwirrung herrscht und daß eine rationale Erklärungsbasis fehlt, wenn es um die Frage geht, warum bestimmte Charakterzüge, Verhaltensweisen und Eigenschaften für das eine Geschlecht als normal und angemessen, für das andere Geschlecht dagegen als unangepaßt und unangemessen betrachtet werden (Lerner 1974). Außerdem existiert ein auffälliger Meinungsstreit um die Auswirkungen unserer bipolaren Konzeptionen von Männlichkeit und Weiblichkeit, das heißt um die Frage, ob Geschlechtsrollenstereotypen einen adaptiven oder pathogenen Effekt auf die Entwicklung des Individuums haben.

Als erstes sollen in diesem Kapitel die positiven und negativen Wirkungen von Geschlechtsrollenstereotypen untersucht werden, wobei die geläufigen kulturellen Definitionen von Männlichkeit und Weiblichkeit unberücksichtigt bleiben. Zweitens werde ich meine Auffassung darlegen, daß der Grad, in dem ein bestimmtes Individuum von den bipolaren Männlichkeits- und Weiblichkeitskonzepten profitiert (das heißt, in dem die adaptiven, entwicklungsfördernden gegenüber den restriktiven, krankmachenden Aspekten überwiegen), zu dem Grad, in dem dieses Individuum eine stabile, klare Geschlechtsidentität entwickelt hat, in umgekehrt proportionalem Verhältnis steht. Im Anschluß daran werden Implikationen für das Erziehungsverhalten von Eltern und für die Psychotherapie diskutiert. Ich beabsichtige keine erschöpfende und definitive Darstellung der hier angesprochenen Problematik; mein Ziel ist vielmehr, in einem wichtigen Bereich, der durch Vorurteile, kulturelle Mythen und den kontraproduktiven Kampf der Geschlechter verdüstert ist, zu einer ausgewogeneren Betrachtungsweise und zu größerer begrifflicher Klarheit beizutragen.

Pathogene und adaptive Konsequenzen

Die pathogenen Konsequenzen der Geschlechtsrollenstereotypen wurden in der feministischen und der psychoanalytischen Literatur ausführlich diskutiert. Es kann kein Zweifel daran bestehen, daß stereotype Vorstellungen von Männlichkeit und Weiblichkeit einen einengenden und hemmenden Einfluß auf die Persönlichkeitsentwicklung haben. Statt Kinder darin zu bestärken, ihre eigenen, individuellen Potentiale, Interessen und Fähigkeiten zu entwickeln, hält man sie dazu an, sich idealisierten Klischeevorstellungen vom »richtigen Mann« und der »richtigen Frau« anzupassen (Seidenberg 1976, Lerner 1973). Die unausweichliche pathogene Konsequenz jeder männlich-weiblichen Dichotomie liegt darin, daß dem Kind das Gefühl gegeben wird, irgendein hochgeschätzter und erwünschter Aspekt seiner Persönlichkeit sei geschlechtsunangemessen und müsse verleugnet oder aufgegeben werden (Badaracco 1974). Die Frage der biologischen oder konstitutionellen Geschlechterunterschiede ist in diesem Zusammenhang nicht relevant. Hier stellt sich vielmehr die Frage, wie weit das individuelle Temperament und die biologische Disposition jedes einzelnen Kindes respektiert werden, unabhängig davon, ob diese Faktoren mit den statistischen Gruppenunterschieden übereinstimmen.

In letzter Zeit beobachten wir ein wachsendes Verständnis für die tiefen Schuldgefühle, Ängste und Hemmungen, die entstehen, wenn einem Kind vermittelt wird, seine Interessen, Fähigkeiten oder Verhaltensweisen seien geschlechtsunangemessen (Badaracco 1974). Kein kleiner Junge kann es ertragen, wenn man ihm sagt, er sehe aus oder verhalte sich »wie ein Mädchen«, und auch das kleine Mädchen kann es nicht leiden, wenn man ihm nachsagt, »wie ein Junge« zu sein. Es ist also kaum überraschend, daß ein Mädchen schon früh Ängste und Schuldgefühle empfindet, wenn es Strebungen entwickelt, die der kulturellen Definition nach »männlich« sind (Seidenberg 1970). In vielen Publikationen der psychoanalytischen Literatur wird darauf hingewiesen, daß Frauen, die scheinbar freiwillig auf ihre selbstbezogenen, ehrgeizigen Strebungen verzichten, sich in Wahrheit nicht ohne Ängste und Schuldgefühle durch persönliche Leistungen verwirklichen können. Diese Schuldgefühle sind darauf zurückzuführen, daß professionelle Fähigkeiten und berufliche Kompetenz unbewußt als »männlich« erfahren werden (Chasseguet-Smirgel 1970, Moulton 1973). Klinische Erfahrungen und Beobachtungen im Alltag demonstrieren, daß nur wenige Frauen widerstandsfähig und flexibel genug sind, innere und äußere Bedrohungen ihrer »Weiblichkeit« zu tolerieren. »Keine Frau wird nach Ruhm und Ehren trachten, wenn der Preis dafür ist, daß sie ›unweiblich‹ genannt wird. Dieser Schlag unter die Gürtellinie bringt die meisten Frauen zur Verzweiflung« (Seidenberg 1970, S. 134). Auf Männer wird ein ebenso starker, wenn nicht noch stärkerer Druck ausgeübt, auf sogenannte weibliche Aspekte ihrer Persönlichkeit zu verzichten.

Die pathogenen Konsequenzen sind aber nicht der einzige Ansatzpunkt der Kritik; darüber hinaus kann man argumentieren, daß Geschlechtsrollenstereotypen, unabhängig von ihrem Inhalt, an sich fragwürdig sind. Dichotomische Vorstellungen von Männlichkeit und Weiblichkeit beinhalten auch eine dichotomische Konzeption seelischer Gesundheit für beide Geschlechter, die auf der theoretischen Ebene nicht zu rechtfertigen ist. Untersuchungsergebnisse, die statistisch signifikante Unterschiede zwischen den Geschlechtern belegen, können nicht dahingehend interpretiert werden, daß ein Persönlichkeitsmerkmal oder eine bestimmte Eigenschaft für ein Geschlecht normal und gesund und für das andere anomal oder unwichtig wäre. Es liegt vielmehr nahe, anzunehmen, daß eine Eigenschaft, ein Persönlichkeits- oder Verhaltensmerkmal der seelischen Gesundheit eines Individuums entweder zuträglich oder abträglich sein kann, unabhängig von der Geschlechtszugehörigkeit dieses Individuums. Beide Geschlechter sollten zum Beispiel in der Lage sein, ein gesundes Maß an Aggression, Rivalität und Durchsetzungsvermögen auszudrücken, um an den eigenen Überzeugungen festhalten und für die eigenen Ziele arbeiten zu können, auch angesichts des Widerstandes oder der Mißbilligung anderer. Aggressivität, Rivalität und Durchsetzungsvermögen können jedoch bei beiden Geschlechtern pathologische Untertöne haben; das Konkurrieren, Gut-Abschneiden oder Gewinnen kann zum Selbstzweck werden, vielleicht als Kompensation für narzißtische Gefühle der Unzulänglichkeit.

Wenden wir uns nun den positiven Aspekten der Geschlechtsrollenstereotypen zu: Zunächst sollten wir uns vor Augen halten, daß es zu allen Zeiten und in allen Gesellschaften ein gewisses Maß an Geschlechterpolarität gegeben hat, verbunden mit einer klaren geschlechtsspezifischen Arbeitsteilung und einer deutlichen Unterscheidung der Attribute, Eigenschaften und Qualitäten, die jedem Geschlecht als charakteristisch zugeschrieben wurden. Aus der universellen Verbreitung der Geschlechtsrollenstereotypen läßt sich jedoch nicht notwendigerweise schließen, daß sie einen hohen Wert darstellen (denn Xenophobie, Vorurteile und Krieg haben denselben universellen Status erreicht); dichotomische Vorstellungen von Männlichkeit und Weiblichkeit scheinen vielmehr wesentliche adaptive Funktionen zu erfüllen.

Es ist wichtig, festzuhalten, daß die Abspaltung und die projektive Identifikation, die den bipolaren Vorstellungen von Männlichkeit und Weiblichkeit innewohnen, nicht einfach pathologische Abwehrhaltungen sind; sie erleichtern dem heranwachsenden Menschen auch die Persönlichkeitsorganisation (Cooper 1976). Klein erklärte, daß die Einteilung der Phänomene in Bipolaritäten das Universum strukturiert und »dem Ich erlaubt, aus dem Chaos hervorzutreten und seine Erfahrungen einzuordnen« (Segal 1976, S. 22). Klein vermutet, daß die Abspaltung eine Voraussetzung für die spätere, komplexere Erfahrung der Integration von Bipolaritäten (gut – schlecht, aktiv – passiv, abhängig – unabhängig) innerhalb des eigenen Selbst darstellt.

Eine der adaptiven Funktionen bipolarer Vorstellungen von Männlichkeit und Weiblichkeit besteht darin, dem Kind die Konsolidierung der eigenen Geschlechtsidentität zu erleichtern. Der kognitive Prozeß, in dem das Kind sich selbst in die Kategorien »Mädchen« oder »Junge« einordnet, bildet die grundlegende Organisationsstruktur für die nachfolgenden Erfahrungen des eigenen Geschlechts (Kleeman 1976), und Unterschiede oder Bipolaritäten in der Sozialisation können diesen Prozeß erleichtern. Außerdem kann die Etablierung und Verstärkung klar abgegrenzter Geschlechterunterschiede dem Kind bei der Bewältigung bestimmter Ängste helfen: der Angst des Jungen, daß er seinen Penis verlieren und ein Mädchen werden könnte, und der Angst des Mädchens, einen Penis verloren zu haben und somit ein kastriertes männliches Wesen zu sein.

Vermutlich sind dichotomische Vorstellungen von Männlichkeit und Weiblichkeit für das männliche Kind von größerer psychologischer Bedeutung, unter anderem wegen der Intensität der Kastrationsangst. Außerdem hilft die Übertreibung oder Polarisierung der Geschlechterunterschiede dem Jungen bei der Ablösung von der Mutter und der Entwicklung zur Autonomie. Diese Entwicklungsaufgabe bereitet dem Mädchen in der Regel weitaus größere Schwierigkeiten, weil es der Mutter anatomisch gleicht und auf kein Modell der Andersartigkeit zurückgreifen kann, um ihr Widerstand entgegenzusetzen. Andererseits identifiziert sich auch das männliche Kind mit der Mutter, ist aber dann mit der Schwierigkeit konfrontiert, die Eigenschaften dieses frühesten Erziehungsvorbilds in sich selbst zu unterdrücken.

Obwohl die Übertreibung oder Polarisierung der Geschlechterunterschiede die Konsolidierung der Geschlechtsidentität vereinfachen mag, folgt daraus nicht, daß eine Sozialisation, die beide Geschlechter gleich behandelt, zu Störungen in der Geschlechtsidentität führen würde. In der psychiatrischen Literatur wird oft implizit oder explizit behauptet, Anpassung an die dichotomischen Vorstellungen von Männlichkeit und Weiblichkeit, wie auch immer sie kulturell definiert sind, sei eine wichtige Voraussetzung für die Entwicklung einer normalen Geschlechtsidentität (Kleeman 1976, Stoller 1976). Dieser theoretische Standpunkt wird ohne Berücksichtigung der Tatsache vorgebracht, daß es gesunde Kinder in normalen Familien gibt, in denen die Eltern sich nicht an Geschlechtsrollenstereotypen halten und ihre Kinder auch nicht in der Anpassung an solche Klischees bestärken. Ich spreche von Familien, in denen die Eltern über ein tiefes Gefühl von Geschlechtsidentität verfügen, das von gesellschaftlich verordneten Rollennormen und Klischeevorstellungen von Männlichkeit und Weiblichkeit unabhängig ist und diese Vorstellungen transzendiert.

Implikationen für das Elternverhalten

Wenn wir davon ausgehen, daß Geschlechtsrollenstereotypen sowohl konsolidierende, erleichternde als auch pathogene, restriktive Auswirkungen haben können, müssen wir uns fragen, bis zu welchem Grad ein heranwachsendes Kind auf geschlechtsspezifische Rollennormen hin erzogen werden sollte. Sollten die Eltern versuchen, sich von einem Denken in männlich-weiblichen Dichotomien völlig zu befreien? Sollten sie sich strikt daran halten, zumindest, solange das Kind klein ist? Oder gibt es einen Mittelweg – eine Möglichkeit, unsere kulturellen Definitionen von Männlichkeit und Weiblichkeit aufrechtzuerhalten, sie aber gleichzeitig zu erweitern und flexibler zu gestalten, so daß beiden Geschlechtern ein weiteres Spektrum an Wahlmöglichkeiten zur Verfügung steht?

Solange diese Fragen mit dem Ziel gestellt werden, allgemeine Verhaltensrichtlinien festzulegen, können sie nicht beantwortet werden. Geschlechtsrollenstereotypen und bipolare Vorstellungen von Männlichkeit und Weiblichkeit stellen für das Kind eine Grundstruktur dar. Ob und bis zu welchem Grad diese Struktur sich als notwendig und wertvoll oder als schädlich und hemmend auswirkt, hängt von den individuellen Fähigkeiten und Eigenschaften des Kindes und von der Familienkonstellation ab. Meiner Erfahrung nach steht das Maß, in dem Geschlechtsrollenstereotypen adaptiv und entwicklungsfördernd (im Gegensatz zu restriktiv und hemmend) wirken, in einem umgekehrt proportionalen Verhältnis zu dem Maß, in dem das Individuum ein stabiles, ausgewogenes Selbstgefühl und eine solide Geschlechtsidentität entwickelt hat.

Der Begriff der Geschlechtsidentität, wie er in dieser Arbeit verwendet wird, sollte vielleicht genauer definiert werden. Stoller (1976) definiert genuine Geschlechtsidentität als »das Gefühl, das wir von unserem eigenen Geschlecht haben – das Gefühl der Männlichkeit bei Männern und der Weiblichkeit bei

Frauen« (S. 61). Geschlechtsidentität ist ein weiter Begriff, der auch das Bewußtsein des eigenen Selbst und der eigenen Rolle beinhaltet. Die Begriffe Männlichkeit und Weiblichkeit sind schwer bestimmbar, weil sie sich auf subjektive Erfahrungen beziehen, die sich in einer großen Vielfalt unterschiedlicher Verhaltensweisen ausdrücken können. Ich definiere Geschlechtsidentität als ein stabiles subjektives Gefühl des Einverstandenseins und Zufriedenseins mit dem eigenen Geschlecht und den für dieses Geschlecht spezifischen Funktionen. Für Frauen bedeutet das ein unbefangenes und positives Verhältnis zu den eigenen Genitalien und den reproduktiven Fähigkeiten, ohne unangemessene Neid- und Angstgefühle in bezug auf Männer und auf den Penis. Für Männer bedeutet das ein unbefangenes und positives Verhältnis zu den männlichen Genitalien, ohne unangemessene Neid- und Angstgefühle in bezug auf Frauen, weibliche Genitalien und die Gebärfähigkeit.

Nehmen wir an, ein Kind wird von reifen Eltern erzogen, die beide Autonomie, ein klares Selbstwertgefühl und eine stabile, konfliktfreie Geschlechtsidentität entwickelt haben, das heißt, die Mutter fühlt sich wohl und sicher in ihrem Frausein und der Vater ebenso in seinem Mannsein. Wenn diese Eltern sich nicht in die tradierten Geschlechterrollen aufspalten, kann das Kind in seiner seelischen Entwicklung davon erheblich profitieren. Wenn beide, Mutter und Vater, sowohl fürsorglich und emotional als auch reflektiert und intellektuell sind, wenn sie gemeinsam kochen, gemeinsam saubermachen und ihre erzieherische Autorität in einer spontan kooperierenden Weise teilen, die sich über tradierte Normen hinwegsetzt, wird das Kind nicht unsicher oder ängstlich. Eine solche Erziehung erlaubt dem Mädchen oder Jungen vielmehr, ein Bild von Weiblichkeit oder Männlichkeit in sich aufzunehmen, das mit der positiven Akzeptanz eines weiten Spektrums von Verhaltensweisen, Gefühlen und Erfahrungen verbunden ist.

Nehmen wir dagegen ein Kind, das in einer Familie aufwächst, in der die Eltern ihre Ich-Grenzen kaum aufrechterhalten können und in der die Geschlechtsidentität beider Eltern oder eines Elternteils brüchig oder konfliktgeladen ist. Auf solche Kinder, die vermutlich ein unklares, ambivalentes Vater- und Mutterbild entwickeln, kann die Anpassung der Eltern an traditionelle Geschlechtsrollennormen eine klärende und stabilisierende Wirkung haben. Die kulturell definierten bipolaren Vorstellungen von Männlichkeit und Weiblichkeit geben in solchen Familien oft nicht nur dem Kind, sondern auch den Eltern eine gewisse Sicherheit. Wie Kleeman (1978) anmerkt, ist die erzieherische Haltung der Eltern durch das kognitive Bewußtsein von der Geschlechtszugehörigkeit des Kindes vorgeprägt; eine ganze Serie von Anhaltspunkten, Belohnungen und Sanktionen wird von dieser Basis abgeleitet. Geschlechtsrollenstereotypen vereinfachen die erzieherische Aufgabe der Eltern, in dem sie klare Regeln und Richtlinien für die Sozialisation des Kindes vorgeben. Das ist für Eltern, die selbst keine stabilen und klaren inneren Leitlinien haben, von großer Bedeutung.

Implikationen für die Psychotherapie

Die Erkenntnis, daß Geschlechtsrollenstereotypen bei bestimmten Individuen konsolidierende und unterstützende Funktionen erfüllen und bei anderen restriktive und entwicklungshemmende Wirkungen zeigen, hat für die therapeutische Arbeit wichtige Konsequenzen. Es wäre zum Beispiel falsch, eine Patientin von kulturellen Geschlechtsrollenstereotypen »befreien« zu wollen, wenn diese Patientin daran festhält, um eine unsichere, brüchige Geschlechtsidentität zu stützen und abzusichern. Das folgende Beispiel soll das verdeutlichen:

Fallbeispiel

Als Frau A. zu ihrer ersten Therapiestunde kam, fiel mir ihre hyperfeminine Erscheinung auf, der etwas Aufgesetztes und Imitatives anhaftete. Die sogenannten männlichen Strebungen schienen in ihrer persönlichen Geschichte völlig zu fehlen. Sie hatte in ihrer Kindheit keine wilde oder jungenhafte Phase durchgemacht und war ruppigen oder aggressiven Spielen stets aus dem Weg gegangen. In vieler Hinsicht hatte sie sich immer wie ein Modell – wenn nicht wie eine Karikatur – von Weiblichkeit und Häuslichkeit verhalten.

Frau A.s Existenz war relativ stabil, bis sie sich von der feministischen Subkultur in Kalifornien und von einem engen Freund unter Druck gesetzt fühlte, sich zu »emanzipieren«. Als sie diesem Druck nachgab, zeichneten sich bald potentiell destabilisierende Wirkungen ab. Als sie auf einer Campingtour zum ersten Mal in ihrem Leben Jeans und ein Sporthemd trug, fühlte sie sich plötzlich »unweiblich« und unattraktiv, und es ging ihr durch den Kopf, ob sie vielleicht »keine richtige Frau« sei. Danach fiel ihr auf, daß sie »anders sprach« und »größere Schritte machte«, wenn sie »Männerkleidung« trug (unter diese Kategorie fielen für sie auch Damenjeans, die vorn mit einem Reißverschluß geschlossen werden), und sie begann unter zeitweilig auftretenden Gefühlen von Depersonalisation und Realitätsverlust zu leiden. Aufgrund dieser verwirrenden Gefühle und Ängste kam Frau A. im Alter von fünfundzwanzig Jahren in Psychotherapie.

Schon zu Beginn der therapeutischen Arbeit, die aus pragmatischen Gründen einmal in der Woche stattfand, wurde deutlich, daß Frau A. eine schwer gestörte Patientin war, die ihre brüchige Geschlechtsidentität vor allem durch strikte Anpassung an traditionelle weibliche Rollen- und Verhaltensnormen aufrechterhielt, die von »männlichen« Verhaltensweisen klar unterschieden waren. Aufgrund der zeitlichen Begrenztheit der Behandlung und des sehr prekären Zustands der Ich-Identität der Patientin nahm ich eine unterstützende Haltung ein und half Frau A., ihr Gefühl von Weiblichkeit wiederherzustellen, das sie in der Vergangenheit durch ihre strikte Konformität und sogar karikaturhafte Anpassung an traditionelle weibliche Rollennormen aufrechterhalten konnte. Dieser therapeutische Ansatz beinhaltet auch, daß ich Frau A. aktiv darin unterstützte, dem kulturellen Druck in Richtung Androgynie zu widerstehen. Eine radikal feministische Therapie hätte die konsolidierenden, unterstützenden Funktionen der Geschlechtsrollenstereotypen für diese Patientin vielleicht nicht berücksichtigt.

Das Gravierende der Persönlichkeitsstörung bei Frau A. ist atypisch, aber das Grundphänomen, das durch dieses Fallbeispiel illustriert wird, tritt durchaus nicht selten auf. Eine neurotische Patientin war zum Beispiel unfähig, beim Geschlechtsverkehr die obere, aktive Position einzunehmen, weil sie dabei das

Gefühl hatte, »einen Penis zu haben«, was für sie ein konfliktbeladener Wunsch war. Ein neurotischer Patient konnte es nicht ertragen, neben seiner Frau im Auto zu sitzen, wenn diese das Fahrzeug steuerte, weil er sich dann als »feminin« empfand. Es gibt vermutlich gewisse, auf die Geschlechtsidentität bezogene Ängste und Unsicherheiten, die allgemein verbreitet sind. Je nachdem, wie intensiv ein Individuum solche Ängste und Ambivalenzgefühle empfindet, können Geschlechtsrollenstereotypen oder »Spielregeln« hilfreich oder nebensächlich sein. Die therapeutische Entscheidung, ob eine devensive Überanpassung an Geschlechtsrollenstereotypen analysiert oder unterstützt wird, sollte nicht auf der Basis der persönlichen Ideologie des Therapeuten/der Therapeutin getroffen werden, sondern aufgrund einer sorgfältigen Einschätzung der Funktionen, die solche Rollennormen für ein bestimmtes Individuum erfüllen.

Bei der Behandlung relativ gesunder Patientinnen und Patienten, die eine stabile Geschlechtsidentität entwickelt haben, ist es der am weitesten verbreitete therapeutische Fehler, die Anpassung an Geschlechtsrollenstereotypen *nicht* in Frage zu stellen. Das geschieht häufig dann, wenn die Patientin/der Patient sich scheinbar damit wohl fühlt, ihre/seine sozial definierte Rolle auszufüllen.

Fallbeispiel

Frau B., achtundzwanzig Jahre alt und in intensiver Psychotherapie, kündigte ihrem Therapeuten an, daß sie zum Ende des Jahres in eine andere Stadt ziehen werde, weil ihrem Mann dort eine bessere Stellung geboten worden war. Obwohl sie traurig darüber war, die Psychotherapie abbrechen, ihre Freunde verlassen und ihre Lehrtätigkeit an einer Montessori-Schule aufgeben zu müssen, drückte sie freudige Erregung über die Veränderungen aus, die der Umzug mit sich bringen würde, und Stolz auf den Erfolg ihres Mannes. Auf die Frage ihres Therapeuten, ob sie auch andere, weniger enthusiastische Gefühle habe, antwortete sie zunächst mit einer erneuten Versicherung ihrer positiven Einstellung zu der bevorstehenden Veränderung. Sicher, es seien damit auch Verluste für sie verbunden, aber diese würden durch die Vorteile sehr wohl aufgewogen. Außerdem trug Frau B. sich mit dem Gedanken, bald ein Kind zu bekommen und ihren Beruf für einige Jahre ganz aufzugeben. Sie drückte deutlich aus, daß sie über das Thema nicht mehr sprechen wolle, und eine Zeitlang wurde es auch nicht mehr erwähnt.

Einige Monate später, als Frau B. über die Probleme und Freuden ihres Berufslebens sprach, drückte der Therapeut noch einmal sein Erstaunen darüber aus, wie leicht sie ihre eigene Berufstätigkeit im Hinblick auf den geplanten Ortswechsel aufzugeben bereit sei und wie geschickt sie ihn, den Therapeuten, davon zu überzeugen verstehe, daß ihr Beruf ihr wirklich unwichtig sei. Er äußerte auch seine Vermutungen über die Gründe für ihre Weigerung, die eigene Berufsentwicklung ernst zu nehmen, und sagte ihr, es sei offenbar schwierig für sie, mit ihrem Mann in Konkurrenz zu treten oder ihn zu bitten, ihretwegen ein berufliches Opfer zu bringen, obwohl sie ihm zu einem früheren Zeitpunkt ein solches Opfer gebracht habe. Diese therapeutische Intervention – gegen die ausdrückliche Versicherung der Patientin, es gäbe keine weiteren Probleme zu diskutieren – verhalf Frau B. zu einem besseren Verständnis der neurotischen Ängste, die sie dazu brachten, ihre eigene Arbeit zu entwerten, sie als weniger wichtig zu betrachten als die Arbeit ihres Mannes und sie unter Umständen sogar völlig aufzugeben. Die Beharrlichkeit des Therapeuten in dieser Frage hatte außerdem wichtige Konsequenzen für die Übertragungssituation, denn sie vermittelte der Patientin das Gefühl, daß ihre Arbeit ernst genommen wurde. Die Tatsache, daß der Therapeut das Problem vorher nicht mehr angesprochen hatte – wenn das auch ihr ausdrücklicher Wunsch war –, hatte für sie die unbewußte Bedeutung, daß er, wie ihre Mutter, ihre Entwicklung zu einer autonomen Persönlichkeit nicht wirklich billigte.

Das Ehepaar B. verzichtete schließlich auf den Ortswechsel; Frau B. setzte ihre Berufslaufbahn erfolgreich fort und hat mittlerweile eine interessante Position mit beträchtlicher Autorität.

Der sorgfältige und geschickte Umgang dieses Therapeuten mit dem Problem seiner Patientin ist vielleicht eher die Ausnahme als die Regel. Viele Therapeuten unterlassen es, die defensiven Aspekte der Lebensentscheidungen von Patientinnen und Patienten, die sich den herkömmlichen Rollennormen anpassen, zu analysieren, insbesondere wenn die Patientin/der Patient scheinbar zufrieden ist (zum Beispiel die »feminine« Frau, die sich aufgrund von neurotischen Ängsten in bezug auf intellektuelle Leistungen, Ehrgeiz und Erfolg für die Rolle der Hausfrau und Mutter entscheidet). Für Frauen in Therapie ist dies ein besonders wichtiges Problem, denn oft zeigen sich im Lauf der Behandlung starke unbewußte Schuld- und Angstgefühle, wenn es darum geht, Wünsche und Bedürfnisse zuzulassen, die mit der traditionellen weiblichen Rolle nicht in Übereinstimmung sind. Selbst Therapeuten, die sich sehr dafür engagieren, Frauen auf dem Weg der Selbstverwirklichung zu unterstützen, tragen vielleicht ungewollt zur Verstärkung von Entwicklungshemmungen bei, indem sie die neurotische Unterwerfung der Patientin unter traditionelle weibliche Rollennormen implizit akzeptieren oder bestätigen.

Es ist zu hoffen, daß Psychiater und Psychotherapeuten ihre Einstellung zu Geschlechtsrollenstereotypen und bipolaren Konzeptionen von Männlichkeit und Weiblichkeit weiter hinterfragen und klären werden. Während die feministische Literatur in ihrer globalen Verdammung der Geschlechtsrollenstereotypen manchmal naiv ist, liegt der Fehler der traditionellen psychiatrischen Literatur eher darin, daß sie den gegenwärtigen Trend zur Depolarisierung der Geschlechterrollen pauschal verurteilt. Einige Autoren warnen vor den drohenden pathologischen Konsequenzen für Kinder, die nicht in Übereinstimmung mit den tradierten Geschlechtsrollenvorstellungen erzogen werden, und behaupten, daß eine nicht-sexistische Kindererziehung zu Identitätsproblemen und sexueller Verwirrung führe und graue, antriebsschwache »Neutren« hervorbringe (Landman 1974). Begriffe wie Rollenumkehrung und Rollenkonfusion werden, auf Eltern bezogen, in herabsetzender Weise gebraucht, oft ohne Unterscheidung zwischen seelisch gesunden Eltern, die sich aus legitimen Gründen entscheiden, ihr Leben nicht nach den traditionellen männlich-weiblichen Rollennormen auszurichten, und chaotischen, instabilen Eltern, die dieselbe Entscheidung aus pathologischen Gründen treffen.

Abgesehen davon, daß sie wissenschaftlich fragwürdig sind, haben solche Publikationen zur Folge, daß bestimmte Menschen entmutigt werden, unsere Dienste in Anspruch zu nehmen; diese Menschen wenden sich dann lieber progressiveren, nichtetablierten Therapieformen und Therapeuten zu, die vielleicht weniger qualifiziert sind, effektive Hilfe zu leisten. In unserer Gesellschaft besteht zweifellos ein starker Trend zur Abkehr von den dichotomischen Vorstellungen von Männlichkeit und Weiblichkeit; viele junge Paare entscheiden sich heute dafür, anders zu leben als die vorangegangenen Generationen. In einem Bericht der GAP (Group for the Advancement of Psychiatry) wurde das Ergebnis einer Umfrage unter College-Studentinnen und -Studenten zitiert, in der fünfzig Prozent der Befragten sich für die völlige Gleichverteilung der Elternschaft und der Fürsorge für die Kinder aussprachen (GAP 1975). Diese Tendenzen gehen eindeutig in die Richtung echter Gleichberechtigung und fundamental veränderter Beziehungsformen zwischen den Geschlechtern, trotz der Tatsache, daß die Vorstellung der Androgynie bei manchen Menschen erhöhte Ängste und Unsicherheiten auslösen kann. Vielleicht ist die emotional geladene und angsterregende Qualität der auf Männlichkeit und Weiblichkeit bezogenen Probleme dafür verantwortlich, daß viele unserer Publikationen zu diesem Thema weder der Genauigkeit wissenschaftlichen Denkens noch der Komplexität menschlicher Erfahrung gerecht werden[1].

1 Dieser Text wurde 1978 unter dem Titel »Adaptive and Pathogenic Aspects of Sex-Role Stereotypes: Implications for Parenting and Psychotherapy« veröffentlicht in: American Journal of Psychiatry 1(135): 48–52.

Literatur

BADARACCO, M. R. (1974): Recent trends towards unisex: a panel; in: American Journal of Psychoanalysis 34: 17–23

CHASSEGUET-SMIRGEL, J. (1970): Female Sexuality; Ann Arbour (Psychoanalyse der weiblichen Sexualität, Frankfurt/Main 1974)

COOPER, L. (1976): Cotherapy relationship in groups; Small Group Behaviour 7: 473–498

GAP, Committee on the College Student (1975); The Educated Woman: Prospects and Problems 9(92); New York

KLEEMAN, J. A. (1976): Freud's views on early female sexuality in the light of direct child observation; in· Journal of the American Psychoanalytic Association 24: 3–27

LANDMAN, L. (1974): Recent trends towards unisex: a panel; in: American Journal of Psychoanalysis 34: 27–31

LERNER, H. G. (1973): Women's liberation; in: Menninger Perspective 4: 11–13, 20–21 (10)

– (1974): Early origins of envy and devaluation of women; in: Bulletin of the Menninger Clinic 38: 538–553

MOULTON, R. (1973): The myth of femininity: a panel; in: American Journal of Psychoanalysis 33: 45–49

SEGAL, H. (1967): Introduction to the Work of Melanie Klein; New York (Melanie Klein. Eine Einführung in ihr Werk, Frankfurt/Main 1983)

SEIDENBERG, R. (1970): Marriage in Life and Literature; New York

STOLLER, R. (1976): Primary femininity; in: Journal of the American Psychoanalytic Association 24: 59–78

Die hysterische Persönlichkeit

Es ist eine weithin bekannte Tatsache, daß die Diagnose »Hysterie« sehr selten auf männliche und sehr häufig auf weibliche Patienten angewandt wird. Einer Veröffentlichung von Robins u. a. (1952) zufolge kommt Hysterie bei Männern so gut wie gar nicht vor, und es herrscht allgemeine Übereinstimmung darüber, daß die Erstdiagnose »Hysterie« bei Männern den Rang einer klinischen Anomalie einnimmt (Berger 1971). Es sollte beachtet werden, daß gravierende hysterische Symptome (wie Konversionsreaktionen und dissoziative Phänomene) auch bei männlichen Patienten vorkommen; die für den hysterischen Charakter typischen Merkmale der Persönlichkeit und der kognitiven Organisation manifestieren sich jedoch bei diesen Patienten in der Regel nicht. Es sind also insbesondere die hysterischen Züge der Persönlichkeit, des Charakters oder des Verhaltensstils, die bei Männern selten auftreten, und in diesem Sinn wird der Begriff Hysterie in diesem Kapitel gebraucht.

Die psychoanalytischen Theoretiker konzentrierten sich auf die unterschiedlichen Entwicklungsaufgaben, die von den beiden Geschlechtern in der präödipalen und in der ödipalen Phase bewältigt werden müssen, um das Überwiegen der hysterischen Persönlichkeit bei Frauen zu erklären (Zetzel 1968). Ich bin jedoch der Meinung, daß die Theorien der Libidoentwicklung für die Erklärung der Geschlechtsunterschiede in bezug auf die Hysterie nicht ausreichen und daß soziale und kulturelle Faktoren eine wichtigere Rolle spielen. Die Bedeutung dieser extrapsychischen Faktoren wurde weder wirklich anerkannt noch völlig ignoriert. Marmor (1953) wies darauf hin, daß die charakteristischen Züge der hysterischen Persönlichkeit »weibliche« Züge sind und somit bei Frauen eher akzeptiert werden können als bei

Männern. Chodoff und Lyons (1958) bemerkten dazu, daß die hysterische Persönlichkeit »ein Bild der Frau in den Worten von Männern« ist; ». . . die Art, in der die Beschreibung abgefaßt ist, kommt einer Karikatur von Weiblichkeit nahe« (S. 739). Über die Erkenntnis hinaus, daß die Konzeption der Hysterie eine Beschreibung traditioneller weiblicher Eigenschaften beinhaltet, wurde die theoretische und diagnostische Bedeutung dieser Beobachtung jedoch nicht weiter erforscht.

Dieses Kapitel gibt zunächst eine Übersicht über die Symptome und Verhaltensmerkmale dieser Patientengruppe, um die Kriterien, die zur Diagnose der hysterischen Persönlichkeit führen, genauer zu umreißen. Im Anschluß daran soll demonstriert werden, wie eine Heranwachsende durch den Druck ihrer unmittelbaren sozialen Umgebung dazu gebracht werden kann, eine Art Wahrnehmung und einen Persönlichkeitsstil zu entwickeln, der dann in klinischen Testserien und diagnostischen Interviews als »Hysterie« interpretiert wird. In diesem Zusammenhang werde ich auch zeigen, daß die Einschränkungen in der Ich-Entwicklung, die mit dem weiblichen Sozialisationsprozeß einhergehen, allzu leicht mit den Folgen massiver Verdrängung verwechselt werden. Den Abschluß wird eine Darstellung der Begriffsverwirrung bilden, die aus den Überschneidungen zwischen der »hysterischen Persönlichkeit« und der »weiblichen Persönlichkeit« resultiert.

Diagnostische Kriterien der Hysterie

Psychologische Tests und diagnostische Interviews können Aufschluß über die psychosexuelle Entwicklung geben. Neurosen werden jedoch vorwiegend nach den für sie charakteristischen Abwehrmechanismen und Adaptionsformen diagnostiziert (Rappaport, Gill, Schafer 1968). Die Diagnose der Hysterie wird häufig vom Vorhandensein exzessiver Veränderungsmechanismen hergeleitet, wobei auf die hypothetische Rekonstruktion des ödipalen Triebschicksals und die Wechselwirkung unterschiedlicher Triebimpulse weniger Gewicht gelegt wird (Schafer 1954, Rappaport, Gill, Schafer 1968). Da der Abwehrmechanismus der Verdrängung klar definierte Auswirkungen auf den Wahrnehmungsstil und die Persönlichkeitsentwicklung hat, sollte die diagnostische Einschätzung hysterischer Symptome keine besondere Schwierigkeit darstellen. Shapiro (1965) bemerkt dazu: ».. . innerhalb unseres gegenwärtigen Verständnisses der Wirkungsweise verschiedener Neurosen . . . ist das Bild der hysterischen Neurose relativ klar umrissen . . .; unter den Neurosen wurde keine so definitiv und eindeutig mit der Wirkungsweise eines spezifischen Abwehrmechanismus in Verbindung gebracht wie die Hysterie mit der Verdrängung« (S. 108).

Im Hinblick auf die Kriterien für Hysterie in diagnostischen Testverfahren erklärt Schafer (1948), der diagnostische Begriff »Hysterie« treffe auf Personen zu, die beharrlich und rigide den Abwehrmechanismus der Verdrängung einsetzen, um mit ihren Triebimpulsen und den Erwartungen der Umwelt zurechtzukommen. Da exzessive Verdrängung die Entwicklung breiterer intellektueller und kultureller Interessen hemmt, die Fähigkeit zu unabhängigem Denken und die Kreativität beeinträchtigt und auffällige emotionale Labilität und Naivität hervorruft, werden laut Schafer die durch die Testfragen ausgelösten Denkprozesse durch das eine oder andere dieser Charakteristika deutlich gefärbt sein.

Shaphiro führt das Beispiel eines hysterischen Reaktionsmodus auf den Rohrschachtest an: »Wo der zwanghafte Charakter vielleicht eine Vielfalt botanischer oder maritimer Formen registriert und aktiv zueinander in Beziehung setzt, sagt die hysterische Person: ›ein schöner Blumenstrauß‹ oder: ›Das ist Paris – wie auf den French Line Posters‹« (1965, S. 112).

Der kognitive Stil der hysterischen Persönlichkeit ist von augenfälligem Mangel an Intellektualität und mangelndem Interesse an geistiger Leistungsfähigkeit, Produktivität und Kompetenz geprägt – angeblich als Resultat massiver Verdrängungsprozesse. Dazu kommt eine geringe Neigung, sich mit abstrakten oder komplexen Ideen auseinanderzusetzen, eine schnoddrige Gleichgültigkeit gegenüber detaillierten Sachinformationen und die Unfähigkeit, in Bereichen, die solche Fähigkeiten erfordern, Effektives zu leisten. Die Fähigkeit zu unabhängigem und kritischem Denken ist gehemmt, und der gesamte Wahrnehmungsstil ist verworren, global und undifferenziert.

Aktives, zielgerichtetes Denken und Konzentration werden durch Ahnungen und vage Intuition ersetzt. Da intellektuelle Aktivität und Leistungsfähigkeit permanent vermieden werden, ist das Denken der hysterischen Persönlichkeit naiv, egozentrisch, unreflektiert, affektgeladen und klischeehaft.

Im Gegensatz zu ihrem Mangel an technisch-faktischem Auffassungsvermögen zeigen hysterische Menschen starkes Interesse an zwischenmenschlichen Beziehungen und direktes, aktives Engagement im menschlichen Bereich (Easser and Lesser 1965, Shapiro 1965). Es ist nicht ungewöhnlich, daß diese Menschen beim Wechsler-Intelligenztest im Bereich der sozialen Urteilsfähigkeit Höchstwerte erzielen oder ein hervorragendes Verständnis für angemessenes Sozialverhalten demonstrieren. Außerdem sind hysterische Menschen oft lebhaft und angenehm im gesellschaftlichen Umgang, und ihre Persönlichkeit wird oft als heiter, strahlend, lebendig, frisch und feminin beschrieben (Easser and Lesser 1965).

Gleichzeitig beobachtet man an ihnen abhängige und anspruchsvolle Verhaltensweisen und ein starkes Bedürfnis nach Anerkennung, Bewunderung und Aufmerksamkeit (Easser and Lesser 1965). Häufig ist auch ein offen zutage liegendes kokettes, verführerisches Verhalten bei gleichzeitigen Klagen über Frigidität anzutreffen. Bei Freud (1931) findet sich keine eigentliche theoretische Konzeption der hysterischen Persönlichkeit, aber er spricht im Zusammenhang mit den libidinösen Typen vom »erotischen Typus«, dem das Lieben und Geliebtwerden das Wichtigste ist und der zur Entwicklung hysterischer Symptome neigt. Dabei sollte auch gesehen werden, daß die vorherrschende schwärmerische und gefühlvolle Haltung der hysterischen Persönlichkeit gleichzeitig flach und oberflächlich ist. Shapiro (1965) beschrieb die charakteristische Lebenshaltung dieses Persönlichkeitstypus als »Warten auf den Märchenprinzen«; in thematischen Apperzeptionstest tritt die naivromantische Einstellung der hysterischen Persönlichkeit zum Leben oft auffällig hervor.

Der Begriff »emotionale Labilität« ist in der Beschreibung hysterischer Persönlichkeiten allgegenwärtig; er bezieht sich auf ihre Unfähigkeit, sich in angemessener Weise in ihren Affekten zurückzunehmen, und auf ihre Tendenz, im Umgang mit Krisen und Konflikten eher gefühlsmäßig als rational zu reagieren (Schafer 1954, Shapiro 1965). Im Zusammenhang mit der emotionalen und impulsiven Einstellung zum Leben fallen bei diesen Menschen kindliche Züge besonders auf. Easser und Lesser (1965) beschrieben die »kleinmädchenhaften« Züge einer Gruppe von hysterischen Patientinnen und stellten fest, daß diese Frauen von ihren Familien als jugendlich, abhängig, niedlich und lieb betrachtet wurden; eine Patientin wurde bis zu ihrer Heirat mit ihrem Spitznamen »Baby« gerufen. Im Zusammenhang mit der Auswertung diagnostischer Testverfahren stellte Schafer (1954) fest, daß hysterische Persönlichkeiten durch ihre kindlichen Züge oft wie »Dummerchen« oder »Häschen« erscheinen.

Hysterischer Charakter versus femininer Charakter

Als ich in einem Graduiertenseminar über diagnostische Testverfahren sprach, reagierte ein Student auf die soeben dargestellten Kriterien für Hysterie mit Verunsicherung und Protest: »Aber Sie beschreiben ja gar keine Neurose – Sie beschreiben lediglich eine Frau!« Es ist tatsächlich eine richtige Beobachtung, daß die diagnostischen Kriterien der Hysterie starke Übereinstimmung mit der Darstellung des weiblichen Geschlechts in den Medien aufweisen. Wir alle kennen das Klischee der ewig kichernden, naiven Frau, die nur Hollywood-Romanzen und Trivialitäten im Kopf hat, von abstrakt-intellektuellen oder technischen Zusammenhängen nichts versteht, sich auf Gefühle und Ahnungen verläßt statt auf zielgerichtete Konzentration und die Männern gegenüber kindlich-abhängig und in ihrem Verhalten emotional und impulsiv ist. Viele der diagnostischen Kriterien für Hysterie entsprechen tatsächlich wesentlichen Aspekten »femininen« Verhaltens und »weiblicher Attraktivität«.

Man könnte auf die Idee verfallen, daß das weibliche Geschlecht insgesamt hysterisch sei und daß die Medien nur die wahre Natur der Frau beschreiben. Selbst wenn das der Fall wäre, würde durch die Tatsache, daß die Rollenvorbilder für junge Mädchen fast ausschließlich hysterischer Natur sind, zusätzlich ein circulus vitiosus etabliert (ich kann mich nicht erinnern, je eine Fernsehsendung oder einen Film gesehen zu haben, in dem eine Gruppe von Frauen erfolgreich ein technisches oder wissenschaftliches Problem löst, während die Männer sich mit sozialen Trivialitäten befassen). Aber das Problem beschränkt sich nicht auf die Frage der Rollenvorbilder, denn wenn wir die gesellschaftlichen Vorstellungen von Männlichkeit und Weiblichkeit untersuchen, stellen wir fest, daß auf Frauen ein Leben lang intensiver Druck ausgeübt wird, einen hysterischen Verhaltensstil zu kultivieren. Ich werde diesen Punkt genauer erläutern.

Es ist eine weitverbreitete Überzeugung, daß die Frau in ihrer Rolle als Ehefrau und Mutter die wahre Erfüllung (und ihre Identität) finden sollte (Chesler 1972). Das Mädchen wird von Kindheit an dazu erzogen, seine Hauptenergien in die Vorbereitung für diese Rolle zu lenken, und die Aufgabe, sich für Männer attraktiv zu machen, in der Hoffnung, schließlich einen Ehemann zu finden, nimmt oft alle Kräfte der Heranwachsenden in Anspruch. Es ist kaum verwunderlich, daß diese Ausrichtung sich für die Entwicklung einer guten sozialen Urteilsfähigkeit als förderlich erweist und daß sie zu einer erhöhten Sensibilität dafür führt, wie man Menschen gefallen (und sie manipulieren) kann. Auch die umgangssprachlichen Wendungen, daß eine Frau sich einen Mann »angelt«, »schnappt« oder »einfängt«, weisen auf die Vorstellung hin, daß es für Frauen wichtig sei, über hochentwickelte soziale Fähigkeiten zu verfügen. Es liegt viel Wahrheit in Firestones (1970) Beobachtung, daß »Studentinnen in einem einstündigen Telefongespräch über Männer mehr echte Brillanz an den Tag legen können als in den vier Jahren ihrer Collegeausbildung« (S. 21).

Das Kultivieren weiblicher Attraktivität mag der Entwicklung sozialer Fähigkeiten zugute kommen – der Entwicklung intellektueller Fähigkeiten ist es jedoch abträglich. Auf unterschiedliche Weise wird Mädchen und Frauen immer wieder vermittelt, daß ein unabhängiger, kritischer Denkstil unattraktiv sei, und Frauen, die einen scharfen, kritischen Geist entwickeln, werden »maskulin« oder »kastrierend« genannt. Eine wachsende Zahl von Veröffentlichungen dokumentiert die unbarmherzige Unterdrückung der kreativen Intelligenz bei Mädchen, wenn sie lernen, »feminin« und für Männer attraktiv zu sein (Lynn 1972, Lerner 1973). Da intellektuelle Undifferenziertheit und Abhängigkeit Bestandteil des traditionellen Frauenbildes sind, verwundert es nicht, daß Frauen dazu neigen, einen scheinbar hysterischen Denk- und Wahrnehmungsstil zu entwickeln. Erstaunlich ist vielmehr, daß es manchen Frauen gelingt, aus diesem Raster auszubrechen.

Die Untersuchung populärer Teenager-Literatur ist in diesem Zusammenhang besonders erhellend. Bei der Betrachtung einer großen Auswahl von Büchern und Zeitschriften, die auf eine Leserschaft von weiblichen Teenagern zugeschnitten sind, fiel mir auf, daß Mädchen generell zur Übernahme eines Persönlichkeits- und Denkstils ermutigt werden, der mit den zuvor beschriebenen Merkmalen des hysterischen Charakters übereinstimmt. Es ist das stets wiederkehrende Leitmotiv dieser Literatur, daß ein Mädchen clever genug sein muß, um sich einen Mann zu angeln, ihn aber in intellektueller Hinsicht nie übertreffen darf, oder, wie Arlene Dahl (1965) es in ihrem Buch »Always Ask a Man« (Frag immer einen Mann) ausdrückt: Eine Frau »darf ihre Kompetenz nie mit ihrer Weiblichkeit in Konkurrenz treten lassen«. Junge Frauen werden ermuntert, sich in intellektueller Hinsicht fügsam zu verhalten, kindlich-abhängige Züge zu kultivieren und soziale und manipulative Fähigkeiten zu entwickeln. Der »feminine« Charakter und der »hysterische« Charakter sind in vieler Hinsicht Synonyme. Kreps' (1970) Schilderung der weiblichen Rolle trifft den Kern:

»Sie (die Frau) wird dazu angehalten, die Rolle der Cinderella zu spielen, Glück und Reichtum von einem Märchenprinzen zu erwarten, statt sich selbst ins Leben hinauszuwagen. Sei hübsch, sei freundlich, nimm Mundwasser und Deodorant, laß keine intellektuelle Anwandlung zu, und der Märchenprinz wird dich auf sein wunderbares Schloß entführen, wo du bis ans Ende deiner Tage in Glück und Wonne leben wirst« (S. 8).

Die Eigenschaften, die das Idealbild von Männlichkeit ausmachen, stehen dagegen in keinem Zusammenhang mit Hysterie. Für Männer sind intellektuelle Leistungsfähigkeit, Produktivität, Effektivität und Durchsetzungsvermögen hohe Werte; in der männlichen Sozialisation wird das Interesse an abstrakten und technischen Problemen gefördert. Männliche Helden er-

forschen das Universum, heilen Krankheiten, schaffen Meister-
werke und sind aktiv an der Gestaltung – und der Zerstörung –
der uns umgebenden Welt beteiligt. Männliche Kinder werden
darin bestärkt, logisch zu denken (statt sich auf Intuition zu verlassen), praktisch (statt romantisch), intellektuell aggressiv und
überzeugend (statt passiv und angepaßt) zu sein, sich selbstbewußt (statt abängig und kindlich) zu verhalten und rational (statt
emotional) zu reagieren. Sensibilität im zwischenmenschlichen
Bereich wird bei Männern nicht als Priorität betrachtet; oft wird
ein gewisses Maß an sozialer Brutalität, an Eigennutz und Härte
sogar als attraktiv gewertet. Die diagnostischen Kriterien des hysterischen Charakters, wie sie zur Zeit aufgefaßt werden, definieren also offenbar einen Wahrnehmungs- und Persönlichkeitsstil, der zu den traditionellen Vorstellungen von Männlichkeit in drastischem Gegensatz steht. Sollte ein Heranwachsender
beginnen, einen hysterischen Persönlichkeitsstil zu entwickeln,
wird man ihn darin keinesfalls bestärken. Für den Ausdruck von
kindlichen Verhaltensweisen, von Naivität, Ängstlichkeit, Abhängigkeit, intellektueller Unbeholfenheit oder emotionaler
(statt intellektueller) Wahrnehmungsweisen bieten unsere gegenwärtigen Vorstellungen von Männlichkeit keinen Raum. Aus
diesem Grund bedeutet die Diagnose der Hysterie bei einem
männlichen Patienten schwere Störungen in der sexuellen Identifikation. Dies wird durch die klinische Literatur bestätigt
(Chodoff and Lyons 1958, Berger 1971).

Die hysterische Persönlichkeit – Verdrängung oder Rollenzwänge?

Die Literatur über die hysterische Persönlichkeit ist weitaus stärker von Widersprüchen durchtränkt, als es bei der Darstellung
anderer Psychoneurosen der Fall ist (Easser and Lesser 1965),
und die Verwechslung von weiblichen Rollennormen und hysterischen Symptomen hat dazu zweifellos beigetragen. Vor allem
ging man allzu bereitwillig von der Annahme aus, der zuvor be-
schriebene Wahrnehmungs- und Persönlichkeitsstil sei ein Resultat der kontinuierlichen Abwehr von Triebimpulsen und damit verbundener Erinnerungen durch die Verdrängung. Ich

meine jedoch, daß dieselben diagnostischen Merkmale als permanente Unterdrückung intellektueller Fähigkeiten (und nicht als Verdrängung von Triebimpulsen) gedeutet werden können und als Übernahme eines Persönlichkeitsstils, der in erster Linie auf Erfolg in sozialen Situationen ausgerichtet ist. Für manche Frauen kann es durchaus angsterregend sein, einen koketten, kindlichen, sexualisierenden Interaktionsstil aufzugeben und statt dessen eine kritische, unabhängige, intellektuelle »phallische« Haltung einzunehmen. Diese Ängste stehen jedoch mit den in einem langen Sozialisationsprozeß vermittelten Normvorstellungen von adäquatem und erwünschtem »weiblichen« Verhalten in Zusammenhang. Wenn es zutrifft, daß die Diagnose der Hysterie die Auswirkungen von Rollenzwängen auf Frauen widerspiegelt, werden die als »hysterisch« etikettierten Menschen eine ausgesprochen heterogene Gruppe bilden, denn ein übertrieben femininer Verhaltensstil kann mit unterschiedlichen Formen und Gradabstufungen neurotischer Störungen einhergehen. Es ist also nicht überraschend, daß in vielen klinischen Berichten Frauen anfänglich als »hysterisch« diagnostiziert werden, und später stellt sich heraus, daß sie an wesentlich ernsteren Störungen leiden (Easser and Lesser 1968, Zetzel 1968).

Ich hege auch Zweifel an der weitverbreiteten Vorstellung, daß Frauen sich in höherem Maß als Männer dem defensiven Mechanismus der Verdrängung überlassen. Eher trifft wohl zu, wie eine andere Theorie besagt, daß die weibliche Sozialisation zu einem Wahrnehmungs- und Persönlichkeitsstil führt, dessen beobachtbare Folgen sich wenig von den Folgen der Verdrängung unterscheiden. Sehr bedeutsam ist in diesem Zusammenhang auch, daß Männer, deren Abwehrmechanismen tatsächlich in der Verdrängung bestehen, meistens nicht als hysterisch diagnostiziert werden, denn unser gegenwärtiges Stereotyp des hysterischen Charakters steht in krassem Gegensatz zum männlichen Sozialisationsprozeß und zu unseren Vorstellungen von angemessenem männlichem Verhalten. Interessant ist die folgende Beobachtung Bergers (1971): »Die Erklärung, daß Hysterie bei Männern vorkommen könne, ist offenbar ein Versuch, objektiv zu erscheinen. Man erhält den Eindruck, daß ein hysterischer Mann jemand ist, der sich ›wie eine Frau‹ verhält« (S. 279).

Neuere Tendenzen in der Diagnostik

Neuere Tendenzen in der Diagnose der hysterischen Persönlichkeit haben die Probleme, die sich durch die Überlagerung von »weiblichem« Charakter und »hysterischem« Charakter stellen, noch erheblich weiter kompliziert. Gewisse Diagnostiker schlagen vor, daß wir uns von psychodynamischen und ätiologischen Spekulationen wegbewegen und uns auf Oberflächenmanifestationen und beobachtbare Verhaltensweisen beschränken sollten, um diese spezifische Störung zu diagnostizieren (Chodoff and Lyons 1958, Lazare and Klerman 1968). Dieser deskriptive Ansatz wurde von Chodoff und Lyons (1958) in gedrängter Form dargestellt; sie konsultierten eine repräsentative Auswahl von Publikationen und abstrahierten daraus gewisse Verhaltensmerkmale hysterischer Persönlichkeiten, die von allen Autoren übereinstimmend beobachtet worden waren. Chodoff und Lyons schlugen vor, sechs charakteristische Verhaltensmerkmale (u. a. Eitelkeit, sexuell provokatives Verhalten, Abhängigkeit) als allgemeingültige Kriterien für die Diagnose der hysterischen Persönlichkeit zu betrachten und tieferliegende Faktoren zu ignorieren. In ähnlicher Weise gehen Lazare und Klerman (1968) davon aus, daß Hysterie nur definiert und diagnostiziert werden kann, indem man die Literatur nach klinischen Beschreibungen dieser Patienten durchforscht und daraus die gemeinsamen Merkmale ableitet. Lazare und Klerman definierten Hysterie nach sieben Merkmalen: egozentrisches Verhalten, Exhibitionismus, Emotionalität, Abhängigkeit, provokatives Verhalten, Angst vor Sexualität, Beeinflußbarkeit.

Falls dieser deskriptive Ansatz übernommen werden sollte, tun wir gut daran, die diagnostische Kategorie der hysterischen Persönlichkeit (mit all ihren vielfältigen strukturellen und dynamischen Implikationen) überhaupt fallenzulassen und dafür einfach die Kategorie des »weiblichen Persönlichkeitsstils« einzusetzen, die nicht vorgibt, mehr zu sein als eine Beschreibung bestimmter weiblicher Verhaltensmerkmale aus der Sicht männlicher Diagnostiker. Ich finde es merkwürdig, daß Chodoff und Lyons, die für diesen deskriptiven Ansatz eintreten, gleichzeitig ihre Diskussion über die historische Entwicklung der Hysterie mit dem folgenden Kommentar abschließen: »Eine Situation, die der hier beschriebenen analog wäre, könnte man sich vorstellen, wenn Psychiaterinnen einige Generationen lang die weniger attraktiven Launen von Männern auf kühle und eher ablehnende Weise beobachten und sie dann zusammenstellen und zu Manifestationen eines bestimmten männlichen Persönlichkeitsstils erklären würden« (1958, S. 734).

Noch merkwürdiger muß es erscheinen, daß die Psychiatrie die Geschlechterunterschiede in der Hysterie immer noch nicht zur Kenntnis genommen hat und sich auf ziemlich esoterische Theorien beruft, um partielle Erklärungen anzubieten.

In welche Richtung können wir gehen?

Berger (1971) vertritt die Auffassung, daß die hysterische Persönlichkeit nicht im Patienten beziehungsweise in der Patientin existiert, sondern im Beobachter. In seiner Sicht ist die beste Definition von Hysterie: »Verhaltensweisen oder Symptome, die im Beobachter unbewußte sexuelle Gefühle auslösen« (S. 238); der klinische Begriff Hysterie sollte, wie er erklärt, unter dem Gesichtspunkt der Gegenübertragung definiert und verstanden werden. Obwohl ich das von Berger vorgeschlagene Verständnis der Hysterie nicht unterstütze, sehe ich sehr wohl die Gefahr, daß die »hysterische Persönlichkeit« auf die Beschreibung eines speziellen Typs von weiblichem Verhalten, der auf männliche Beobachter eine gewisse Wirkung hat, reduziert wird. Hysterie so zu definieren erscheint allerdings als ein seltsam nihilistischer Ansatz, der im Vergleich mit der zuvor geschilderten deskriptiven Methode schwerlich einen Fortschritt darstellt. Im Idealfall könnten wir eine konstruktivere Haltung einnehmen und uns der Aufgabe zuwenden, die gegenwärtig existierende Begriffsverwirrung zwischen »weiblichem« Charakter und »hysterischem« Charakter aufzulösen.

Das ist natürlich nicht einfach, insbesondere in einer Gesprächssituation, in der der Diagnostiker männlich und die Zeit für den Beurteilungsprozeß begrenzt ist. Denn wir müssen uns fragen: Ist das abhängige und kindliche Verhalten der Patientin eine regressive Abwehr der typischen genitalen Ängste von Hysterikerinnen, oder ist es eine erlernte Form »femininen« Verhaltens? Ist emotionale Labilität ein Abwehrmechanismus, der zu verstärkter Verdrängung führt, oder ist sie der Versuch der Patientin, eine lebhafte und aufregende Gefährtin zu sein? Ist kokettes und sexuelles provokatives Verhalten eine Spiegelung ödipaler Konflikte, oder ist es die unbewußte Strategie einer Frau, die meint, daß sie dem männlichen Psychiater wenig anderes Interessantes zu bieten hat? Vermutlich ist es schwierig, in einem kurzen diagnostischen Gespräch diese Aspekte – die sich gegenseitig nicht ausschließen müssen – zu unterscheiden; das Stereotyp der hysterischen Frau ist so tief in unserer Kultur verwurzelt, daß Frauen oft vorschnell und nachlässig als »hysterisch« eingestuft werden.

Inmitten dieses begrifflichen Wirrwarrs verliert man leicht die Tatsache aus den Augen, daß mittlerweile ein ziemlich eindrucksvoller Komplex klinischer und theoretischer Literatur über diese Gruppe von Patientinnen entstanden ist. Kernbergs (1967, 1970) zusammenfassende Darstellung der hysterischen Persönlichkeit stimmt mit der Arbeit anderer psychoanalytischer Theoretiker überein, die bei hysterischen Patientinnen und Patienten (im Vergleich zu Patientinnen und Patienten mit weniger auffälligen Störungen) folgende Merkmale feststellten: eine bessere Integration von Ich und Über-Ich, ein Vorherrschen genitaler-ödipaler Konflikte gegenüber präödipalen und oralen Konflikten (obwohl auch die letzteren häufig anzutreffen sind) und ein breiteres Spektrum konfliktfreier Ich-Funktionen und -Strukturen. Außerdem findet man bei dieser Gruppe keine gravierenden pathologischen Entwicklungen in den internalisierten Objektbeziehungen, und hysterische Menschen sind fähig, relativ intensive und stabile Beziehungen einzugehen, die mit einer Vielfalt von affektiven Reaktionen verbunden sind. Verdrängung ist die vorherrschende Abwehrform des Ich, und es ist wenig Infiltration von Triebanteilen in defensive Charaktermerkmale festzustellen. Wir können sagen, daß keine der obengenannten diagnostischen Kriterien dem Wesen nach weiblich – im Gegensatz zu männlich – sind. Diagnostiker sind also gefordert, ihre Urteilsfähigkeit im Hinblick auf die obengenannten strukturellen und entwicklungsbezogenen Überlegungen in einer Weise weiterzuentwickeln, die sie von den gegenwärtig vorherrschenden Verwechslungen von Hysterie und Weiblichkeit befreit. Um das zu erreichen, müssen wir jenen Verhaltensmerkmalen, die sich mit traditionellen weiblichen Rollenaspekten überschneiden, in der Diagnose das geringste Gewicht beimessen und müssen außerdem versuchen, die beobachtbaren Auswirkungen der Verdrängung als Abwehrform bei Männern zu identifizieren. In dieser Hinsicht können psychologische Testverfahren für Diagnose und Forschung von hohem Wert sein, insbesondere wenn klinische Psychologen sich der Aufgabe widmen, formale Testkriterien für Hysterie herauszufinden, die von männlichen und weiblichen Rollenstereotypen unabhängig sind.

Ich habe in dieser Diskussion der hysterischen Persönlichkeit die Vielfalt klinischer Symptome, die mit gravierenden hysterischen Störungen in Verbindung gebracht werden, wie Dissoziationsphänomene und Gedankenflucht, unberücksichtigt gelassen. Diese Kategorie von Symptomen ist offensichtlich nicht das Resultat kultureller Zwänge, und in solchen Fällen scheint die Begriffsverwirrung, die durch die Verwechslung von Weiblichkeit und Hysterie entstanden ist, kaum relevant. Tatsächlich sind solche gravierenden Symptome keineswegs auf Frauen beschränkt. Als Psychologinnen und Psychologen der Menninger-Klinik haben wir männliche Patienten in hysterischen Anfällen à la Charcot erlebt mit allen klassischen Anzeichen einschließlich des extrem nach hinten durchgebogenen Rückens. Die Diagnose der hysterischen Persönlichkeit wird jedoch in den seltensten Fällen auf der Basis einer solchen Symptomatologie gestellt. Gewöhnlich bezieht sie sich vielmehr auf den Persönlichkeitsstil und die kognitive Organisation, wie sie zuvor beschrieben wurden, und hier führte die Vernachlässigung sozialer Faktoren zu dem geschilderten Mangel an begrifflicher Klarheit und diagnostischer Präzision. Es ist zu hoffen, daß klinische Psychologinnen und Psychologen sich bemühen werden, die diagnostischen Kriterien der Hysterie sorgfältig zu überarbeiten; denn andernfalls würde das Bild dieser Störung tatsächlich auf die von Chodoff und Lyons so bezeichnete »Karikatur von Weiblichkeit« reduziert[1].

1 Dieser Text wurde 1974 unter dem Titel »The Hysterical Personality: A Woman's Disease« zum erstenmal veröffentlicht in: Comprehensive Psychiatry 15(2): 157–164.

Anmerkung der Autorin

Der Begriff »hysterische Persönlichkeit« (DSM II) wurde inzwischen durch den Terminus »histrionische Persönlichkeitsstörung« (DSM III) ersetzt. Das ändert jedoch nichts an dem Grundproblem, denn in DSM III ist zu lesen:».... das nach außen zur Schau getragene Verhalten bei beiden Geschlechtern ist oft eine Karikatur von Weiblichkeit.« Von meinem gegenwärtigen Standpunkt aus (1987) würde ich diese diagnostische Kategorie (welchen Namen sie auch trägt) lieber eliminiert sehen, da sie untrennbar mit kulturellen Zwängen, unbewußten Vorurteilen und negativen Klischeevorstellungen über Frauen verwoben ist.

So, wie ich es jetzt sehe, sind meine eigenen früheren Äußerungen über dieses Thema problematisch, denn sie reflektieren meine Verinnerlichung kultureller Normen, die traditionelle weibliche Eigenschaften und Verhaltensweisen abwerten und traditionelle männliche Eigenschaften und Verhaltensweisen überbewerten. Wir können ebensogut eine Persönlichkeitsstörung konstruieren, die sich darin manifestiert, daß jemand Arbeit den Vorrang vor Liebe gibt, Ideen über Menschen, Ehrgeiz über familiäre Verantwortung, Unabhängigkeit über Verbindlichkeit, Distanz über Intimität stellt und so fort. Es liegt auf der Hand, daß diese Persönlichkeitsstörung vorwiegend bei Männern auftreten würde (s. Kaplan 1983).

Literatur

BERGER, D. M. (1971): Hysteria: in search of the animus; in: Comprehensive Psychiatry 12: 277

CHESLER, P. (1972): Women and Madness; New York (Frauen – das verrückte Geschlecht, Reinbek b. Hamburg 1974)

CHODOFF, P., and LYONS, H. (1958): Hysteria, the hysterical personality and hysterical conversion; in: American Journal of Psychiatry 114: 734

DAHL, A. (1965): Always Ask a Man; Englewood Cliffs, N. J.

EASSER, B. J., and LESSER, S. R. (1965): Hysterical personality: A reevaluation; in: Psychanalytic Quarterly 34: 390

FIRESTONE, S. (1970): Love; in: Notes From the Second Year: Women's Liberation; ed. Firestone; New York

FREUD, S. (1931): Libidinal Types; Standard Edition 21 (Über libidinöse Typen; Studienausgabe Bd. 5)

KAPLAN, M. (1983): A woman's view of DSM III; in: American Psychologist 38: 756–792

KERNBERG, O. (1967): Borderline personality organization; in: Journal of the American Psychoanalytic Association 15: 641

– (1970): A psychoanalytic classification of character pathology; in: Journal of the American Psychoanalytic Associaton 18: 800

KREPS, B. (1970): The new feminist analysis; in: Notes from the Second Year: Women's Liberation, ed. S. Firestone; New York

LAZARE, A., and KLERMAN, G. L. (1968): Hysteria and depression: the frequency and significance of hysterical personality features in hospitalized depressed women; in: American Journal of Psychiatry 124: 48

LERNER, H. G. (1973): Women's liberation; in: Menninger Perspective 4: 11–13, 20–21

LYNN, D. B. (1972): Determinants of intellectual Growth in women; in: University of Chicago School Review 80: 161

MARMOR, J. (1953): Orality in the hysterical personality, in: Journal of the American Psychoanalytic Association, 1: 656

RAPPAPORT, D., GILL, M., and SCHAFER, R. (1968): Diagnostic Psychological Testing: New York

ROBINS, E., PURTELL, J., COHEN, M., and MANDEL, E. (1952): Hysteria in men; in: New England Journal of Medicine 246: 677

SCHAFER, R. (1948): Clinical Application of Psychological Tests; New York

– (1954): Psychoanalytic Interpretation in Rohrschach Testing; New York

SHAPIRO, D. (1965): Neurotic Styles; New York

ZETZEL, E. (1968): The so-called good hysteric; in: International Journal of Psychoanalysis 49: 256

Besondere Fragestellungen
für Frauen in Psychotherapie

In den späten siebziger Jahren geriet die Psychotherapie in die Schußlinie feministischer Kritikerinnen, die sich in großer Zahl den neuen Frauengruppen und der feministischen Therapie als Alternative zu etablierten Behandlungsformen zuwandten (Chesler 1972). Aber auch psychologische Fachkräfte aus traditionellen Ausbildungsgängen und Arbeitsfeldern äußerten Besorgnis über die weitverbreiteten sexistischen Praktiken in der Behandlung von Frauen (American Psychological Association 1975, 1978; Symonds 1978). Die Inhalte und die Legitimität dieser Kritik sollen in diesem Kapitel untersucht werden; außerdem hebe ich Fragestellungen hervor, die für alle Frauen, die sich in Psychotherapie begeben wollen, relevant sind.

Von den zahlreichen kritischen Einwänden, die gegen traditionelle Psychotherapieformen erhoben wurden, lassen sich einige zusammenfassend darstellen: Zunächst tendiert die traditionelle Psychotherapie – und insbesondere die Psychoanalyse – dazu, sich vorwiegend, wenn nicht ausschließlich auf innere oder intrapsychische Konflikte zu konzentrieren und den kulturellen Kontext zu vernachlässigen, der diese Konflikte produziert hat. Eine solche therapeutische Vorurteilshaltung lenkt nicht nur die Energie von notwendigen sozialen und politischen Veränderungen ab, sondern kann in der Frau auch das Gefühl hervorrufen, ihre »pathologische Entwicklung« sei einmalig; sie wird nicht zu der Erkenntnis hingeführt, daß ihre Symptome, die unter Frauen weit verbreitet sein können, eine begreifliche Folge der Vernachlässigung und Verzerrung der wirklichen intellektuellen, sexuellen und sozialen Bedürfnisse der Frau in der patriarchalen Gesellschaft sind. Die vielleicht schwerste Anklage, die gegen die traditionelle Psychotherapie erhoben werden kann, ist die, daß sie Frauen auf subtile, aber wirkungsvolle Art dazu bringt, sich männlich definierten Vorstellungen von Weiblichkeit anzupassen, und daß sie Frauen entmutigt, gegen die »weibliche Rolle« zu rebellieren, indem sie diese Rebellion als pathologisch interpretiert.

Viele Therapeuten messen dieser Kritik jedoch keine Bedeutung bei. Als Psychologin in einer traditionellen psychoanalytischen Institution kann ich mich für die guten Absichten meiner Kollegen verbürgen. Seriöse, gut ausgebildete Psychoanalytiker streben nicht danach, ihre Patientinnen in die Küche zurückzuverweisen. Das Ziel ernsthafter Psychotherapie, ob psychoanalytischer oder anderer Ausrichtung, liegt vielmehr darin, Frauen die Möglichkeit zur Überwindung der Barrieren zu geben, die der vollen Verwirklichung ihres Potentials entgegenstehen. Theoretisch soll das in einer Atmosphäre therapeutischer Neutralität geschehen, in der die Frau die Freiheit hat, eine ehrliche und adäquate Definition ihrer eigenen Weiblichkeit zu finden, die weder auf den vorherrschenden Rollenklischees noch auf Haß oder blinder Rebellion dagegen basiert.

Mit einer solchen Reinheit der Intentionen sehen die meisten Therapeuten Sexismus in der Behandlung nicht als ein ernsthaftes Problem an. Feministische Vorbehalte werden oft als naiv, überholt oder einfach fehlgeleitet abgetan. Es ist tatsächlich schwierig für Therapeuten, offen und kritisch zu untersuchen, welche nachteiligen und einschränkenden Wirkungen ihre eigenen unbewußten Vorurteile und Wahrnehmungsgewohnheiten auf die Behandlung ihrer weiblichen Patienten haben. Dennoch können wir nicht mehr die Augen vor der Tatsache verschließen, daß jeder therapeutisch arbeitende Mensch eine unhinterfragte Vorstellung von Normalität bei Männern und Frauen hat, die aus dem kulturellen Kontext hervorgeht, in den er oder sie eingebettet ist. Wie wir auf den folgenden Seiten sehen werden, beeinflussen die (oft unbewußten) kulturellen Normen und Werte, die ein Therapeut/eine Therapeutin verinnerlicht hat, ständig die Art der Interventionen, die im therapeutischen Prozeß vorgenommen (oder vermieden) werden.

Psychotherapie mit Frauen: unterschiedliche ideologische Perspektiven

Traditionelle Therapeuten neigen dazu, die Symptome und Beschwerden von Frauen als Ausdruck einer individuellen Psychopathologie zu betrachten, die aus der einmaligen persönlichen Geschichte der Patientin heraus analysiert und verstanden werden muß[1].

Selbst jene Therapeuten, die mit feministischen Zielsetzungen sympathisieren, sehen kulturelle Faktoren häufig nicht als die ursächlichen oder primären Determinanten an, die die Persönlichkeitsentwicklung von Frauen beeinträchtigen. Die gesellschaftlichen Begrenzungen, denen Frauen unterworfen sind, werden zwar oberflächlich anerkannt, aber die Wut, mit der eine Patientin auf diese Begrenzungen reagiert, wird vielleicht als ungesunde, passive Opferhaltung betrachtet, die einer konstruktiven persönlichen Veränderung entgegenwirkt.

Die Sensibilität einer Patientin für die sozialen und kulturellen Ursachen ihrer Probleme wird also vom Therapeuten nicht als wichtiger Ansatzpunkt der Behandlung bestätigt. Eine kritische feministische Einstellung wird vielmehr oft als Abwehr interpretiert, als der Versuch der Patientin, schmerzhafte innere Konflikte zu vermeiden, indem sie die Ursachen für ihr Unglücklichsein nach außen verlegt.

Im Unterschied dazu betrachten Therapeutinnen und Therapeuten, die sich als feministisch verstehen, den sozialen und kulturellen Kontext, in dem die Probleme der Patientin angesiedelt sind, als legitimen und wichtigen Ansatzpunkt der Behandlung. Die Verleugnung oder Verkleinerung dieser Konfliktquellen wird tatsächlich als so unangemessen angesehen »wie der Versuch, Schwarze zu therapieren und dabei zu verleugnen, daß der Rassismus eine häßliche gesellschaftliche Realität ist, mit

[1] Als »traditionell« bezeichne ich hier Psychotherapeuten, deren Umgehensweise mit den Problemen ihrer Patientinnen und mit ihren eigenen therapeutischen Zielsetzungen oder klinischen Techniken von der feministischen Bewegung der letzten beiden Jahrzehnte im wesentlichen unbeeinflußt geblieben ist. Meine eigenen Erfahrungen mit traditionellen Therapeuten beziehen sich vor allem auf Kollegen, deren individuelle oder Gruppenarbeit auf der Psychoanalyse basiert.

der wir alle konfrontiert sind« (Bernardez-Bonesatti 1978a). Die Fähigkeit der Patientin, zu erkennen, in welcher Weise Frauen verachtet, trivialisiert, zu Sündenböcken gemacht, in Beruf und Familie falsch definiert werden – und auf diese Tatsachen zu reagieren –, wird für die therapeutische Arbeit durchaus nicht als peripher angesehen. Das erhöhte Bewußtsein der Patientin für die falschen und einengenden Wertvorstellungen, Rollenklischees und Zwänge, von denen ihre Lebenssphäre durchdrungen ist, wird vielmehr als wesentliche Voraussetzung für den Prozeß der Identitätsfindung und des Persönlichkeitswachstums betrachtet. Wenn ein Therapeut/eine Therapeutin nicht in der Lage ist, die realistische Wut und den legitimen Protest einer Patientin anzuerkennen, wird diese Patientin in ihren Fähigkeiten zu unabhängigem, kreativem Denken und Handeln nur noch stärker gehemmt (Bernardez-Bonesatti 1978a).

Die meisten seriösen Therapeutinnen und Therapeuten, ob feministisch oder traditionell orientiert, sind nicht engstirnig darauf fixiert, entweder nur intrapsychische oder nur soziokulturelle Realitäten gelten zu lassen, was im einen wie im anderen Fall ein Paradox wäre wie das Lauschen auf den Ton, den eine Hand beim Klatschen macht. Aber Therapeuten unterscheiden sich, wenn nicht in ihren bewußten Überzeugungen, so doch in der Art ihrer Interventionen und in ihrer Einstellung zu den Kämpfen, die Frauen in dieser Zeit der sozialen Veränderungen durchfechten. Es gibt immer noch starke Kontroversen über die Frage, ob Frauen, die wütend gegen gesellschaftliche Definitionen von Weiblichkeit und weiblicher Rolle ankämpfen, damit eigene neurotische Konflikte ausdrücken, oder ob die Pathogenese neurotischer Fehlentwicklungen bei Frauen vielmehr in diesen Weiblichkeits- und Rollendefinitionen selbst zu suchen ist. Das ist nicht nur ein Gegenstand theoretischen Interesses, denn die Einstellung eines Therapeuten/einer Therapeutin zu dieser Kontroverse (ob sie bewußt und explizit geäußert wird oder unhinterfragt und unbewußt bleibt) determiniert die Grundrichtungen und den Verlauf der Behandlung trotz der besten Absichten, der Patientin zu helfen, »ihre eigenen Entscheidungen zu treffen«, und eine »wertfreie« therapeutische Atmosphäre zu schaffen. Betrachten wir den folgenden hypothetischen Fall, um diesen Punkt zu verdeutlichen:

Janet, eine vierunddreißigjährige Hausfrau, lebt mit zwei gesunden Kindern und einem erfolgreichen und fürsorglichen Mann. Janet sagt sich, daß sie alles hat, was man sich nur wünschen kann. Trotzdem möchte sie eine Psychotherapie beginnen wegen einer allgemeinen Malaise und Depressionsgefühlen und wegen ihres wachsenden Unmuts und Grolls ihrem Mann und ihren Kindern gegenüber. Aus ihrer eigenen Sicht ist ihre Unzufriedenheit völlig irrational; sie beginnt ihre erste Therapiestunde mit den Worten: »Ich habe keinen Grund, wütend und deprimiert zu sein.« Wie sie es zu Beginn formuliert, möchte sie mit Hilfe der Therapie erreichen, eine bessere und zufriedenere Ehefrau und Mutter zu sein. Sehen wir uns an, wie zwei verschiedene Therapeut(inn)en, A (traditionell) und B (feministisch), an Janets Problem herangehen und mit ihr arbeiten könnten.

Therapeut/in A

A sieht Janets Wut und ihre Depression als Ausdruck unbewußter Konflikte an, die ihre Fähigkeit, sich um das Wohl anderer zu kümmern, beeinträchtigen. A würde vielleicht versuchen, mit Janet tiefverwurzelte Gefühle der Vernachlässigung und Versagung aus ihrer eigenen Kindheit zu erforschen, die es ihr nun erschweren, ohne Feindseligkeit und Groll für ihre eigenen Kinder zu sorgen. Wenn Janets Wut auf ihren Mann von dem neidvollen Wunsch herrührt, sich selbst auch in der Außenwelt zu erproben und etwas zu erreichen, könnten diese »maskulinen Strebungen« unter dem Aspekt der neurotischen Widerstände Janets gegen ihre weibliche Rolle interpretiert werden.

Therapeut/in A könnte Janet auch beruhigend versichern, daß die Aufgaben einer Mutter tatsächlich schwierig sind, insbesondere, wenn sie Kleinkinder zu versorgen hat, und daß ihre Wut und ihre Ambivalenz bis zu einem gewissen Grad natürliche Begleiterscheinungen der komplexen Anforderungen der Mutterschaft sind. Außerdem würde A Janet vielleicht ermutigen, sich Zeit für sich selbst zu nehmen, ohne die Kinder, und ein eigenes Hobby zu pflegen oder eigene Aktivitäten zu entwickeln. In einer verständnisvollen und unterstützenden therapeutischen Atmosphäre könnte die Patientin mit A.s Hilfe frühe Konflikte und Beziehungsmuster durcharbeiten mit dem von

Janet selbst formulierten Ziel, als Ehefrau und Mutter ausgeglichener und zufriedener zu sein.

Therapeut/in B

B ist vielleicht ebenfalls der Meinung, daß Janet (wie jeder andere Mensch) unter neurotischen Konflikten leidet, die sie daran hindern, ihre Kinder kompetenter zu erziehen und als Ehefrau und Mutter zufriedener zu sein. Diese Konflikte würden jedoch nicht als der primäre, vielleicht nicht einmal als ein wichtiger Ansatzpunkt der Behandlung angesehen. B könnte Janets Wut und ihre Depression vielmehr als normal, legitim und realistisch betrachten, trotz Janets eigener Behauptung, daß diese Empfindungen irrational seien. B würde vielleicht als erstes auf die inneren Zwänge und auf die äußeren Realitäten eingehen, die Janet dazu brachten, ihre eigenen Hoffnungen, Wünsche und Träume aus den Augen zu verlieren und, vermittelt über ihren Mann und ihre Kinder, ein Leben aus zweiter Hand zu führen. Gefühle von Wut, Rivalität und Neid gegenüber ihrem Mann oder Männern im allgemeinen könnten als normale, aber ungelebte Bedürfnisse nach Kompetenz, Erfolg und Unabhängigkeit gedeutet werden – Bedürfnisse, die Janet sich nur mit starken Angstgefühlen eingestehen kann. B würde vielleicht ausführlich auf Einzelheiten der persönlichen Geschichte Janets und auf intrapsychische Determinanten eingehen, jedoch nicht mit dem Ziel, Janet zu einer besseren Ehefrau und Mutter zu machen. B würde vielmehr ihre/seine therapeutischen Fähigkeiten einsetzen, um die unbewußten Ängste und Schuldgefühle zu analysieren, die Janet daran hindern, ihre autonomen, selbstbezogenen Strebungen nach Kompetenz und Erfolg anzunehmen und auszudrücken.

Außerdem würde B Janet helfen, die familiären und institutionellen Bedingungen zu erkennen, die sie daran hindern, sowohl in der Mutterrolle als auch im Beruf Erfüllung zu finden. B wird vermutlich Janets Annahme hinterfragen, daß die »gute Mutter« (im Gegensatz zum »guten Vater«) ihr eigenes Persönlichkeitswachstum und ihre kreative Entwicklung stets zugunsten der Bedürfnisse ihrer Kinder zurückstellen müsse. Obwohl B erkennt, daß Janet ihre eigene, private Neurose entwickelt hat, wird er/sie diese Neurose nicht als den Kern des Problems betrachten. Janets Schwierigkeiten werden vielmehr als ein Symptom der männlich definierten Institution Mutterschaft-Familie erkannt, die das männliche Geschlecht von der alltäglichen Aufgabe der Kinderpflege und -erziehung freistellt, während sie von den Frauen erwartet, ihr eigenes Persönlichkeitswachstum im Austausch gegen die Entwicklung ihrer Kinder zur Disposition zu stellen.

Die auffälligen Unterschiede zwischen diesen beiden therapeutischen Ansätzen beleuchten die Tatsache, daß es gegenwärtig beträchtliche Meinungsverschiedenheiten gibt, was unser Grundverständnis weiblicher Bedürfnisse und Probleme angeht. Auf den folgenden Seiten soll weiter demonstriert werden, wie die Psychotherapie unweigerlich den kulturellen Kontext widerspiegelt, in den sie eingebettet ist. Jeder Therapeut, jede Therapeutin, ob freudianisch oder feministisch orientiert, wird im Verlauf der Arbeit mit Patientinnen seine/ihre auf Frauen bezogenen Wertvorstellungen und Visionen ausdrücken. Es gibt keine »wertfreie« Psychotherapie.

Die Dichotomie männlich – weiblich: Implikationen für die therapeutische Praxis

Viele Therapeut(inn)en haben die kulturell definierten Vorstellungen von Männlichkeit und Weiblichkeit tief verinnerlicht und gehen in ihrer Beurteilung dessen, was für Männer und Frauen »natürlich« und »normal« ist, bewußt oder unbewußt von diesen Konzeptionen aus. Therapeut(inn)en, die bestimmte Wünsche, Strebungen und Verhaltensweisen von Frauen explizit als »unweiblich« etikettieren oder auch nur privat so darüber denken, verstärken die Hemmungen ihrer Patientinnen, statt deren Wahlmöglichkeiten zu erweitern (Kronsky 1971). In manchen Fällen werden Frauen durch die therapeutische Behandlung nur noch weiter eingeengt, indem ihre aggressiven Dominanz- oder Machtbedürfnisse (die tatsächlich pathologische Aspekte haben können) vom Therapeuten als »männlich« oder »phallisch« bezeichnet werden, wobei die gesunden und positiven Komponenten dieser Verhaltensweisen und Bedürfnisse häufig unerwähnt bleiben. Während vorgeblich Einsichten vermittelt werden, kann die therapeutische Interpretation in subtiler Weise darauf abzielen, die Patientin zum Aufgeben ihrer aggressiven, kontrollierenden oder rivalisierenden Verhaltensweisen zu veranlassen (Bernardez-Bonesatti 1976). Männliche Patienten würden dagegen in der Therapie ermutigt werden, mit eben diesen Verhaltensweisen oder Eigenschaften natürlicher und konfliktfreier umzugehen und sie besser in ihre Persönlichkeit zu integrieren.

Wenn Anpassung an weibliche Rollennormen nicht erkannt wird

Es ist wichtig zu sehen, daß die meisten guten Therapeuten nicht bewußt an engstirnige, stereotype Vorstellungen über Frauen gebunden sind; sie respektieren vielmehr das Recht der Patientin, Therapieziele zu verfolgen, die mit der traditionellen Frauenrolle nicht übereinstimmen. Für jene Patientinnen, die dem kulturellen Stereotyp tatsächlich entsprechen, wenn auch aus den falschen Gründen (das heißt für die im konventionellen Sinn »femininen« Frauen, die sich aus neurotischer Angst vor Ehrgeiz, Erfolg und intellektuellen Leistungen für ein Hausfrau-und-Mutter-Dasein entscheiden), stellt sich jedoch ein sehr viel weiter verbreitetes, subtiles, aber ernstes Problem. In solchen Fällen sind viele Therapeuten nicht in der Lage, die Konflikte und Ängste zu analysieren, die die Frau in ihrer Rolle festhalten und ihre Wahlmöglichkeiten einschränken (GAP 1975, Lerner 1978a). Ich konnte feststellen, daß übertriebene Selbstaufopferung, Abhängigkeit und mangelndes Leistungsvermögen (mit Ausnahme ihrer extremsten, »masochistischen« Formen) von Therapeuten häufig nicht bemerkt oder hinterfragt werden, da diese Verhaltensweisen bei Frauen oft als »natürlich« oder »normal« aufgefaßt werden. Es ist ein verbreitetes Phänomen in der Psychotherapie, daß psychodynamische Therapeuten bei der Aufgabe versagen, die defensiven und entwicklungshemmenden Determinanten zu analysieren, die der Anpassung einer Patientin an kulturell vorgeschriebene Weiblichkeitsnormen zugrunde liegen. Dieses Problem tritt auch bei Therapeuten auf, die von einem familientherapeutischen Ansatz ausgehen.

Fallbeispiel[2]

Dr. B hatte seit sieben Monaten mit Herrn und Frau Porter therapeutisch gearbeitet, als er sich um Supervision für diesen Fall bemühte. Herr Porter war im mittleren Management; Frau Porter, die einen College-Abschluß hatte, war Hausfrau. Beide Ehepartner waren Anfang Vierzig; sie hatten drei Töchter im alter von sechs, zwölf und vierzehn Jahren. Dr. B beschrieb eine Ehesituation, wie wir sie in der klinischen Arbeit häufig sehen: Frau Porter machte ihrem Mann wütende Vorwürfe und gab ihm die Schuld an ihrem Unglück; gleichzeitig fügte sie sich jedoch seinen Wünschen und unternahm nichts, um den Status quo effektiv zu verändern. Außerdem reagierte sie überaus heftig auf die beruflichen Probleme ihres Mannes und brachte ihn, Dr. B.s Auffassung nach, in eine Double-Bind-Situation. Wenn Herr Porter seiner Frau keinen vollständigen Bericht von den Ereignissen an seinem Arbeitsplatz gab, war sie wütend und fühlte sich zurückgestoßen. Wenn er sich ihr mitteilte, war sie entweder rasch mit guten Ratschlägen bei der Hand, oder sie kritisierte seinen Umgang mit oder seine Reaktionen auf eine bestimmte Situation. Wenn die Spannungen in der Beziehung stark anstiegen, drohte Herr Porter gelegentlich mit der Scheidung.

Dr. B., der gerade lernte, nach dem Ansatz der Familien-System-Theorie von Bowen zu arbeiten, suchte meine Hilfe, weil er den Eindruck hatte, der Ehefrau nicht zu einer ruhigeren, objektiveren und weniger vorwurfsvollen Haltung in der Partnerschaft verhelfen zu können. Außerdem stellte er an sich selbst fest, daß er trotz seines Bemühens um Neutralität Frau Porter gegenüber eine Vorwurfshaltung entwickelte. Dr. B war sich darüber im klaren, daß Frau Porter im innerfamiliären Bereich überfunktionierte und sich damit selbst schadete, aber er fühlte sich dennoch von ihrem manipulierenden und passiv-aggressiven Verhalten, wie er es nannte, abgestoßen. Frau Porter berichtete zum Beispiel, daß sie sich über die Geldpraktiken ihres Mannes ärgerte, der ihr ein monatliches »Taschengeld« gab und

2 Dieser Texttitel wurde 1987 unter dem Titel »Is Family Systems Theory Really Systemic?: A Feminist Communication« veröffentlicht in: Journal of Psychotherapy and the Family 3(4): 41–56

sie dann aufforderte, über ihre persönlichen Ausgaben Rechenschaft abzulegen; aber statt eindeutig klarzustellen, daß sie damit nicht einverstanden sei, »manipulierte« Frau Porter ihren Mann, ihr zusätzlich Geld zu geben, das sie dann impulsiv für unsinnige Dinge ausgab.

Dr. B. hatte während der ersten Therapiesitzungen die Genogramme der Ehepartner erstellt und befragte Herrn und Frau Porter anhand dieses Materials nach der Geschichte der Ehen in den vorangegangenen Generationen ihrer Familien: wie die Ehepartner miteinander ausgekommen waren, wie sie mit Geld umgingen, wie weit unterschiedliche Auffassungen toleriert wurden und so fort. Dr. B. hatte sich zum Ziel gesetzt, Frau Porter bei ihrer inneren Ablösung von ihrer »masochistischen« Mutter zu helfen, wobei er hoffte, daß dieser Schritt es der Patientin ermöglichen würde, ihre wütende und abhängige Position in der Ehe aufzugeben.

Dr. B. hatte jedoch völlig ignoriert, daß Frau Porter ökonomisch von ihrer Ehe abhängig war und wie sich das auf ihr Leben auswirkte; er war auch nicht auf die Tatsache eingegangen, daß sie keinen eigenen Lebensplan und keine persönlichen Zielsetzungen entwickelt hatte. Für Dr. B. war diese traditionelle Familienstruktur einfach die Norm, und er sah keinen Anlaß, sie als solche zu hinterfragen.

Während unserer ersten Beratungsgespräche bat Dr. B. darum, daß wir uns auf Frau Porter konzentrierten, da es die Arbeit mit ihr war, in der er nicht weiterkam. Ich forderte ihn auf, über folgende Fragen nachzudenken:

– Gab es eine Verbindung zwischen Frau Porters Überreaktion auf die beruflichen Probleme ihres Mannes und der Tatsache, daß sie an der Arbeitswelt außerhalb der familiären Sphäre keinen Anteil hatte?

– Glaubte Frau Porter, daß die Arbeit ihres Mannes wertvoller sei als ihre eigene?

– Wenn das der Fall war: Spielte dieser Faktor eine Rolle bei ihren unklaren Forderungen an ihren Mann, sich stärker an der Hausarbeit und der Fürsorge für die Kinder zu beteiligen?

– In welchem Zusammenhang stand Frau Porters irrationales und manipulatives Verhalten in bezug auf ihr »Taschengeld«

mit ihrer faktischen finanziellen Abhängigkeit von ihrem Mann?

- Welche Frauen in Frau Porters engerer und weiterer Herkunftsfamilie hatten eigene Lebens- und Berufsziele formuliert und verfolgt und welche Frauen hatten das nicht getan?
- Wenn es in den vorangegangenen Generationen Frauen gegeben hatte, die ihre Energien auf ihre eigenen Lebensziele verwendeten, welche Folgen hatte das für die Ehen dieser Frauen gehabt?
- Wie brachten Frau Porters Schwester, ihre Mutter, ihre Großmutter die Verantwortung für ihre Familien und die Verantwortung für das eigene Selbst miteinander in Einklang?
- Hatte Frau Porter mit diesen Frauen je über persönliche Ziele und Ambitionen gesprochen – oder über den Mangel an solchen Zielen und Ambitionen?
- Dachte Frau Porter über langfristige Ziele nach, was ihr eigenes Selbst betraf?
- Wie war die Tatsache zu verstehen, daß Frau Porter über ihre Lebensumstände jammerte und klagte, es aber nicht fertigbrachte, ihren Mann in irgendeiner emotional wichtigen Frage mit einer klaren Grundsatzposition zu konfrontieren? (Zum Beispiel: »Diese Taschengeldregelung kann ich nicht akzeptieren. Ich arbeite genauso wie du, wenn auch im Haushalt, und ich will denselben Zugang zu unserem Geld haben wie du auch!«)
- Welche Vorstellungen hatte Frau Porter darüber, was in ihrer Ehe geschehen würde, wenn sie begänne, selbstbewußter und entschiedener aufzutreten?
- Glaubte sie, daß sie sich zwischen den Alternativen entscheiden müßte, entweder eine Ehe oder ein eigenes Selbst zu haben?
- Wie sah Frau Porters Lebensplan aus für den Fall, daß ihre Ehe (wie fast fünfzig Prozent aller Ehen) geschieden würde?
- Kannte sie die Statistiken über die wirtschaftliche Situation von geschiedenen Frauen mit abhängigen Kindern?
- Bedeutete die Scheidung für Frau Porter nicht nur den Verlust ihrer zentralen Beziehung, sondern auch den Verlust

von gesellschaftlichem Status, Identität, Anerkennung und finanzieller Sicherheit?

– Wenn Frau Porter glaubte, ohne ihre Ehe wirtschaftlich nicht überleben zu können, wie wirkte sich das auf ihre Fähigkeit aus, in der Ehe eine eindeutige und selbstbewußte Haltung zu vertreten?

– Ist es überhaupt möglich, in einer ehelichen oder beruflichen Verbindung eine wirklich differenzierte Haltung einzunehmen, wenn man überzeugt ist, ohne diese Verbindung nicht leben zu können?

– Sah Frau Porter einen Zusammenhang zwischen ihrem Status als Frau in der Gesellschaft und ihren gegenwärtigen Schwierigkeiten und Leiden?

– Kannte sie Frauen (innerhalb und außerhalb ihrer eigenen Familie), die mit ähnlichen Problemen kämpften?

– Hatte sie mit irgendeiner dieser Frauen Verbindung aufgenommen, um über gemeinsame Probleme zu sprechen und um zu erfahren, wie andere versuchten, sich aus einem ähnlichen Dilemma zu lösen?

– Hatte die feministische Bewegung ihre Einstellung zu sich selbst und zu ihrer Familie beeinflußt; wenn ja, in welcher Weise?

Dr. B. hatte die meisten dieser Fragen nicht bedacht und wandte sich ihnen nun mit Interesse zu. Dennoch reagierte er negativ auf die Idee, daß wir gemeinsam darüber nachdenken könnten, wie er ähnliche Fragestellungen in seine paartherapeutischen Sitzungen einbeziehen könnte, jeweils abgestimmt auf die Problematik der Paare, die in Therapie kamen. Dr. B. hatte sich wegen meiner Erfahrung mit Frauenproblemen entschlossen, meinen Rat einzuholen; nun hegte er jedoch die Befürchtung, daß seine therapeutische Neutralität gefährdet sei. »Ich glaube, daß Fragen in dieser Richtung den Eindruck erwecken würden, Frau Porter solle sich einen Job suchen oder sich mehr emanzipieren«, sagte er mir. »Ich fühle mich einfach nicht wohl damit, meinen Patienten Wertvorstellungen aufzudrängen.« Dr. B. erklärte, die Beratung habe ihm trotzdem sehr geholfen; seine wütenden Reaktionen Frau Porter gegenüber seien nun durch mehr Einfühlung abgelöst, da meine Fragen ihn dazu gebracht hätten, sorgfältiger über ihre Lebenszusammenhänge nachzudenken. Er sei sich jedoch noch nicht darüber im klaren, wie er das, was er in der Beratung gelernt habe, in seine Praxis übertragen könne.

Ich stimme mit Dr. B. darin überein, daß es nicht die Aufgabe des Therapeuten/der Therapeutin ist, Patientinnen zur Arbeitssuche, zum Anschluß an die feministische Bewegung oder zu ähnlichen Schritten zu veranlassen. Im Rahmen der familientherapeutischen Arbeit nach Bowen dienen die Fragen des Therapeuten dazu, Spannungen herabzusetzen, der Patientin zu einem erweiterten Blickwinkel und zu einer differenzierteren Form der Verbundenheit mit ihrer Familie und ihrem kulturellen Hintergrund zu verhelfen, sie zum Nachdenken und Faktensammeln anzuregen und ihr zu helfen, das größtmögliche Spektrum von Wahlmöglichkeiten zu sehen mit dem höchstmöglichen Grad an Klarheit und Objektivität. Frauen sind sicherlich schon von zu vielen »Experten« umgeben, die ihnen sagen, was sie tun sollen. Was mir an Dr. B.s Haltung auffiel, war jedoch seine Annahme, es sei ein Zeichen von Neutralität oder Objektivität, bestimmte Bereiche *nicht* zu hinterfragen und auf bestimmte Aspekte der Lebenssituation von Patientinnen oder Patienten *nicht* einzugehen. Aus meiner Sicht standen Dr. B. die von ihm verinnerlichten patriarchalen Werte in bezug auf die traditionelle Familienstruktur im Weg und hinderten ihn daran, einen kompetenten Befragungsstil zu entwickeln, und letztlich auch, diesem Paar als Therapeut zu helfen.

Diese Unterlassungssünden wirken sich zum Nachteil einer großen Zahl von Patientinnen aus, denn die meisten Frauen, die in Therapie gehen, sind selbst nicht in der Lage, sich Wünsche und Bedürfnisse, die mit der traditionellen Frauenrolle nicht übereinstimmen, bewußt einzugestehen. Viele Frauen, die scheinbar freiwillig auf autonome Strebungen oder eine eigenständige Berufsentwicklung verzichten, tun das nur deshalb, weil sie sich nicht ohne Ängste und Schuldgefühle durch ihre eigenen Leistungen verwirklichen können (Chasseguet-Smirgel 1970). Meiner Erfahrung nach ist es nicht ungewöhnlich, daß eine gelangweilte, erschöpfte, intellektuell verarmte und isolierte Hausfrau und Mutter von Kleinkindern ihre Therapie mit der folgenden Zielsetzung beginnt: »Machen Sie mich zu einer besseren Ehefrau für meinen Mann und besseren Mutter für meine Kinder.« Sie hat oft buchstäblich keine andere Vision für sich selbst, die ihr akzeptabel erschiene, und die einzige Form, in der sie ihren Protest äußern kann, sind ihre Symptome, die oft in der Art eines wilden Streiks aus dem Unbewußten ihre »heilige Berufung« unterminieren (Rich 1976). Häufig lauten ihre Klagen: »Ich bin zu depressiv (erschöpft, verwirrt), um den Haushalt führen und meine Kinder richtig versorgen zu können.«

Traditionelle Therapeuten, besonders jene, die glauben, daß Kleinkinder ihre Mutter ständig um sich haben müssen, versagen oft bei der Aufgabe, gemeinsam mit der Patientin neue Möglichkeiten und Alternativen zu erkunden (GAP 1975). Außerdem erhält die Patientin selten Unterstützung darin, sich über ihre legitime Wut und ihre Unzufriedenheit mit der vorgeschriebenen Rolle klarzuwerden, die sie selbst – außer durch ihre Symptome – nicht zu äußern wagt.

Die Therapeut-Patientin-Dyade: Reproduktion patriarchaler Arrangements

Einige feministische Kritikerinnen warnten davor, daß Psychotherapie für Frauen eine potentielle Wiederinkraftsetzung tradierter männlich-weiblicher Beziehungsmuster, wie sie in der Gesellschaft allgemein vorhanden sind, zur Folge haben könnte (Chesler 1972). Es trifft tatsächlich zu, daß viele Frauen in Psychotherapie sich intensiv auf einen idealisierten männlichen Therapeuten fixieren, der zum Zentrum ihrer Phantasien wird. Wenn die Beziehung erotisiert wird, kann sie, ähnlich wie eine Liebesaffäre, andere wichtige Beziehungen verblassen oder in den Hintergrund treten lassen und als Widerstand gegen Veränderungen dienen. Es kann für eine Frau so befriedigend sein, Unterstützung und empathisches Verständnis von einer warmherzigen, fürsorglichen männlichen Autorität zu empfangen (und auch für den männlichen Therapeuten kann es so befriedigend sein, diese »mütterlichen« Qualitäten frei ausdrücken zu können und dafür anerkannt zu werden), daß die therapeutische Beziehung Abhängigkeit fördert, statt autonome Lösungen zu erleichtern.

Bedingt durch eine lange historische Tradition, erfahren

Frauen nichtebenbürtige Beziehungen zu Männern als etwas Natürliches und sind daran gewöhnt, Führern und »Experten« willig zu folgen. Der kulturelle Druck auf Frauen, Männern zu gefallen, ist so tief verwurzelt, daß der Wunsch der Patientin, für ihren Therapeuten attraktiv zu sein und von ihm bewundert zu werden, einen aufrichtigen Prozeß der Selbstdefinition und Selbstbestimmung zunichte machen kann. Die Bemühungen der Frauen, sich Weiblichkeitsdefinitionen anzupassen, die ihnen von ihrem Therapeuten implizit vermittelt werden, sind oft so unbewußt und so subtil, daß sie weder von der Patientin noch vom Therapeuten wahrgenommen werden. Ich habe mit vielen Frauen gesprochen, die sowohl in individueller Therapie als auch in feministischen Therapiegruppen waren und die rückblickend feststellten, daß die letzteren ihnen mehr Gelegenheit gaben, persönliche Konflikte in wirklicher Tiefe und mit wirklicher Aufrichtigkeit zu erkunden. Manche dieser Frauen sahen die Ursachen der Begrenztheit ihrer individuellen Psychotherapien in ihren eigenen tiefsitzenden, unbewußten Bedürfnissen, dem männlichen Therapeuten zu gefallen und für ihn nicht bedrohlich zu werden. Andere berichteten, daß ihre abhängigen, folgsamen Verhaltensweisen vom Therapeuten induziert oder zumindest unbewußt belohnt wurden. Erfahrene Supervisorinnen berichten tatsächlich, daß männliche Therapeuten oft unwissentlich und auf verdeckte Weise ihre weiblichen Patienten in fügsamen Verhaltensweisen bestätigen, einer kritischen und unabhängigen Einstellung jedoch ablehnend gegenüberstehen (Bernardez-Bonesatti 1976).

Obwohl weibliche Therapeuten gegen solche Einstellungen nicht immun sind, tritt das Problem meinen Beobachtungen nach am intensivsten und mit der geringsten bewußten Distanz in der Therapeut-Patientin-Dyade auf. Die Tatsache, daß Frauen in ihrem Sozialisationsprozeß lernen, das männliche Ego um jeden Preis zu schützen, indem sie alle Persönlichkeitsmerkmale, Eigenschaften und Verhaltensweisen unterdrücken, die für Männer bedrohlich sein könnten, ist dabei von großer Bedeutung. Die kulturellen Zwänge, die Frauen veranlassen, sich dumm zu stellen und dem Mann das Gefühl zu geben, daß er der Herrscher sei, sind primitive, ja komische Ausdrucksformen einer subtilen, aber machtvollen kulturellen Vorschrift, derzufolge der Mann in einer männlich-weiblichen Dyade stets der kompetentere, dominantere und erfolgreichere Partner sein (oder sich zumindest so fühlen) soll. Für die vielen Paare, die von diesem Arrangement abweichen, hat die Psychiatrie Begriffe wie »Rollenumkehrung«, »Rollenkonfusion« oder »matriarchale Familie« gefunden, die alle in abwertender Art gebraucht werden und nahelegen, daß die Dinge hier nicht in ihrer natürlichen Ordnung sind. Frauen, die es wagen, im Bereich von Kompetenz und Macht offen mit Männern zu konkurrieren, werden als »unweiblich« oder »kastrierend« etikettiert und sehen sich in ihrer Attraktivität und sogar in ihrer Menschlichkeit in Frage gestellt. Wie viele AutorInnen feststellten (Lerner 1974, 1977, Dinnerstein 1976, Bernardez-Bonesatti 1978a), spiegelt dieses patriarchale Arrangement zum Teil die hartnäckigen irrationalen Ängste der Männer vor den schrecklichen Folgen weiblicher Aggression und Dominanz und die damit verbundenen irrationalen Ängste der Frauen vor ihrem eigenen destruktiven, kastrierenden Potential. Diese verbreiteten Ängste vor der weiblichen Destruktivität stammen aus der frühen Kindheit, aus den Jahren unserer hilflosen Abhängigkeit von Frauen (Müttern und anderen weiblichen Pflegepersonen) und werden von beiden Geschlechtern in der Regel nicht bewußt wahrgenommen. Diese Ängste werden vielmehr durch soziale Arrangements unterdrückt und in Schach gehalten, die Männern erlauben, Macht und Kontrolle über Frauen auszuüben und Frauen davon abzuhalten, Aggression und Dominanz auszudrücken, außer in indirekter, verhüllter, manipulativer Form.

Wenn wir diese intrapsychischen und kulturellen Zwänge in Rechnung stellen, ist es kaum verwunderlich, daß insbesondere der männliche Therapeut seine Patientin oft ermutigt, sich in ihrer Familie und ihrem Berufsleben selbstbewußt und autonom zu verhalten, sie aber auf subtile Weise dazu veranlaßt, innerhalb der Therapiestunde »lieb und nett« zu sein (das heißt seinem Rat zu folgen und seine Interpretationen zu akzeptieren und zu bestätigen). Das Paradox therapeutischer Interpretationen, die vorgeblich im Dienst der Autonomieentwicklung der Patientin stehen, während sie auf subtile Weise gönnerhaft sind und die Autonomie der Patientin innerhalb der therapeutischen Beziehung unterminieren, wird oft weder vom Therapeuten noch vom Supervisor bewußt wahrgenommen (»Ich kann deuten und ihr Anstöße geben, soviel ich will – sie schafft es immer noch nicht, sich ihrem Mann gegenüber durchzusetzen!«). Außerdem wird der Therapeut die gesunde Wut, Kritik oder Rivalität der Frau, die sich gegen ihn richtet, vielleicht als unangemessene Aggression oder als Kontrollversuch empfinden. Wenn die Frau sich tatsächlich feindselig und kontrollierend verhält, kann er die pathogenen Komponenten dieses Verhaltens vielleicht richtig interpretieren, ohne jedoch die positiven und entwicklungsfördernden Aspekte dessen, was die Patientin zu kommunizieren oder zu erreichen versucht, zu erkennen. Bernardez-Bonesatti (1976) beschrieb die intensiven und heftigen Gefühle des Widerwillens und der Mißbilligung, die männliche Therapeuten empfinden, wenn sie bei ihren Patientinnen mit offen feindseligem und dominierendem Verhalten konfrontiert sind. Da die Frauen selbst enormen unbewußten Ängsten ausgesetzt sind, was ihre eigene Destruktivität und – im Zusammenhang damit – die Zerbrechlichkeit des männlichen Ego angeht, erkennen vielleicht weder die Patientin noch der Therapeut die subtilen Mechanismen, die die Frau dazu bringen, auf Kosten ihrer eigenen Autonomie und ihres Persönlichkeitswachstums eine »gute Patientin« zu sein.

Bernardez-Bonesatti (1976) wies darauf hin, daß manchmal auch Therapeutinnen zu exzessiver Mißbilligung der Wut oder Rivalität ihrer Patientinnen neigen, insbesondere, wenn ein Mann die Zielscheibe der Feindseligkeit der Patientin ist. Einerseits wird eine beschützende Haltung Männern gegenüber geweckt, aber andererseits ist die Therapeutin, die unbewußt fürchtet, ihre eigene ungehemmte Wut könnte Männer verletzen, durch ihre Identifikation mit einer Patientin bedroht, die sie als destruktiv oder kastrierend wahrnimmt. Auch ich war oft über das starke Bedürfnis weiblicher Therapeuten erstaunt, die Identifikation mit Frauen, die Wut auf Männer haben, zu meiden, selbst wenn sie die Wut der Patientin als legitim und begründet wahrnehmen.

Vorteile der Arbeit mit weiblichen Therapeuten

Ob jemand ein guter Psychotherapeut/eine gute Psychotherapeutin wird, hängt von einer großen Zahl von Faktoren ab, die weitaus mehr Gewicht haben als die Frage der Geschlechtszugehörigkeit. Ich bin jedoch der Meinung, daß Frauen bei der Wahl von männlichen beziehungsweise weiblichen Therapeuten mit gleichen Voraussetzungen (Kompetenz, Erfahrung, Qualität der Ausbildung etc.) viel zu gewinnen haben, wenn sie sich für die Arbeit mit einer Therapeutin entscheiden. Auf die Gefahr hin, die Dinge übermäßig zu vereinfachen und zu verallgemeinern, möchte ich einige der Vorteile kurz umreißen.

1. Viele Frauen finden es schwierig, einem männlichen Therapeuten gegenüber offen zu sein. Sie können sich zum Beispiel gehemmt fühlen, frei und ohne Einschränkungen über sexuelle Erfahrungen zu sprechen. Insgesamt kann die therapeutische Arbeit mit einem Menschen desselben Geschlechts die ehrliche Selbsterforschung erleichtern. In der Arbeit mit einer Therapeutin wird die Patientin weniger dazu neigen, unbewußt weibliche Rollenklischees auszufüllen (das heißt das Ego und das positive Selbstbild des Therapeuten zu »beschützen«, direkte Konfrontation und Rivalität zu vermeiden), die eine ungezwungene, kreative Arbeit blockieren. Männer haben sehr wenig Erfahrung darin, Frauen in intimen dyadischen Beziehungen mit einer wirklich egalitären Haltung zu begegnen, auch wenn viele Männer sich für Ausnahmen von dieser Regel halten. Wie ich bereits erwähnte, neigen Männer viel mehr als Frauen dazu, die subtilen Formen weiblicher Willfährigkeit, Abhängigkeit und Selbstverleugnung zu übersehen, denn dies ist die erwartete und vertraute Weise, in der Frauen in engen dyadischen Beziehungen Männern begegnen.

2. In der Arbeit mit einer Therapeutin wird die Sexualisierung der Beziehung, die als machtvoller Lernwiderstand wirken kann, in der Regel vermieden. In der Beziehung zu gleichgeschlechtlichen Therapeuten können zwar homoerotische Gefühle und Phantasien auftauchen, aber diese werden gewöhnlich weder in defensiver noch in verführerischer Weise benutzt, um Ängste und drohende Konfrontationen abzuwehren.

3. Die Möglichkeit der Identifikation mit den professionellen

Fähigkeiten und der Kompetenz der Therapeutin kann für viele Frauen außerordentlich hilfreich sein, besonders dann, wenn tiefe Schuldgefühle und Ängste in bezug auf Leistung und autonomes Verhalten vorhanden sind. Manchen Patientinnen fällt es leichter, sich Neid- und Rivalitätsgefühle bewußt einzugestehen und sie auszudrücken, wenn ihr Gegenüber eine Frau ist, denn sie müssen sich dann damit nicht »unweiblich« fühlen.

4. Der unmittelbare Kontakt mit Therapeutinnen, deren emotionale, physische, sexuelle und spirituelle Erfahrungen spezifisch weiblich sind, kann in der klinischen Arbeit zu größerer Intensität und Tiefe beitragen. Frauen haben in hohem Maß männlich definierte Mythen über »weibliche Erfahrungen« verinnerlicht, und diese Mythen können am besten gemeinsam mit einer Therapeutin erkundet werden, die ernsthaft an ihrer eigenen Bewußtseinsentwicklung gearbeitet hat.

5. Die Probleme und Hemmungen von Frauen wurzeln oft in einer gestörten Autonomieentwicklung und einer unvollständigen Ablösung von der Mutter; diese Konflikte können aber durch eine frühe Übertragung der Abhängigkeit auf eine männliche Autoritätsfigur oder durch eine vorzeitige Flucht in heterosexuelle Beziehungen überdeckt sein (Bernardez-Bonesatti 1978b, Lerner 1978b). Eine Therapeutin wird der Patientin vielleicht eine ausführliche und tiefergehende Aufarbeitung der Mutter-Tochter-Beziehung ermöglichen und ihr das affektive Wiedererleben dieser komplexen und zutiefst ambivalenten Bindung erleichtern.

6. Die Bestätigung durch eine gleichgeschlechtliche Person hat für bestimmte Frauen eine besonders hohe Bedeutung. Wenn eine Patientin sich im Rahmen einer engen Beziehung, die auf Vertrauen und gegenseitigem Respekt basiert, von einer anderen Frau akzeptiert fühlt, kann das ihr Selbstwertgefühl und ihre Selbstachtung stärker bestätigen, als es vielleicht in der Arbeit mit einem männlichen Therapeuten der Fall wäre. Das trifft besonders für narzißtische Patientinnen mit schwachem Selbstwertgefühl zu, für deren unbewußtes Erleben männliche Therapeuten (oder Männer im allgemeinen) verführbarer, anfälliger für Schmeicheleien und leichter durch Äußerlichkeiten zu täuschen sind als Frauen.

7. Die therapeutische Arbeit mit einer gleichgeschlechtlichen

Person bietet mehr Möglichkeiten zu einer positiven Identifikation; das ist grundsätzlich von Vorteil. Für schwer gestörte Menschen, die keine stabile und eindeutige Geschlechtsidentität entwickelt haben, kann dieser Faktor besonders wichtig sein.

Paradoxerweise sind die potentiellen Vorteile der therapeutischen Arbeit mit Menschen desselben Geschlechts jedoch mit unbewußten Bedrohungen verbunden, die bei manchen Frauen dazu führen, daß sie sich für einen männlichen Therapeuten entscheiden. Wenn eine Frau zum Beispiel in einen intensiven, ungelösten Trennungskampf mit ihrer Mutter verstrickt ist, kann die antizipierte Abhängigkeit von einer Therapeutin erhebliche Ängste in ihr auslösen. Frauen, denen es an einem stabilen Identitätsgefühl mangelt und die von sich selbst glauben, ohne Substanz und Tiefe zu sein, haben im allgemeinen ein Verhaltensrepertoire dem anderen Geschlecht gegenüber entwickelt, das es ihnen leichter macht, die psychotherapeutische Arbeit mit einem männlichen Therapeuten zu beginnen; in der Beziehung zu ihm kann dieses Verhaltensrepertoire helfen, die Ängste zu kontrollieren, die mit dem Beginn einer Therapie verbunden sind. Frauen, deren Wünsche nach Selbstverwirklichung und Erfolg in der Außenwelt unbewußt und konflikthaft sind, gehen der therapeutischen Verbindung mit einer berufstätigen Frau, in der diese Konflikte unweigerlich aufgerührt werden, vielleicht lieber aus dem Weg. Um es zusammenzufassen: Viele Frauen fühlen sich mit einem Therapeuten »sicherer« als mit einer Therapeutin, obwohl dieses Gefühl nicht ihrer bewußten Erfahrung entsprechen mag. Die unbewußten Ängste von Frauen werden vielmehr durch eine defensive Einstellung überdeckt, derzufolge weibliche Fachkräfte weniger kompetent sind oder über weniger Autorität verfügen als ihre männlichen Kollegen.

Angehende Psychotherapiepatientinnen, die eine starke Vorliebe für männliche Therapeuten äußern, tun das vielleicht aus vernünftigen, konstruktiven Gründen. Für eine Frau, die ohne Vater (oder mit einem extrem distanzierten, nicht greifbaren Vater) aufgewachsen ist, mag es notwendig sein, die Erfahrung männlicher Fürsorglichkeit zu machen. Meiner Meinung nach sollte es unbedingt respektiert werden, wenn eine Frau das starke Gefühl hat, *nur* zu einem Mann oder *nur* zu einer Frau in Therapie gehen zu können. Obwohl solche Prioritäten immer sowohl adaptive als auch defensive Komponenten enthalten, sollten die Ängste der Patientin nicht übergangen oder vorschnell interpretiert werden, und die gute Intuition ihres Unbewußten sollte nicht ignoriert werden.

Wie alle Verallgemeinerungen sagen auch diese nichts über die Arbeit mit einem bestimmten Therapeuten/einer bestimmten Therapeutin oder über die individuellen Bedürfnisse einer Patientin/eines Patienten aus. Niemand ist durch seine Zugehörigkeit zum männlichen Geschlecht zu einer Scheuklappenhaltung oder zu einer rigiden und unreflektierten Fixierung auf patriarchale Normen verurteilt. Und die Zugehörigkeit zum weiblichen Geschlecht garantiert noch nicht die Freiheit von patriarchalen Einstellungen und unbewußten Vorurteilen gegen Frauen. Wie Alonso und Rutan (1978) feststellten, gibt es männlich identifizierte Therapeutinnen, die mit einem gewissen Maß an Geringschätzung auf ihre Patientinnen herabsehen oder denen es an Einfühlung für Frauen mangelt, die sich nicht so erfolgreich durchgesetzt haben wie sie selbst. Natürlich verfügen nicht alle Therapeutinnen allein durch die Tatsache, daß sie weiblich sind, über eine gesteigerte Empathie für Frauen. Manche Therapeutinnen neigen vielleicht stärker zu Realitätsverzerrungen, weil sie durch Überidentifikation und unerkannte Projektionen Gleichheit und Übereinstimmung phantasieren, wo diese real gar nicht vorhanden sind.

Außerdem sagt die Tatsache, daß eine Therapeutin Feministin ist, nichts über ihre berufliche Kompetenz aus. Manche feministischen Therapeutinnen haben eine hervorragende Ausbildung, und andere haben sie nicht – vielleicht, weil sie traditionellen, männlich dominierten Institutionen auswichen, zu einer Zeit, da es wenig alternative Möglichkeiten für eine intensive, hochqualifizierte psychotherapeutische Ausbildung gab. Gewisse feministische Therapeutinnen folgen einem egalitären Behandlungsmodell, das die Entmystifizierung des therapeutischen Expertentums betont; diese Frauen lassen sich vielleicht auf Selbstenthüllungen und eine therapeutisch kontraproduktive Form der Offenheit ein, die die angemessenen Grenzen zwischen Therapeutin und Patientin verwischt. Die Patientin erhält dadurch nicht die optimalen Bedingungen zum spontanen Äußern ihrer Phantasien und zur ungehinderten Selbsterkundung. Für feministische Therapeutinnen gilt dasselbe wie für traditionelle Therpeutinnen und Therapeuten: Manche sind kompetent und manche sind es nicht.

Angesichts der individuellen Unterschiede zwischen Menschen, die psychotherapeutisch arbeiten, und der vielen wichtigen, vom Geschlecht unabhängigen Faktoren, die therapeutische Kompetenz ausmachen, sind wir vielleicht versucht, die realen Unterschiede zwischen männlichen und weiblichen Therapeuten in der Behandlung von Frauen zu leugnen. Wie Alonso und Rutan (1978) betonten, ist die Begrenztheit unserer empathischen Fähigkeiten bei Patient(inn)en, deren Erfahrungen uns nicht zugänglich sind, für uns alle schwer anzunehmen. In ihrer Diskussion dieser Begrenztheit der Einfühlung erinnern Alonso und Rutan uns an die schmerzvollen Erfahrungen, die weiße Liberale während der Befreiungskämpfe der Schwarzen in den sechziger Jahren machten; ich selbst erinnere mich lebhaft, wie defensiv ich auf die Information reagierte, daß Schwarze sich in Gruppen, an denen auch Weiße und insbesondere weiße »Experten« teilnahmen, nicht effektiv mit Problemen der Macht und der Selbstbestimmung auseinandersetzen können. Ähnlich wie die Schwarzen in ihrem Befreiungskampf haben auch die Frauen während der letzten beiden Jahrzehnte der feministischen Bewegung gelernt, daß es gewisse Entwicklungen der Bewußtseinsbildung und der Selbstdefinition gibt, die nur in ausschließlich weiblichen Gruppen erreicht werden können. In der Erkenntnis dieser Zusammenhänge beschrieb Bernardez-Bonesatti (1978b) die speziellen Vorteile und Hilfestellungen, die eine reine Frauen-Therapiegruppe ihren Teilnehmerinnen bieten kann. Trotzdem werden die großen potentiellen Vorteile der Psychotherapie von Frauen für Frauen manchmal sogar von weiblichen Fachkräften verleugnet oder verkleinert – vielleicht aus der unbewußten Angst heraus, Männer zu verletzen und auszuschließen oder die Wut und die Mißbilligung von Männern auf sich zu ziehen.

Um es zusammenzufassen: Psychotherapie kann ein kreativer Prozeß der Expansion und der Entfaltung der Persönlichkeit sein, sie kann aber auch die Anpassung an einengende, von außen vorgegebene Weiblichkeitsnormen verstärken. Ebenso kann der therapeutische Prozeß in einer Frau die Kraft freisetzen, die soziokulturellen Hintergründe ihrer Probleme klarer zu erkennen, oder er kann ihr den Wind aus den Segeln nehmen und sie dazu bringen, ihre individuelle Neurose wie einen Blumengarten zu kultivieren, während die pathogenen Wirkungen des Systems, in dem wir leben, verharmlost werden. Die Versuchung ist groß, solche negativen Resultate als vereinzelte Fälle »mißglückter Therapie« abzutun, denn dadurch können Therapeuten der Forderung ausweichen, ihre Arbeit mit weiblichen Patienten kritisch zu überprüfen. Wie ich hier zu zeigen versuchte, sind gute Absichten und Vorsätze, Frauen bei der Entfaltung ihres gesamten Potentials zu helfen, keine Garantie für eine nichtsexistische Arbeit. Nur durch ein tiefgehendes Bemühen um die eigene Bewußtseinsbildung können Therapeuten beginnen, sich von den unbewußten Vorurteilen und Klischeevorstellungen, die sich auf die Behandlung von Frauen so negativ auswirken, zu befreien[3].

3 Dieser Text wurde 1982 zum ersten Mal veröffentlicht in: The Woman Patient; Medical and Psychological Interfaces, vol. 3, ed. M. Notman and C. Nadelson, pp. 273–286; New York.

Literatur

ALONSO, A., and RUTAN, J. S. (1978): Cross-sex supervision for cross-sex therapy; in: American Journal of Psychiatry 135(8): 929–931

AMERICAN PSYCHOLOGICAL ASSOCIATION (1975): Report of the task force on sex bias and sex-role stereotyping in psychotherapeutic practice; guidelines for therapy with women; 33: 1122–1123

BERNARDEZ-BONESATTI, T. (1976): Unconscious beliefs about women affecting psychotherapy; in: North Carolina Journal of Mental Health 7(5): 63–66

– (1978a): Women and anger; conflicts with aggression in contemporary women, in: Journal of the American Medical Women's Association 33(5): 215–219

– (1978b): Women's groups: a feminist perspective on the treatment of women; in: Changing Approaches to the Psychotherapies, ed. H. GRAYSON and C. LOEW, pp. 55–69, New York

CHASSEGUET-SMIRGEL, J. (1970): Female Sexuality, Ann Arbour (Psychoanalyse der weiblichen Sexualität, Frankfurt/Main 1974)

CHESLER, P. (1972): Women and Madness; Garden City (Frauen – das verrückte Geschlecht, Reinbek b. Hamburg 1974)

DINNERSTEIN, D. (1976): The Mermaid and the Minotaur: Sexual Arrangements and Human Malaise; New York

Group for the Advancement of Psychiatry; Committee on the College Student (1975); The Educated Woman: Prospects and Problems, GAP Report 92, New York

KRONSKY, B. (1971): Feminism and psychotherapy; in: Journal of Contemporary Psychotherapy 3(2): 89–98

LERNER, H. G. (1974): Early origins of envy and devaluation of women; in: Bulletin of the Menninger Clinic 38: 538–553

– (1977): Taboos against female anger; in: Menninger Perspective 8(4): 4–11

– (1978a): Adaptive and pathogenic aspects of sex-role stereotypes; in: American Journal of Psychiatry 135(1): 48–52

– (1978b): On the comfort of patriarchal solutions; in: Journal of Personality and Social Systems 1(3): 47–50

– (1987): Is family theory really systemic?; in: Journal of Psychotherapy and the Family 3(4): 41–56

RICH, A. (1976): Of Woman Born; New York (Von Frauen geboren, München 1979)

SYMONDS, A. (1978): Psychoanalysis and women's liberation; in: Journal of the American Academy of Psychoanalysis 6(4): 429–431

Die »Retter« und
ihre Patientinnen

Es hat sich herumgesprochen, daß eine »Lösung« zum Problem werden kann, und das gilt auch für die familientherapeutische Arbeit und für die Psychotherapie. In ihrem Bemühen, Patientinnen zu helfen, greifen Therapeutinnen und Therapeuten oft unwissentlich zu Lösungen, die das Persönlichkeitswachstum der Frauen blockieren, oder sie lassen sich auf Beziehungsmuster ein, die genau die Symptome und Fehlhaltungen aufrechterhalten, um derentwillen die Patientin Heilung sucht. In diesem Kapitel wird anhand von Praxisbeispielen ein problematisches Gegenübertragungsmuster beschrieben, das in der Arbeit mit Patientinnen häufig auftritt. Das Thema, das hier diskutiert wird, ist nur ein Ausschnitt aus einem weitaus größeren Problemzusammenhang; unsere gegenwärtigen Geschlechtsrollenarrangements – und die damit untrennbar verbundenen ungelösten Konflikte der Therapeuten mit ihren eigenen Herkunftsfamilien – spielen darin eine negative Rolle, was die psychotherapeutische Behandlung von Frauen betrifft.

Kontratherapeutische Wirkungen
der »Retterhaltung«

Im Verlauf einer intensiven Psychotherapie werden Therapeutinnen und Therapeuten von ihren Patienten stets dem Test unterworfen, wie weit sie fähig sind, Grenzen zu setzen und klare Standpunkte zu vertreten, vor allem bei solchen Kernfragen der Abgrenzung wie Vereinbarungen über die Bezahlung und Festlegung von Terminen. In ähnlicher Weise werden Patienten herauszufinden versuchen, in welchem Maß der Therapeut auf ihre Ängste und unterfunktionierenden Verhaltensweisen mit einer überfürsorglichen Helfer- oder Retterhaltung reagiert. Während dies mit allen Patienten, ob männlich oder weiblich, vorkommen kann (Lerner and Davis 1987), stellen sich in der Arbeit mit Patientinnen oft besondere Gegenübertragungsprobleme.

Praxisbeispiel

Dr. B., ein Psychiater und Assistenzarzt im dritten Jahr, führte mit Frau J., einer depressiven Hausfrau, ein Erstgespräch. Mitten in der Sitzung, als sie ihm ihre unglücklichen Lebensverhältnisse schilderte, brach sie plötzlich in Tränen aus und fragte Dr. B., ob er sie weiterhin behandeln würde; wenn sie einmal nicht mehr in der Lage sei, für ihre Therapiestunden zu bezahlen. Dr. B., der sich ziemlich verunsichert fühlte, begann zu sondieren, welche Gründe sie für diese Frage hatte. Damit kam er jedoch nicht weiter, und als Frau J. ihn am Ende der Stunde nochmals drängte, ihre Frage zu beantworten, sagte er: »Nun, wir müssen uns noch genauer mit der eigentlichen Bedeutung Ihrer Frage beschäftigen, aber ich denke, es könnte arrangiert werden.« Obwohl Frau J. mit Dr. B. einen nächsten Termin vereinbart hatte, tauchte sie nie wieder auf.

Als Dr. B.s Gegenübertragungsproblem in einer späteren Supervisionssitzung thematisiert wurde, sagte er, es komme ihm lieblos, wenn nicht verletzend vor, deutlich herauszustellen, daß Psychotherapie eine professionelle Dienstleistung sei, für die er Bezahlung erwarte. Er ging davon aus, daß eine beginnende therapeutische Beziehung durch seine »fürsorgliche« Haltung gestärkt werde; wenn er dagegen seinen Anspruch auf Bezahlung klar herausstelle, könne das als Zurückweisung verstanden werden und die therapeutische Beziehung bedrohen. Tatsächlich aber hätte eine solche Klarstellung auf Frau J. sehr wohl verstärkend und beruhigend wirken können, denn in dem Material, das vor der Anmeldung vorgelegt werden muß, hatte sie ihre eigene Unfähigkeit, Familienmitgliedern und Freunden gegenüber klare Grenzen zu setzen, als das zentrale Problem, das sie in Behandlung führte, beschrieben. In einem freiwilligen

Test, den die Patientin vor ihrer ersten Therapiesitzung ausgefüllt hatte, bezeichnete sie sich selbst als »das amerikanische Rote Kreuz in einer Person«; sie fürchtete, andere zu »verletzen«, wenn sie nicht auf alle Forderungen und Ansprüche einginge. Das aktuelle Problem, das Frau J. in Therapie brachte, könnte folgendermaßen zusammengefaßt werden: »Wie kann ich es schaffen, meinen eigenen gerechtfertigten Bedürfnissen gemäß zu handeln, wenn Menschen, die mir wichtig sind, darauf mit Verletztheit oder Mißbilligung reagieren?« Aus dem Wunsch heraus, Hilfe für ihr Dilemma zu finden, unterwarf sie ihren neuen Therapeuten unbewußt dem Test, wie er selbst mit einer ähnlichen Situation umgehen würde; dieser Test war Bestandteil eines unbewußten Versuchs, zu beurteilen, ob diese therapeutische Beziehung für sie der richtige Ort sei, sich konstruktiv mit ihren Problemen auseinanderzusetzen[1]. Dr. B. stellte kein Rollenmodell für die erwünschte autonome Haltung dar, die Frau J. in ihrem eigenen Leben aufgrund eines inneren Verbots nicht verwirklichen konnte, und er bot auch nicht die Bedingungen für die ermutigende und verstärkende Beziehung, die sie unbewußt suchte.

Dr. B. neigte in seiner klinischen Arbeit dazu, bei depressiven Patientinnen, die er als hilflose »Damen in Not« erlebte, die Rolle des »Retters« zu spielen. Er konnte das eigene Potential dieser Frauen, ihre Probleme zu lösen und mit ihrem Schmerz umzugehen, nicht anerkennen, und er intervenierte schnell und intensiv, wenn seine Patientinnen ein Bild des Jammers boten, indem er die »Sonder«-Hilfen bereitstellte (zusätzliche Sitzungen, telefonischer Kontakt während seiner Ferien etc.), die er

---

1 Der Begriff des »unbewußten Tests« wurde zuerst von Weiss (1971) eingeführt und später von Weiss und Sampson (1986) erweitert. Die Autoren gehen davon aus, daß Patienten, die eine Therapie beginnen, primär motiviert sind, ihre Konflikte zu lösen (statt sie lediglich bewußt wiederzuerleben). Die unbewußten Problemlösungspläne der Patienten schließen wiederholte »Tests« ein, die dazu dienen, die therapeutische Beziehung auf ihre Sicherheit hin zu überprüfen. Aus dieser Sicht hat ein Patient, der den Therapeuten in die Wiederinszenierung eines frühen, gestörten Beziehungsmusters hineinzuziehen versucht, den Wunsch, der Therapeut möge den Test bestehen, indem er *nicht* wie die Mutter oder der Vater reagiert; dadurch würden neue Bedingungen geschaffen, die es dem Patienten erlauben, alte Konflikte zu meistern und sich weiterzuentwickeln.

für notwendig hielt. Wenn seine Unfähigkeit, klare Grenzen zu setzen, zu einer Eskalation der Ansprüche seiner Patientinnen führte, warf er den Frauen implizit (auf dem Weg der therapeutischen Interpretation) vor, exzessiv bedürftig, infantil oder manipulierend zu sein. In seiner eigenen Herkunftsfamilie nahm Dr. B. (ein erstgeborener Sohn) in einer zentralen familiären Dreieckskonstellation die »Retterposition« ein; sein Vater rief ihn wegen der Alkoholprobleme seiner Mutter an, Dr. B. verbrachte Stunden am Telefon, diagnostizierte das Verhalten seiner Mutter und ließ sich immer wieder auf erfolglose Versuche ein, sie zu einer Psychotherapie zu überreden.

Das folgende Praxisbeispiel illustriert das Problem der »Retterhaltung« im Detail, diesmal bei einer Therapeutin.

Praxisbeispiel

Dr. T. stand kurz vor dem Ende eines dreimonatigen Mutterschaftsurlaubs, als sie zu Haus von Frau S. angerufen wurde, einer fünfundzwanzigjährigen Frau, die in psychoanalytisch orientierter Langzeittherapie war. Frau S. war im Jahr zuvor wegen einer immobilisierenden Depression hospitalisiert worden; sie sagte am Telefon, sie wisse, daß Dr. T. noch eine Woche Urlaub habe, aber sie sei kurz vor dem »Durchdrehen« und brauche dringend eine Krisenintervention. Die Krise, wie Frau S. sie beschrieb, hatte mit ihrem Vater zu tun, der für drei Wochen zu Besuch war und sie angeblich verrückt machte, indem er ihre Haushaltsführung kritisierte und ihr ständig unerbetene Ratschläge über Kindererziehung gab. Frau S. wirkte aufgeregt, machte im übrigen aber keinen besonders gefährdeten Eindruck.

Dr. T., die gerade ihr Kind stillte, als sie den Anruf erhielt, kämpfte mit ihren eigenen Loyalitätskonflikten in bezug auf Beruf und Familie, und eigentlich wollte sie sagen: »Ich verstehe, daß Sie in einer schwierigen Situation sind, aber wir werden nächste Woche in unserer vereinbarten Stunde darüber sprechen.« Statt dessen machte sie aber mit Frau S. einen Termin für den folgenden Tag aus. Während der Therapiestunde klagte Frau S. über ihre Situation, zeigte aber keine echte Motivation, ihrem Vater gegenüber eine andere Haltung einzunehmen oder den Status quo zu verändern. Dr. T. bemerkte das und versuchte herauszuarbeiten, warum die Patientin die zusätzliche Stunde erbeten hatte und wie sie auf die Gewährung dieser Stunde reagierte. Frau S. sprach über Gefühle des Unbehagens und auch der »Dankbarkeit« und zählte pflichtschuldigst die vielen Gründe auf, warum die zusätzliche Stunde wichtig für sie war. Sie war jedoch nicht fähig, ihre Widerstände aufzugeben und von Dr. T.s Hilfe Gebrauch zu machen.

Die Unfähigkeit von Frau S., sich gegen ihren Vater abzugrenzen und ihre Beziehungen zu Mann und Tochter vor den – wie sie es wahrnahm – aufdringlichen und autoritären Einmischungen ihres Vaters zu schützen, war ein zentrales Thema ihrer Therapie. Die anfängliche analytische Arbeit mit Frau S. hatte gezeigt, daß sie fürchtete, eine klare und eindeutige Abgrenzung in solchen Fragen könnte sich vernichtend auf ihren Vater auswirken und ihm das Gefühl geben, aus der Familie seiner Tochter in unannehmbarer Weise ausgeschlossen zu sein. Diese zunächst unbewußte Angst war zum Teil das Resultat einer Projektion ihrer akkumulierten Wut, die aus einem seit langer Zeit existierenden Beziehungsmuster stammte: Frau S. hatte sich den Wünschen und Bedürfnissen ihres Vaters, wie sie sie wahrnahm, immer schweigend unterworfen. Andererseits übertrug Frau S. auch ihre eigene Trennungsangst auf ihren Vater; sie erlebte diese Angst, wenn sie ihm gegenüber eine eindeutige Haltung einnahm und sich in der Beziehung als getrennt und allein erfuhr. Ihre Furcht, den Vater zu »verletzen«, und ihr Widerstand gegen Veränderungen hatten ihre Ursachen auch in den realen Bedingungen innerhalb des Familiensystems: Es war eindeutig, daß jeder Versuch von Frau S., eine differenziertere Haltung einzunehmen oder ihre primäre Bindung an ihre eigene Familie klarzustellen, den depressiven Rückzug des Vaters zur Folge hatte, woraufhin Frau S. das alte Beziehungsmuster wieder in Kraft setzte.

In ihrem Bemühen, Frau S. bei der Auseinandersetzung mit ihren Problemen zu helfen, hatte Dr. T. immer wieder zutreffende Deutungen geliefert und die Zeitpunkte für die Mitteilung ihrer Interpretation gut gewählt. Die implizite Botschaft, die Dr. T. ihrer Patientin vermittelte, kann folgendermaßen charakterisiert werden: »Es ist richtig, daß Sie Ihre Prioritäten, Ihre Wünsche und Ihr primäres Engagement für Ihre eigene Familie klarstellen, selbst wenn Ihr Vater darauf mit Depression oder mit Wut reagiert. Ihre Beziehung zu Ihrem Vater ist sehr wichtig, aber es ist nicht Ihre Aufgabe, ihn vor Depressionen zu bewahren, indem Sie Ihre eigene Persönlichkeitsentwicklung opfern.«

Trotzdem entstand durch Dr. T.s eigene Schuldgefühle und Ängste in bezug auf Grenzen, die die Patientin »ausschließen« könnten, eine für die therapeutische Arbeit kontraproduktive Double-Bind-Situation. In dem zuvor geschilderten Fall und in vielen anderen Fällen war Dr. T. nicht in der Lage, der Patientin Bitten um zusätzliche Stunden oder abendliche Telefonberatungen abzuschlagen, obwohl sie gewöhnlich versuchte, die Bedeutung solcher Forderungen zu analysieren. Als Frau S. ihre Therapeutin erneut dem Test unterzog, indem sie sich nicht an einen vereinbarten Plan hielt, die seit langer Zeit aufgelaufenen Honorare zu begleichen, machte Dr. T. das zu einem ständigen Thema in der therapeutischen Arbeit, nahm aber keinen klaren Standpunkt ein, was die Weiterführung der Therapie betraf, wenn Frau S. die vereinbarten Zahlungen nicht leistete.

In gewisser Hinsicht versagte Dr. T. bei den unbewußten Tests ihrer Patientin, die herauszufinden versuchte, welcher Grad an Getrenntheit, Abgrenzung und Durchsetzung eigener Bedürfnisse für ihr eigenes Leben tolerierbar war. Die Tatsache, daß Dr. T. auf die Bitten der Patientin um »Sonderleistungen« einging, sagte implizit aus, daß sie nicht erwartete, Frau S. könnte ihre eigene Kompetenz nutzen, um ihr Leben zwischen den vereinbarten Therapiestunden zu bewältigen, und daß sie Frau S. auch nicht darin bestärkte. Dr. T.s Ängste, die Patientin könnte erneut in eine immobilisierende Depression verfallen, spiegelten und verstärkten auf subtile Weise das Verantwortungsgefühl und die Überfürsorglichkeit der Patientin für ihren »verletzlichen« Vater, den sie unbewußt so wahrnahm, als müsse er vor der Realität ihres erwachsenen Lebens beschützt werden. Eine Parallele dazu bildete auch die besorgte und überbeschützende Haltung des Vaters, der Frau S. als sein kleines Mädchen sah und Angst davor hatte, sich mit ihrer potentiellen Kompetenz und Reife zu konfrontieren.

Es kam zu einem Wendepunkt in der Behandlung, als Dr. T. mit Hilfe der Supervision fähig wurde, ihre therapeutische Haltung zu verändern und in zugewandter, aber konsequenter Weise an den vereinbarten Therapiegrenzen festzuhalten. Als Frau S. zum Beispiel um sieben Uhr morgens anrief, um ihre Therapiestunde am Nachmittag desselben Tages abzusagen, erklärte Dr. T. bei der nächsten Begegnung: »Wenn Sie eine Therapiestunde absagen wollen, möchte ich, daß Sie während meiner Arbeitszeit anrufen.« Als die Patientin argumentierte, sie könne ihre Rechnungen nicht bezahlen, weil sie zu depressiv sei, um einer Berufstätigkeit nachzugehen, antwortete Dr. T.: »Ich habe Verständnis für Ihre Depressionen, aber Sie müssen einen Weg finden, das Geld aufzubringen, wenn die Therapie weitergeführt werden soll.« Was die abendlichen Telefongespräche anging, erklärte sie Frau S.: »Ich habe über unsere Arbeit nachgedacht und möchte, daß Sie mich von nun an nicht mehr zu Hause anrufen. Ich meine, daß unsere Arbeit hierher gehört, in die vereinbarten Stunden, und auf diese Weise kann ich Ihnen auch am besten helfen.«

Dr. T. konnte klare Grenzen setzen, ohne lange Erklärungen abzugeben (die implizit Schuldgefühle oder Unbehagen ausgedrückt hätten) und ohne die Motive, die den Forderungen der Patientin zugrunde lagen, negativ zu interpretieren. Das heißt, Dr. T.s Deutungen und Interventionen vermittelten in keiner Weise, daß Frau S.s Bitten der Ausdruck exzessiver Abhängigkeit, Anspruchlichkeit oder anderer pathologischer Faktoren seien.

Ebenso wichtig war, daß Dr. T. die Verletztheit, Wut und Distanz, die Frau S. zeigte, ruhig und mit Verständnis ertrug, ohne von den gesetzten therapeutischen Grenzen abzuweichen. In der Folge begann Frau S. allmählich und kontinuierlich, auch in ihrem eigenen Leben eine differenziertere und eindeutigere Haltung zu vertreten. Sie drückte ihre Gefühle und Gedanken über wichtige Probleme eindeutiger aus, selbst wenn die ihr nahestehenden Menschen darauf mit Wut oder Mißbilligung reagierten. Nach und nach übernahm sie weniger Verantwortung für die Gefühle anderer und mehr Verantwortung für die Richtung und die sinnvolle Gestaltung ihres eigenen Lebens. Es war vorauszusehen, daß ihre Bemühungen um größere Autonomie und Unabhängigkeit starke Widerstände hervorriefen, und sie reagierte darauf mit einer verhältnismäßig schweren Depression. Als Dr. T. jedoch eine ruhige, nicht-reaktive Haltung bewahrte und die therapeutische Arbeit (trotz der Bitten der Patientin um zusätzliche Stunden) auf die zwei vereinbarten Sitzungen pro Woche begrenzt hielt, überwand Frau S. ihre Depression ziemlich schnell und kam mit der Arbeit an ihren Problemen gut voran.

Dr. T.s anfängliche Schwierigkeiten, an Behandlungsparametern festzuhalten und angemessene Grenzen zu setzen, hatten verschiedene Ursachen. Erstens hatte sie übermäßige Schuldgefühle wegen der negativen Wirkungen ihrer Schwangerschaft und ihres Mutterschaftsurlaubs auf ihre Patienten (die durch ihre eigenen konflikthaften Wünsche, von beruflichen Pflichten völlig befreit zu sein, weiter kompliziert wurden), und sie reagierte darauf mit Überfürsorglichkeit und mit dem Bemühen, stets verfügbar zu sein. Zweitens hatte Dr. T. aufgrund ihrer eigenen Geschwisterposition als jüngstes Kind, in Verbindung mit ihrer weiblichen Sozialisation, beträchtliche Schwierigkeiten, Autorität auszuüben. Außerdem wurde ihr Problem dadurch erschwert, daß sie nicht über einen klaren theoretischen Rahmen verfügte, der ihr erlaubt hätte, ihre überfürsorgliche Haltung in Frage zu stellen. Während ihrer gesamten Ausbildung (an der außer ihr und einer weiteren Frau nur Männer teilgenommen hatten) wurde Dr. T. von Lehrern und Supervisoren für ihre »mütterlichen«, intuitiven und fürsorglichen Qualitäten gelobt, so als reichten diese traditionell weiblichen Eigenschaften aus, um Veränderungen herbeizuführen, und als könnten nicht auch sie im Übermaß eingesetzt werden. Wie Dr. B. reagierte auch Dr. T. mit ängstlicher Besorgtheit auf die Verletzlichkeit, die sie an ihren Patientinnen wahrnahm, und erkannte nicht, daß selbst schwer gestörte Menschen Therapeuten brauchen, die selbstbewußte und selbstsichere Verhaltensweisen vorleben, therapeutische Grenzen aufrechterhalten und der Versuchung widerstehen, in eine überbesorgte, überverantwortliche und überfunktionierende Haltung zu verfallen.

Alle Patienten, ob männlich oder weiblich, testen ihre Therapeuten, ob sie fähig sind, sich abzugrenzen, an Behandlungsbedingungen festzuhalten, Autorität auszuüben und dem Überfunktionieren und der exzessiven Besorgtheit zu widerstehen. Für Frauen ist es jedoch besonders wichtig, daß die Therapeutin/der Therapeut das bestimmte Auftreten und die autonomen, differenzierten Verhaltensweisen vorlebt, die in der weiblichen Sozialisation unterdrückt oder mit verdeckten Verboten belegt werden. Wie das zuvor geschilderte Praxisbeispiel illustriert, vermittelt die Art, wie die Therapeutin/der Therapeut mit solchen Problemen umgeht, der Patientin wichtige Botschaften darüber, was in ihrem eigenen Leben erlaubt und möglich ist.

Es ist keine Frage der diagnostischen Kategorien oder der Pathologie, daß Frauen gelernt haben, Beziehungen auf Kosten des eigenen Selbst zu schützen, Verantwortung für die Gefühle und Verhaltensweisen anderer zu übernehmen, statt ihre primären Energien für die Klärung ihrer eigenen individuellen Ziele und Lebensmaximen einzusetzen, und daß sie sich für lieblos und egoistisch halten, wenn sie nicht ganz und gar im Dienst an den anderen aufgehen. Manche Frauen rebellieren gegen dieses Erbe, indem sie sich emotional zurückziehen oder indem sie sich mit Männern identifizieren, die ihre beruflichen Ziele auf Kosten der Verbundenheit mit anderen und der familiären Verantwortung verfolgen – aber letztlich sind auch sie von dieser »weiblichen Tradition« zutiefst beeinflußt. Die Selbstaufgabe und das gleichzeitige Überfunktionieren für andere sind Bestandteile der gesellschaftlich vorgegebenen Rollenvorschriften für Frauen. Die Art und Weise, wie der Therapeut/die Therapeutin mit seiner/ihrer eigenen Tendenz zum Überfunktionieren für Patienten umgeht, ist ein entscheidender Faktor in der therapeutischen Arbeit. Besonders in der Arbeit mit Patientinnen brauchen Therapeuten und Therapeutinnen oft Hilfe; sie müssen lernen, *nicht* in die »Retterhaltung« zu verfallen, sich überzeugend abzugrenzen und an Therapiebedingungen festzuhalten, trotz der Versuche der Patientin, sie zu gegenteiligen Schritten zu bewegen. Hier sind es die *Verhaltensweisen* von Therapeuten (und nicht ihre Deutungen), die der Patientin erlauben, selbstbewußtere und differenziertere Verhaltensweisen zu entwickeln und angesichts der Gegenreaktionen und »Sei-wie-du-vorher-warst«-Strategien aus ihrem Umfeld daran festzuhalten.

Da die geschlechtsspezifische Sozialisation bei der Bildung

von Gegenübertragungsreaktionen eine ausschlaggebende (wenn auch oft ignorierte) Rolle spielt (Kaplan 1979), ist der innere Druck, eine therapeutische kontraproduktive, überfunktionierende oder überfürsorgliche Haltung einzunehmen, bei männlichen und bei weiblichen Therapeuten vermutlich unterschiedlich stark. Wie im Fall von Dr. B. ist der männliche Therapeut vielleicht schnell bereit, sich selbst als »Retter« oder Problemlöser für die »Dame in Not« zu sehen und die Selbstdarstellung der Patientin als schwaches und hilfloses Wesen mit ihren tatsächlichen potentiellen Stärken und Fähigkeiten zu verwechseln. Als Macher, Experten und Überfunktionierer im instrumentellen Bereich haben Männer vielleicht größere Schwierigkeiten, eine weniger aktive Haltung einzunehmen, die der Frau mehr Raum geben würde, Verantwortung für ihre eigenen Probleme zu übernehmen und mit ihrem eigenen Schmerz umzugehen. Männliche Therapeuten sind häufig nicht in der Lage zu erkennen, bis zu welchem Grad die Verletzlichkeit, Hilflosigkeit und Abhängigkeit, die eine Patientin zur Schau stellt, Teil eines komplexeren geschlechtsspezifischen Interaktionsprozesses sind; das Unterfunktionieren der Frau ist dabei ein unbewußter Versuch, den männlichen Therapeuten zu bestätigen und zu schützen und die »Nähe« der therapeutischen Beziehung durch die Opferung des eigenen Selbst zu sichern (Lerner 1983). Dagegen empfinden weibliche Therapeuten wie Dr. T. oft Ängste und Schuldgefühle, wenn sie Autorität ausüben, und fühlen sich unbehaglich damit, in so wichtigen Fragen wie der Vereinbarung von Terminen und der Forderung von Honoraren einen eindeutigen Standpunkt zu beziehen (Kaplan 1979). Außerdem wurde die Bedeutung traditioneller weiblicher Qualitäten (wie Fürsorglichkeit, Empathie, Intuition) in ihrer Ausbildung vielleicht überbetont auf Kosten ebenso wichtiger instrumentaler Fähigkeiten, die traditionell als männlich angesehen werden. Therapeutinnen kämpfen häufig auch mit denselben Konflikten wie ihre Patientinnen und handeln aus einer Position der Überverantwortlichkeit für die Gefühle und Verhaltensweisen anderer heraus, wobei sie zu wenig Verantwortung für den Schutz ihres eigenen Selbst und ihrer eigenen Grenzen übernehmen.

Die überfunktionierende Haltung eines Therapeuten/einer

Therapeutin ist von einer großen Zahl von Faktoren bestimmt, die mit Problemen der Geschlechtszugehörigkeit in Wechselwirkung stehen. Zu diesen Faktoren gehören die Geschwisterposition, die Rolle in der Herkunftsfamilie, das Niveau der Differenzierung des Selbst und die damit verbundene Klarheit, was die Grenzen der individuellen Verantwortung angeht, und der charakteristische Stil des Umgangs mit Beziehungen unter Streß. Außerdem fordert die psychotherapeutische Ausbildung und Supervision, wenn sie vom traditionellen, männlich definierten medizinischen Modell ausgeht, das Paradigma des passiven Patienten und des Facharztes, der für die Heilung seines Falles zuständig ist (Lerner 1979). Auch wenn oft das Gegenteil behauptet wird, ist es letztlich doch die Fähigkeit des Therapeuten/der Therapeutin, kompetent und emotional zugewandt zu handeln, ohne überzufunktionieren, die der Patientin erlaubt, zur Expertin für sich selbst zu werden[2].

2 Dieses Kapitel entstand auf der Basis einer gemeinsam mit Sally Davis erstellten Studie mit dem Titel »Negotiating Requests to Alter Treatment Parameters: An Opportunity for Professional Growth«, die zum ersten Mal 1987 veröffentlicht wurde in: The Clinical Supervisor 5(1): 73–83.

Literatur

KAPLAN, A. G. (1979): Toward an analysis of sex-role related issues in the therapeutic relationship; in: Psychiatry 42(5): 112–120

LERNER, H. G. (1983): Female dependency in context; in: American Journal of Orthopsychiatry 53(4): 698–705; auch erschienen in: The Gender Gap in Psychotherapy, ed. P. R. Rieker and E. Carmen, pp. 125–133; New York

LERNER, H. G., and DAVIS, S. (1987): Negotiating requests to alter treatment parameters: on opportunity for professional growth; in: The Clinical Supervisor 5(1): 73–87

LERNER, S. (1979): The excessive need to treat; in: Bulletin of the Menninger Clinic 43(5): 463–471

WEISS, J. (1971): The emergence of new themes: a contribution to the psychoanalysis 52: 459–467

WEISS, J., and SAMPSON, H. (1986): Psychoanalytic Process: Theory, Clinical Observations and Empirical Research; New York

Die Mutter-Säugling-Dyade
und ihre Wirkung auf die Familie

Das Stillen ist für Mutter und Kind zutiefst befriedigend, wenn es relativ konfliktfrei erfahren werden kann. »Brustkinder« haben gegenüber »Flaschenkindern« außerdem klare Vorteile, was die Immunabwehr, das Stoffwechselgleichgewicht und die Qualität der Ernährung betrifft (Raphael 1973, Newton 1971). Während manche Fachleute das Stillen und das Nähren mit der Flasche als austauschbare Phänomene betrachten, gilt es anderen als physiologische Seltsamkeit, wenn nicht als absonderliche Verirrung der westlichen Kulturen, ein Kind nicht an der Brust zu nähren (Newton 1978). Newton, ein aktiver Forscher in diesem Bereich, meint, das Stillen stelle in der Liebesbeziehung zwischen Mutter und Kind die psychohormonelle Komponente dar; der Beginn der Mutterschaft ohne das Nähren an der Brust ist in seiner Sicht wie »der Beginn einer Ehe ohne Koitus« (1978). Obwohl es keine überzeugenden Beweise dafür gibt, daß Kinder, die in liebevoller und zugewandter Weise mit der Flasche genährt werden, später psychische Störungen davontragen, vertreten viele Experten übereinstimmend die Auffassung, das Stillen sei die eigentliche »Essenz« der Mutterschaft (Rich 1976). Sicherlich bietet das Nähren an der Brust die Möglichkeit einer unvergleichlich intensiven emotionalen und physischen Nähe zwischen Mutter und Kind.

Es mag daher überraschend erscheinen, daß diese angenehme und wechselseitig befriedigende Erfahrung von einem großen Prozentsatz amerikanischer Frauen abgelehnt wird. Etwa fünfundzwanzig Prozent aller Frauen beginnen ihre Kinder an der Brust zu nähren, und zweiundsechzig Prozent davon geben das Stillen nach kurzer Zeit auf (Pryor 1977). Dieser niedrige Prozentsatz stillender Mütter ist zum Teil auf die Bedingungen unserer Arbeitswelt zurückzuführen; die meisten Institutionen verfügen weder über angemessene Einrichtungen für die Unterbringung von Kleinkindern noch über flexible Arbeitszeiten, die stillenden Müttern ermöglichen würden, einer Teilzeitbeschäftigung nachzugehen. Außerdem können auch intrapsychische und familiäre Konflikte Frauen dazu bringen, ihre Kinder vorzeitig von der Brust zu entwöhnen oder das Stillen von vornherein zu vermeiden. Nur auf der Basis der Einsicht in gesellschaftliche, familiäre und intrapsychische Faktoren können Fachkräfte der öffentlichen Gesundheitsdienste, Psychologen/innen, Gynäkologen/innen und Kinderärzte/innen Eltern helfen und Müttern die Zeit des Stillens erleichtern.

Intrapsychische Faktoren, die den Stillproblemen von Frauen zugrunde liegen, wurden in der psychoanalytischen Literatur ausführlich diskutiert. Middlemore (1941) führte die Probleme von Frauen, die das Stillen als konflikthaft erleben, auf unbewußte oral-sadistische Phantasien zurück, die von den eigenen Kindheitserfahrungen dieser Frauen herrühren. Deutsch (1945) assoziierte die Ablehnung des Stillens mit der Angst der Frauen vor dem Verlust ihrer Attraktivität, Freiheit, Bequemlichkeit und ihres beruflichen Status sowie mit Angst-, Scham- und Schuldgefühlen über die erotische Stimulation, die mit dem Nähren an der Brust verbunden ist. Die psychoanalytische Literatur konzentriert sich im allgemeinen auf die frühkindlichen Erfahrungen der Mutter und auf das Maß, in dem es ihr gelungen ist, die entscheidenden Krisen der eigenen psychosexuellen Entwicklung zu meistern.

Was an der voluminösen Literatur über das Stillen auffällt, ist die völlige Vernachlässigung der Rolle des Vaters, die manchmal gänzlich ignoriert, manchmal nur oberflächlich erwähnt wird. In jedem Fall wird wenig ernsthafte Aufmerksamkeit auf die Tatsache gerichtet, daß Mutter und Säugling Teil eines größeren Familiensystems sind und daß die Reaktionen des Vaters auf das Kind und auf die Mutter-Kind-Dyade auf alle Beteiligten eine tiefgehende Wirkung haben. Die Schwierigkeiten, die Frauen mit dem Stillen haben, können jedoch nicht unabhängig von dem familiären Kontext, in den sie eingebunden sind, verstanden werden. Sorgfältige Untersuchungen über Probleme des Stillens zeigen tatsächlich, daß die nichtunterstützende Atmosphäre, in der eine stillende Mutter lebt, bei der Entstehung der psychosomatischen Kettenreaktion Angst – Milchverlust – Versagensangst (anxiety-milkloss-failure syndrome; Raphael 1973) zum entscheidenden ursächlichen Faktor werden kann. Die Mutter-Kind-Dyade ist nicht in ein rosa Wölkchen (oder eine schwarze Gewitterfront) eingeschlossen und vom Rest der Welt getrennt, und der Versuch, sie isoliert zu betrachten, kann uns nur zu einem partiellen, wenn nicht falschen Verständnis ihrer Problematik führen.

Während die Fachliteratur die Reaktionen des Vaters auf die Mutter-Säugling-Dyade gerade erst zu erforschen beginnt, herrscht in der populären Literatur durchaus kein Mangel an Aufmerksamkeit für den männlichen Partner. In den Ratgebern für frischgebackene Mütter, von Spock (1968) bis zu den neueren Autoren, tritt ein Thema immer wieder deutlich hervor: daß Ehemänner – abgesehen von ihrem Stolz und ihrer Befriedigung – sich auch oft überflüssig, unzulänglich und ausgeschlossen fühlen und Neid empfinden. Die Autoren weisen darauf hin, daß der Mann mit defensiver Feindseligkeit, Rückzug oder Abwendung reagieren kann und daß er von seiner Frau besondere Hilfe braucht, um sich in die neue, erweiterte Familie integriert zu fühlen (Pryor 1977). Während die psychoanalytische Literatur dahin tendierte, in diesen Fragen ein »würdevolles brüderliches Schweigen« (Lederer 1968) zu bewahren, spricht die populäre Literatur deutlich aus, daß jeder erwachsene Mann einmal als Säugling an der Brust seiner Mutter lag oder in ihren Armen das symbolische Äquivalent der Brust, die Flasche, empfing und daß die Mutter-Säugling-Dyade in ihm als Vater eine Vielfalt von Affekten, Ängsten und Phantasien auslöst.

Dieses Kapitel wird die konflikthaften Reaktionen des Vaters auf die Mutter-Säugling-Dyade thematisieren und mögliche Wirkungen dieser Reaktionen auf die Mutter untersuchen. Mein besonderes Interesse gilt dabei dem Problem, daß die Mutter-Säugling-Dyade die vorherige Struktur der Ehe aufbrechen kann und daß die Partner in ihrem Bemühen, das Gleichgewicht in der Beziehung wiederherzustellen, häufig zu dysfunktionalen »Lösungen« greifen. Ich bin davon überzeugt, daß die Stillprobleme von Frauen und die Schwierigkeiten von Frauen, das Stillen mit anderen Aspekten ihres Lebens (insbesondere mit beruflichen Aktivitäten) in Einklang zu bringen, nur innerhalb eines breiteren familiären und gesellschaftlichen Kontexts verstanden werden können.

Positive, konfliktfreie Reaktionen männlicher Partner stehen hier nicht im Mittelpunkt des Interesses, obwohl viele Männer die Beziehung zu ihren stillenden Frauen mit Stolz und Befriedigung erleben und daraus kreative Energien beziehen, die ihnen zu größerer Reife und zur Vertiefung ihres Engagements für die Familie verhelfen. Solche Reaktionen werden nicht nur allgemein anerkannt und bestätigt, sondern zur verbindlichen Norm erklärt. Negative männliche Reaktionen werden oft als komisch, abnorm oder pathologisch eingestuft und können somit nicht als normale Bestandteile der Erfahrungswelt eines frischgebackenen Vaters angenommen werden. Waletzky (1979), einer der wenigen Psychiater, die sich mit konflikthaften Reaktionen von Ehemännern auf das Stillen beschäftigten, wies darauf hin, das unsere verlogene Betonung des Positiven Eltern daran hindert, sich der voraussehbaren Belastungen bewußt zu werden, die mit dem Stillen verbunden sind. Der Mann fühlt sich oft schuldig und einsam mit seinen konflikthaften Reaktionen, während die Frau wütend ist und glaubt, sie sei die einzige, die von ihrem Partner nicht unterstützt wird. Beide Partner sind so nicht mehr fähig, geduldig und kreativ mit den Belastungen des Stillens umzugehen.

Neid und Angst bei Männern

Der männliche Neid auf die reproduktiven Fähigkeiten der Frauen ist eine bekannte, wenn nicht universell verbreitete seelische Dynamik, von der in der Fachliteratur selten die Rede ist (Lederer 1968, Lerner 1974). Die Fähigkeit, neues Leben zu gebären und dieses Leben mit der vom eigenen Körper produzierten Milch zu erhalten, ist vielleicht das einzige bedeutsame Phänomen, das nur von einem Geschlecht erfahren werden kann. Viele Knaben und Männer sind sich dieser Neidgefühle bewußt, wenn sie erleben, wie ihre Mütter beziehungsweise Ehefrauen die Erfahrung der Schwangerschaft, der Niederkunft und des Stillens machen. Bei anderen Männern tritt dieser Neid nur in seinen verdrängten Formen auf oder zeigt sich in einer defensiven Entwertung aller anderen Aspekte weiblicher Kreativität (Ribble 1965).

Der Genesismythos kann als Spiegelung des männlichen Neides auf die lebenschaffenden Fähigkeiten der Frauen gedeutet werden. Hier wird der Mann von Gott – einer idealisierten männlichen Gestalt – geschaffen, und die Frau entsteht aus dem Körper des Mannes; so wird Adam zur ersten Mutter. Diese Umkehrung der Realität findet sich nicht nur in der jüdisch-christlichen Tradition, sondern auch in der Mythologie vieler anderer Kulturen. Der universelle Ausschluß der Frauen von Autoritäts- und Machtpositionen ist zum Teil vielleicht auf den defensiven Umgang der Männer mit ihrem eigenen Ausgeschlossensein vom emotional und physisch machtvollen Akt der Schaffung neuen Lebens zurückzuführen (Ribble 1965). Psychoanalytische Autoren, die Schwangerschafts- und Kinderwünsche von Frauen auf den verdrängten Wunsch nach einem Penis reduzieren, drücken ebenfalls ihren Neid auf die weibliche Gebärfähigkeit aus; sie stellen Frauen auf defensive und verzerrte Weise als Geschöpfe dar, die (selbst in ihrem Stolz auf ihre lebenschaffenden Kräfte) vor allem den Wunsch haben, Männer zu sein.

Der männliche Neid auf die nährende Brust kann nicht ausschließlich in konkreten anatomischen Begriffen gedeutet werden. Die Brust ist vielmehr ein Symbol der »weiblichen Magie« und kann für die omnipotente Muttergestalt der Erfahrungswelt des Säuglings und Kleinkindes stehen, die über unerschöpfliche Nahrungsquellen sowie über die unbegrenzte Macht zum Guten und zum Bösen verfügt. Diese frühen Muttererfahrungen werden häufig dadurch abgewehrt, daß man Frauen als das schwache und kastrierte Geschlecht betrachtet. Meine eigenen klinischen Erfahrungen stimmen mit der Beobachtung Chasseguet-Smirgels (1970) überein, daß ein Frauenbild, das Frauen als defizient oder kastriert darstellt, bei beiden Geschlechtern zur Abwehr der Doppelimago der primitiven Mutter dient (die gute omnipotente Mutter ist durch die üppigen Brüste, den fruchtbaren Bauch, durch Ganzheit und Fülle symbolisiert, die böse omnipotente Mutter durch Frustration, das Überwältigende, Übermächtige, Zerstörerische).

Lederer (1968) trug eindrucksvolle anthropologische Bei-spiele dafür zusammen, daß Männer in bezug auf die reproduk-tiven Fähigkeiten der Frauen auch mit intensiven Angst- und Ekelgefühlen kämpfen. In vielen Kulturen ist die schwangere oder stillende Frau unberührbar oder »unrein«, und häufig bleibt die stillende Mutter noch mehrere Monate nach der Nie-derkunft tabu. In unserer Gesellschaft wirken solche primitiven Ängste vor allem im Unbewußten; sie spiegeln sich in defensiven Idealbildern weiblicher Reinheit und Zartheit oder – umgekehrt – in der Überbetonung des Sexuellen bei der Frau. Raphael (1973) fand heraus, daß Männer, die über das Stillen befragt werden, häufig dem Thema ausweichen, indem sie zum eroti-schen Aspekt der Brust übergehen und manchmal sogar vulgäre Witze erzählen. Bei gebildeten Männern wird die Angst vor der Gebärfähigkeit der Frau oft durch andere Mittel in Schach ge-halten: durch die intellektuelle Einsicht in die mit Schwanger-schaft und Geburt verbundenen Prozesse sowie durch die Kon-trolle über die reproduktiven Fähigkeiten, die Männer durch die medizinischen Berufe ausüben; bevor die gegenwärtigen Frau-eninitiativen im Gesundheitswesen (women's health move-ments) an Einfluß gewannen, waren es in der Regel männliche Geburtshelfer, die das Baby »holten«, während die Frau in einer kindlich-passiven Position war und den Geburtsvorgang oft un-ter Betäubung über sich ergehen ließ. Auch hier können die pri-mitiven Ängste und Affekte, mit denen Männer auf Schwanger-schaft, Geburt und Laktation reagieren, nicht ausschließlich aus den anatomischen Unterschieden heraus erklärt werden. In die-sen Ängsten spiegeln sich vielmehr hartnäckig weiterbestehende infantile Phantasien über die an der Mutter wahrgenommenen »magischen Kräfte«, Leben zu schaffen und zu erhalten, ver-bunden mit der Furcht, daß sie dieses Leben auch wieder in sich zurücknehmen kann.

Männliche Reaktionen auf die
Mutter-Säugling-Dyade

Die Reaktionen des Ehemannes auf die nährende Brust seiner Frau sind zweitrangig im Vergleich mit der Krise, die er bei der Geburt eines ersten Kindes durchmacht, denn dadurch wird ein Zweier-System in einem plötzlichen und irreversiblen Akt in ein Dreier-System transformiert[1]. Innerhalb dieser neuen Triade bildet die Mutter-Säugling-Dyade ein durch wechselseitige Abhängigkeit charakterisiertes Subsystem, das dem Ehemann als in sich geschlossene Einheit erscheinen kann. Der Mann, der sich vorher vielleicht als Beschützer der Frau und als alleiniger Empfänger ihrer Fürsorge und Aufmerksamkeit erfahren hat, findet sich in der Dreierbeziehung plötzlich als Außenseiter vor. Die populäre Literatur beschäftigt sich mit dieser für den Vater traumatischen Entwicklung und rät der neuen Mutter, ihrem Mann zu versichern, daß sie ihn immer noch braucht:

»Sie erscheinen ihm vielleicht so kompetent in der Erfüllung Ihrer mütterlichen Aufgaben und so autark als stillende Mutter, daß er Ihr Bedürfnis nach seiner Zuwendung unterschätzt ... Er braucht die Bestätigung, daß er in Ihrem Leben nicht auf den zweiten Platz gerutscht ist« (Pryor 1977, S. 143).

Stillende Mütter werden auch gewarnt, daß der Mann das Gefühl entwickeln kann, er habe nichts Bedeutsames zur Fürsorge für das Kind beizutragen, und daß er sich als Zuschauer an der Peripherie erleben kann, der die unvergleichlich intensive, intime und sinnliche Beziehung zwischen Mutter und Kind von außen beobachtet (Pryor 1977). Was an gewissen

---

1 Arthur Mandelbaum (persönliche Mitteilung) merkt dazu an, daß eine Familie nie aus zwei Mitgliedern besteht, sondern immer ein triadisches Subsystem darstellt, das aus der Dyade Ehemann-Ehefrau und ihren eigenen Herkunftsfamilien besteht. Die neue Triade Mann-Frau-Kind bestätigt und verstärkt die Distanz der Ehepartner zu ihren Herkunftsfamilien und fordert so die Anpassung an ein neues Subsystem. Die Getrenntheit der Frau von ihrer Herkunftsfamilie wird durch die Geburt eines Kindes besonders stark betont. Früher wurde dieser Wechsel durch die Unterstützung erleichtert, die die frischgebackene Mutter von ihrer eigenen Mutter erhielt; heute wird dieser Übergang durch die geographischen Entfernungen oft unmöglich gemacht.

Publikationen innerhalb der populären Literatur stark ins Auge fällt, ist die leicht infantilisierende Einstellung dem männlichen Partner gegenüber; er wird wie ein vernachlässigtes Kind beschrieben, dem man permanent die Bestätigung geben muß, wirklich ein wichtiges Mitglied der Familie zu sein. Der Nachdruck, mit dem dieses Thema behandelt wird, ist interessant, denn solche paternalistischen Einstellungen, die sich sonst gewöhnlich auf Frauen richten, weisen auf eine bedeutsame psychologische Tatsache hin, die ich in der klinischen Arbeit beobachten konnte: Die Geburt einen ersten Kindes, besonders wenn es gentill wird, kann zu einer Störung, ja sogar zu einer Umkehrung der Kräfteverhältnisse zwischen Mann und Frau führen. Genauer gesagt: Ich habe bemerkt, daß die Einführung der Mutter-Säugling-Dyade in die Beziehung die Art, wie jeder Partner die Ehe zuvor benutzt hat, um seine oder ihre Konflikte zwischen Abhängigkeitsbedürfnissen und Autonomiebestrebungen zu bewältigen, grundlegend verändern kann. Ich werde genauer auf dieses Thema eingehen und anhand eines Fallbeispiels die pathologischen Mechanismen aufzeigen, in die ein Paar verfallen kann in seinem Versuch, das frühere homöostatische Gleichgewicht in der Beziehung wiederherzustellen.

Autonomiekonflikte

Jedes Individuum kämpft mit dem Konflikt zwischen passiv-abhängigen und aktiv-autonomen Strebungen. Wir haben den (unbewußten) Wunsch, das Kind unserer Mutter zu bleiben, gleichzeitig wollen wir aber auch unsere Unabhängigkeit von ihr erklären. Der universelle Konflikt zwischen infantilen Abhängigkeitswünschen und reiferen Bedürfnissen nach Autonomie ist nie vollständig gelöst. Wir arbeiten vielmehr unser Leben lang daran in einer Vielfalt interpersoneller Zusammenhänge (Karpel 1976).

Bei verheirateten Paaren kommt es relativ häufig vor, daß dieser Konflikt durch defensive Aufspaltung und projektive Identifikation »gelöst« wird. Oft gelingt es nicht, daß jeder Partner für sich die komplizierte, konflikthafte Erfahrung macht, Bipolaritäten (Abhängigkeit – Unabhängigkeit, Passivität – Aktivität, Unterordnung – Dominanz) innerhalb des eigenen Selbst zu integrieren; statt dessen schließen der Mann und die Frau einen unbewußten Vertrag, nach dem jeder Partner eine Seite des Konflikts vertritt und auslebt. Obwohl es viele Ausnahmen von der Regel gibt, verbinden sich intrapsychische und kulturelle Faktoren meistens in der Weise, daß die Frau zur Vertreterin der passiv-abhängigen Bedürfnisse und der Mann zum Vertreter der autonomen, unabhängigen Strebungen wird. Indem sie die Rolle des hilflosen, bedürftigen, abhängigen Kindes übernimmt, hilft die Frau ihrem Mann, seine eigenen Abhängigkeitswünsche und Gefühle von Bedürftigkeit abzuwehren. Vielleicht empfindet er sich als unabhängig und selbstbewußt und fühlt sich nur dadurch beeinträchtigt, daß er mit einer sich anklammernden, unsicheren Kindfrau leben muß. Aber auch die Frau ist durch das Verhalten des Mannes davor geschützt, sich den Gefahren der Kompetenz und der Autonomie aussetzen zu müssen. Sie ist vielleicht nie mit den Ängsten und Verlustgefühlen in Berührung gekommen, die mit der Erfahrung größerer Separation und Individuation von ihrem Mann und ihrer Mutter verbunden sein können.

Der unbewußte Prozeß der defensiven Aufspaltung und der projektiven Identifikation hat seinen psychischen Preis, aber er erlaubt es den Ehepartnern, der Erfahrung beider Seiten des Konflikts auszuweichen. In manchen Fällen kommt auf diese Weise eine eher unbehagliche, aber voraussagbare, praktikable und ziemlich stabile eheliche Beziehung zustande, die sich jedoch leicht verändern kann und streßanfällig bleibt. Die Einführung der Mutter-Säugling-Dyade in die Ehe kann sich gerade auf diese »Lösung« besonders bedrohlich auswirken.

Veränderungen im Kräfteverhältnis der ehelichen Beziehungen

Die Erfahrung der Schwangerschaft, der Niederkunft und des Stillens können einer Frau das Gefühl enormer physischer Stärke vermitteln. (Männer, die ihre Frauen bei der Entbindung begleitet haben, drücken oft ehrfurchtsvollen Respekt aus: »Dazu wäre ich einfach nicht fähig!«[2]) Außerdem kommt die frischgebackene Mutter, die die passive Abhängigkeit ihres Kindes mit Befriedigung erleben kann, nun vielleicht mit Macht- und Kompetenzgefühlen in Berührung, die sie zuvor verleugnet hat. Mit dem hilflosen Säugling, der, was seine Ernährung, ja sein Überleben angeht, völlig auf sie angewiesen ist, gleicht ihre Rolle in der Mutter-Kind-Dyade der Rolle, die ihr Mann vorher im Verhältnis zu ihr eingenommen hat. (Sie ist die starke, lebenserhaltende Kraft für ein Geschöpf, das hilfloser ist als sie selbst.) Die Frau, die aus der dyadischen Beziehung mit ihrem hilflosen Säugling und aus der intimen Erfahrung des Nährens an der Brust intensive Befriedigung ziehen kann, drückt nun in der Interaktion mit ihrem Mann keine kindliche Abhängigkeit und Bedürftigkeit mehr aus. Das bedeutet nicht, daß sie mit ihrem Kind wirklich eine in sich geschlossene unabhängige Einheit bildet. Wie die Arbeit von Raphael (1973) zeigt, ist die stillende Frau vielmehr selbst in hohem Maß auf fürsorgliche und unterstützende Menschen in ihrer Umgebung angewiesen. Aber ihr Bedürfnis nach Fürsorge entsteht nicht aus Schwäche, Unfähigkeit und Hilflosigkeit heraus, sondern ist mit der Erfahrung der Kompetenz und der inneren Kraft verbunden.

Da die Frau in der ehelichen Beziehung nun nicht mehr die Seite der Inkompetenz und der kindlichen Abhängigkeit vertritt und ausdrückt, kann der Mann mit dem Auftauchen solcher Gefühle in sich selbst konfrontiert sein. Außerdem werden die passiv-abhängigen oralen Wünsche des Mannes durch seine Identifikation mit dem Säugling an der Mutterbrust vielleicht noch verstärkt, und gleichzeitig können dadurch, daß er seine Frau nun als »Mutter« erlebt, ungelöste orale Abhängigkeitsprobleme mit seiner eigenen Mutter reaktiviert werden. Er wird Schwierigkeiten damit haben, seine ambivalenten Sehnsüchte nach der Rückkehr in den seligen Zustand der Symbiose und die Wut über seine eigenen unerfüllten oralabhängigen Bedürfnisse durch defensive oder übertriebene Männlichkeit zu kompensie-

2 Manchmal reagieren Männer, die Entbindungen miterleben, auch mit starken Schuldgefühlen. Hemingway schrieb die berühmte Kurzgeschichte über einen Ehemann, der Selbstmord verübte, nachdem er seine Frau bei einer schwierigen Geburt beobachtet hatte.

ren, insbesondere in einer Zeit, da die Mutter-Säugling-Dyade ihm das Gefühl gibt, inkompetent und unbedeutend zu sein und in seiner Familie niemanden mehr zu haben, der primär von ihm abhängig ist. Besonders wenn infantile und narzißtische Strukturen in seiner Persönlichkeit vorherrschen, fühlt der Mann sich tatsächlich traumatisiert und reagiert vielleicht mit Wut, Depression oder Rückzug. Selbst ein sehr ausgeglichener Ehemann ist mit besonderen Schwierigkeiten konfrontiert, weil seine eigenen Abhängigkeitsbedürfnisse eben zu dem Zeitpunkt geweckt werden, da seine Frau am wenigsten in der Lage ist, sie zu erfüllen, und da sie und ihr Säugling eine in sich geschlossene Einheit zu bilden scheinen. Wenn der Mann unter starkem Streß steht, wird die eheliche Beziehung bedroht sein, und vielleicht fühlt die Frau sich dann unbewußt gefordert, das frühere homöostatische Gleichgewicht in der Beziehung wiederherzustellen.

Die Reaktionen der Frau

Wenn der Mann auf die Mutter-Säugling-Dyade mit Depression, defensiver Feindseligkeit oder Rückzug reagiert, antwortet die Frau darauf vielleicht mit Ängsten und Schuldgefühlen. Zwei stillende Mütter, die bei mir in intensiver Individualtherapie waren, glaubten im Verhalten ihrer Partner den drohenden Verlust der ehelichen Beziehung zu erkennen und reagierten darauf mit dem unbewußten Versuch, dem Mann ein »Opfer« zu bringen. Das Opfer der einen Frau bestand darin, daß sie das Stillen aufgab und daß sie in der Beziehung zu ihrem Kind weitaus weniger Befriedigung erfuhr, als es unter anderen Umständen möglich gewesen wäre. Bei der zweiten Frau (deren Therapie ich hier beschreiben werde) bestand das Opfer darin, daß sie depressiv wurde und plante, auf die von ihr hochgeschätzte eigene Berufstätigkeit zu verzichten. Beide Patientinnen erlebten ihre eigenen Mütter als possessive und unausgefüllte Frauen, die Schwierigkeiten damit hatten, die Erfolge ihrer Töchter zu tolerieren, und die mit Gekränktheit und Neid auf die anderen dyadischen Beziehungen ihrer Töchter (zum Vater und zum Ehemann) reagierten. Die erhöhte Bereitschaft der Patientinnen,

Ängste und Schuldgefühle zu entwickeln, weil sie ihre Ehemänner aus der Mutter-Kind-Dyade »ausschlossen«, war sowohl auf die aktuelle Dynamik in ihren neuen Familien als auch auf die früheren Beziehungen zu ihren Müttern zurückzuführen. Das soll durch das folgende Beispiel verdeutlicht werden.

Fallbeispiel

Als Karen im Alter von neunundzwanzig Jahren in Psychotherapie kam (wegen ihrer Angstanfälle bei der Arbeit), war ihre Berufslaufbahn als Rechtsanwältin bereits von Erfolg gekrönt. Da sie seit langem daran gedacht hatte, den Beruf und die Mutterschaft miteinander zu verbinden, war es zunächst überraschend, daß sie während ihrer Schwangerschaft Überlegungen äußerte, ihre Arbeit für ein oder zwei Jahre völlig aufzugeben, obwohl das nach ihren eigenen Aussagen für ihre juristische Laufbahn außerordentlich nachteilig gewesen wäre. Karen berichtete in ihren Therapiestunden, wie »ermutigend« ihre Mitarbeiterinnen reagierten, wenn sie über ihren Wunsch sprach, sich ganz auf die Mutterschaft einzustellen. Als sie ihrer Sekretärin erzählte, daß sie daran denke, nach der Geburt ihres Kindes die Arbeit vorläufig aufzugeben und zu Hause zu bleiben, reagierte die Frau mit Wärme und Begeisterung: »Das finde ich ganz toll! Ich wußte immer, daß Sie eine gute Mutter sein würden!«

Wie Karen berichtete, reagierte sie auf solche Kommentare mit Schuldgefühlen über den Teil ihrer Persönlichkeit, der beides haben wollte: das Baby und die Karriere. Sie verstand ihre Schuldgefühle zunächst als Ausdruck der Sorge, daß sie ihrem Kind als berufstätige Frau keine optimale mütterliche Fürsorge angedeihen lassen könne. Bei tieferem Eindringen in das Problem wurde jedoch klar, daß ihre Schuldgefühle sich auf eine Empfindung des »Zuviel-Habens« bezogen; sie fürchtete, wenn sie beides habe, ein Baby und eine erfolgreiche Berufslaufbahn, würde sie den Neid und die Wut anderer Frauen auf sich ziehen, die dann vielleicht den Wunsch entwickeln könnten, das von ihr Erreichte zu sabotieren und zu zerstören. Im Verlauf der Therapie erwies sich Karens gesteigerte Sensibilität für den Neid anderer Menschen als hervorstechender Persönlichkeitszug. Ihre unbewußten (und später bewußten) Reaktionen auf die anderen Frauen oder Männer, die sie so eilfertig darin bestärkten, ihre Arbeit aufzugeben, waren dergestalt, daß sie meinte, die anderen versuchten sie »unten zu halten« und ihr etwas wegzunehmen. Wenn Karen mit dem realen oder phantasierten Neid und der Rivalität anderer konfrontiert war, neigte sie dazu, sich in irgendeiner Form für ihr »Zuviel-Haben« zu entschuldigen – in diesem Fall dadurch, daß sie sich tatsächlich mit dem Gedanken trug, auf die Berufstätigkeit, die ihr so viel bedeutete, zu verzichten.

Karen hatte ihre Mutter als eifersüchtige und unzufriedene Frau erlebt, die mit Liebesentzug reagierte, wenn ihre Tochter allein, ohne sie, zuviel Vergnügen hatte; diese Erfahrung wurde kurz nach der Geburt von Karens Tochter in Form einer Übertragung wiederbelebt. In der Annahme, ich hätte keine Kinder, beklagte Karen sich in der Therapiestunde ausgiebig über die Unannehmlichkeiten des Stillens, die permanenten, kraftraubenden Bedürfnisse des Kindes, die wunden Brustwarzen und so fort. Ihre anfängliche Unfähigkeit, das Stillen als angenehm zu erleben und sich die damit verbundene Lust einzugestehen, hing mit ihren Ängsten und Schuldgefühlen zusammen, über etwas zu verfügen, woran ich keinen Anteil hatte und das ich für mich selbst wünschen könnte. Im Anschluß an meine Interpretation, daß sie auf das Vergnügen beim Stillen verzichte, um mich vor Gefühlen der Kränkung, der Eifersucht oder des Ausgeschlossenseins zu schützen, kam es bald zu einer Veränderung, und sie konnte das Stillen als angenehm und auch als erotisch erleben.

Im Verlauf der weiteren therapeutischen Arbeit kam Karen zu dem Entschluß, ihre Berufstätigkeit halbtags wiederaufzunehmen und ihr Kind trotzdem weiter zu stillen. Es war eindrucksvoll, wie gut es ihr gelang, die angenehme Erfahrung des Stillens mit einer befriedigenden Berufstätigkeit zu verbinden. Sie wirkte aktiv und strahlte innere Kraft aus. Die frühere kindlich-abhängige Haltung, die sie in der Beziehung zu ihrem Mann und auch in der Beziehung zu mir gezeigt hatte, war fast vollständig abgelöst. Wie ich später erfuhr, kam es in dieser Zeit zu Spannungen und zu wachsender Distanz in der Ehe, aber

Karen sprach in der Therapie nicht darüber, und anfangs schien es sie auch nicht zu stören. Offenbar ging alles gut, bis es an ihrem Arbeitsplatz zu einem Vorfall kam, der sie zutiefst erschütterte. Das »traumatische« Ereignis spielte sich folgendermaßen ab: Eines Tages nahm Karen ihr Baby mit ins Büro, stillte es dort und packte dann einige Unterlagen zusammen, die sie mit nach Hause nehmen wollte. Als sie gerade im Begriff war zu gehen, sagte eine Studentin, die als Praktikantin im Büro arbeitete: »Na, das ist ja ein köstlicher Anblick: das Baby im einen Arm und den Aktenkoffer im anderen!« Ob der Kommentar kritisch oder bewundernd gemeint war, wurde mir durch Karens Darstellung nicht klar. Aber in welchem Ton er auch geäußert wurde – auf Karen hatte er eine geradezu dramatische Wirkung. Sie wurde sofort depressiv, und ihre Depression hielt hartnäckig an. Bald teilte sie mir mit, sie denke nun ernsthaft daran, ihre Arbeit aufzugeben, denn die Anforderungen des Stillens *und* des Berufslebens seien für sie und ihre Familie »zu strapaziös«. Außerdem behauptete sie, daß sie durch ihre Depression kaum noch Energie habe, sich für berufliche Ziele einzusetzen.

Bei der genaueren Analyse des Problems stellte sich heraus, daß Karen die Bemerkung der Studentin als hämisch und feindselig und als Ausdruck von Aggression und Rivalität erlebt hatte; die andere hatte sie angegriffen, weil sie, Karen, ihr »zuviel« voraushatte. Statt nun ihrerseits aggressiv zu reagieren, versuchte Karen unbewußt, sich für ihr »Zuviel-Haben« zu entschuldigen, indem sie erneut plante, ihre Arbeit aufzugeben. Ihre Bereitschaft, die Bemerkung der Studentin als Ausdruck von Feindseligkeit, Neid und Rivalität zu interpretieren, ihre Ängste und Schuldgefühle in Verbindung mit der Furcht vor dem Verlust einer Beziehung und ihre »Lösung«, mit Depression zu reagieren und mit der Absicht, einen wertvollen Aspekt ihres Lebens zu opfern – diese gesamte Dynamik hatte ihre Ursachen in der frühen Beziehung zu ihrer Mutter und in der gegenwärtigen Beziehung zu ihrem Mann.

Karens Mutter, eine College-Absolventin, verfügte über bemerkenswerte intellektuelle Fähigkeiten, einen wendigen Geist und sarkastischen Humor. Sie hatte auf ihre eigenen beruflichen Ambitionen verzichtet, um die Karriere ihres Mannes zu fördern und um ihren Kindern eine »gute Mutter« zu sein. Sie reagierte nun mit verständlichem Groll auf die Tatsache, daß viele jüngere Frauen, ihre drei Töchter eingeschlossen, es unnötig fanden, solche Opfer zu bringen. Nach der Geburt von Karens Tochter ließ die Mutter beiläufig die Bemerkung fallen, sie werde von ihrem Hausarzt mit Antidepressiva behandelt; es wurde nicht über weitere Einzelheiten gesprochen, und Karen fragte auch nicht danach, sie nahm aber an, daß die Depression ihrer Mutter eine Reaktion auf die Tatsache sei, daß sie, Karen, nun selbst Mutter geworden war. Wie Karen berichtete, machte ihre Mutter in ihren Briefen subtile Andeutungen, Karen solle die Arbeit aufgeben, solange sie stille, legte ihr aber gleichzeitig nahe, das Stillen nicht weiter fortzusetzen. Die Mutter hatte Karen von Jugend an zu hohen Leistungen angespornt, dann aber die Erfolge ihrer Tochter ignoriert oder unterminiert. Ihren Vater beschrieb Karen als freundlichen, aber distanzierten Mann, der mit Söhnen vermutlich besser zurechtgekommen wäre als mit Töchtern. Gewöhnlich mischte er sich in die Beziehung zwischen »Mutter und den Mädchen« nicht ein und war für die Töchter nicht greifbar. Karens unbewußtes Mutterbild war von der Befürchtung geprägt, die Mutter könnte mit Eifersucht, Depressionen oder Rachegefühlen reagieren, wenn Karen sie aus ihrem Leben ausschlösse oder im Vergleich mit ihr zu viele Vorteile hätte. Karens Bereitschaft, ihre Berufstätigkeit zu opfern und depressiv zu werden, war der unbewußte Versuch, die Mutter vor Eifersucht und Depressionen zu schützen und die bedrohte Bindung abzusichern.

In der Beziehung zu Bob, ihrem Mann, kämpfte Karen ebenfalls mit unbewußten Schuldgefühlen und mit der Angst, ihn auszuschließen, wenn sie allein, unabhängig von ihm, Vergnügen und Befriedigung genoß. Bob, ein intelligenter und ehrgeiziger Mann, hatte vor kurzem eine schwere berufliche Enttäuschung erlebt; er schien seine Aggressionen dadurch zu binden, daß er auf harte und unrealistische Weise Selbstkritik übte und seinen eigenen Wert in Frage stellte. Zusätzlich zu der erlittenen narzißtischen Kränkung verstärkte die Mutter-Säugling-Dyade bei ihm offenbar infantile Abhängigkeitswünsche, die ihn bedrohten und die er vor der Geburt des Kindes auf seine Frau projiziert hatte. Aus Karens Schilderungen ließ sich schließen, daß auch ungelöste Rivalitätsprobleme mit seiner ein Jahr und sechs Monate jüngeren Schwester wiederbelebt wurden.

Obwohl der Ehemann nicht bei mir in Therapie war, hatte ich viele Anhaltspunkte dafür, daß sein Gefühl des Ausgeschlossenseins aus der Mutter-Kind-Dyade und die Reaktivierung seiner eigenen konflikthaften Abhängigkeitswünsche zu einer Zeit, da seine Frau besonders unabhängig und ausgefüllt war, ihn dazu veranlaßten, in der ehelichen Beziehung eine distanzierte und kritische Haltung einzunehmen. Er zog sich zum Beispiel abrupt in einen anderen Raum zurück, wenn seine Frau das Baby stillte. Sein sexuelles Interesse an ihr nahm drastisch ab; er sagte ihr, daß ihre Brüste, die während der sexuellen Erregung Milch absonderten, ihn anekelten und ihm das Gefühl vermittelten, er schlafe mit »einer Mutter«. Seine depressive, distanzierte, kritische und abweisende Haltung stand in scharfem Kontrast zu der zärtlichen und unterstützenden Beziehung, die das Paar vor der Geburt des Kindes und während der Schwangerschaft gehabt hatte.

Karens Depression und ihre Bereitschaft, auf ihre Berufstätigkeit zu verzichten, waren nicht nur die Inszenierung eines intrapsychischen Dramas mit einer eifersüchtigen, unausgefüllten Mutterfigur; ihr »Opfer« diente auch dem Ziel, die real bedrohte Beziehung zu ihrem Mann wieder in Ordnung zu bringen. Diese unbewußte Strategie erwies sich tatsächlich als erfolgreich, denn ihre Depression und ihre Überlegungen, die Arbeit aufzugeben, führten dazu, daß die eheliche Beziehung sich auffällig verbesserte. Bob folgte dem Ruf der Pflicht, für seine nunmehr schwache und abhängige Frau und für sein Kind zu sorgen, und fühlte sich dadurch, daß seine Familie ihn in der Rolle des überlegenen Anführers brauchte, deutlich gestärkt. Die Wiederbelebung des Gefühls, »der Starke« zu sein, von dem die anderen abhingen, erlaubte es ihm, seiner Frau wieder liebevoll und zugewandt zu begegnen. Da er über ein hohes Maß an innerer Kraft verfügte, konnte er Karen auch ermutigen, in ihrem Beruf zu bleiben, denn er schätzte und respektierte ihre berufliche Kompetenz sehr, wenn sein eigenes Selbstwertgefühl nicht bedroht war.

Trotz der realen Vorzüge und Stärken der ehelichen Beziehung fürchtete Karen weiterhin, ihre Freuden und Erfolge könnten bei anderen Neid und Verletztheitsgefühle auslösen und schließlich zur Zerstörung wichtiger Beziehungen (insbesondere zu ihrem Mann und ihrer Mutter) führen. Erst nach längerer kontinuierlicher therapeutischer Arbeit gelang es Karen, ohne Unbehagen und Konflikte sowohl aus der Berufsarbeit als auch aus der Mutterschaft Befriedigung zu ziehen.

In den letzten zehn Jahren war ein wachsendes Bewußtsein für das Bedürfnis zu beobachten, den Ursprüngen und Ausdrucksformen von Vaterschaft näherzukommen (Coleman and Coleman 1971). In bezug auf das Stillen hob Waletzky (1979) hervor, daß die ärztliche oder therapeutische Unfähigkeit, beiden Ehepartnern beim Verständnis und bei der Bewältigung ihrer komplexen Reaktionen zu helfen, die perinatale Phase in die zu Recht so benannte »Brutstätte für eheliches und elterliches Fehlverhalten« (Pittenger and Pittenger 1977) verwandeln kann. Waletzky beschrieb eine Vielfalt interessanter neuer Programme und Workshops, die Männer und Frauen für die voraussehbaren Belastungen der Elternschaft sensibilisieren.

Die ausschließliche Konzentration auf die Mutter-Kind-Dyade ist nicht nur für Publikationen über das Stillen charakteristisch, sondern auch für die voluminöse Literatur über Säuglingsalter und Kindheit (Brody 1956). Dieser enge Blickwinkel ist überraschend, weil es bekannt ist, daß die Geburt eines ersten Kindes im Leben beider Eltern eine vorübergehende Krise auslöst und daß beide Eltern wichtige psychische Anpassungsprozesse durchmachen müssen, um sich erfolgreich von einem Zweiersystem auf ein Dreiersystem umzustellen. In der beinahe magisch zu nennenden Übergangssituation, wenn eine Tochter zur Mutter wird, ein Sohn zum Vater, Eltern zu Großeltern, sind der Mann und die Frau gefordert, tiefgehende und komplexe seelische Wandlungen und veränderte Identifikationsprozesse in sich zu vollziehen (Minuchin 1974). Die Mutter-Kind-Beziehung kann nicht unabhängig von der Interaktion in der Ehe, der Verwurzelung beider Partner in ihren Herkunftsfamilien und der komplexen, in ständigem Wandel begriffenen Kultur, in die die Familie eingebettet ist, studiert und verstanden werden[3].

3 Dieser Text wurde zum ersten Mal 1979 veröffentlicht in: American Journal of Orthopsychiatry 49(2): 339–348.

Literatur

BRODY, S. (1956): Patterns of Mothering; New York

CHASSEGUET-SMIRGEL, J. (1970): Female Sexuality; Ann Arbour (Psychoanalyse der weiblichen Sexualität, Frankfurt/Main 1974)

COLEMAN, A., and COLEMAN, L. (1971): Pregnancy: The Psychological Experience; New York

DEUTSCH, H. (1945): The Psychology of Women, vol. 2; New York (Psychologie der Frau, Heidelberg 2. Aufl. 1988)

KARPEL, M. (1976): Individuation: from fusion to dialogue; in: Family Process 15(1): 65–82

LEDERER, W. (1968): The Fear of Women; New York

LERNER, H. G. (1974): Early origins of envy and devaluation of women; in: Bulletin of the Menninger Clinic 38: 538–553

MIDDLEMORE, M. (1941): The Nursing Couple; London

MINUCHIN, S. (1974): Families and Family Therapy; Cambridge, Massachusetts (Familie und Familientherapie, Freiburg 7. Aufl. 1987)

NEWTON, N. (1971): Psychologic differences between breast- and bottlefeeding; in: American Journal of Clinical Nutrition 24: 993–1004
– (1978): Completing the female sexual cycle: intercourse, childbirth and breast-feeding; in: Sexual medicine Today 2(5): 34–40

PITTENGER, J., and PITTENGER, J. (1977): The perinatal period: a breeding ground for marital and parental maladjustment; in: Keep Abreast Journal 18

PRYOR, K. (1977): Nursing Your Baby; New York

RAPHAEL, D. (1973): Breast-Feeding: The Tender Gift; Englewood Cliffs

RIBBLE, M. (1965): The Rights of Infants; New York

SPOCK, B. (1968): Baby and Child Care; New York (Säuglings- und Kinderpflege, 2 Bände, Berlin 1986)

WALETZKY, L. (1979): Husband's problems with breast-feeding; in: American Journal of Orthopsychiatry 49(2): 349–352

Weibliche Abhängigkeit

Abhängigkeitsbedürfnisse sind ein universeller Aspekt menschlicher Erfahrung. Der Kampf um die Integration passiv-abhängiger Sehnsüchte und aktiv-autonomer Strebungen ist eine Lebensaufgabe, die Männer und Frauen gleichermaßen zu bewältigen haben. Trotz dieser Universalität wird das Wort »Abhängigkeit« jedoch häufiger mit dem weiblichen Geschlecht assoziiert. Tatsächlich wurde Abhängigkeit, wie auch Passivität, geradezu als Echtheitskennzeichen für Weiblichkeit betrachtet.

Wahr ist, daß Frauen abhängige Verhaltensweisen offener zeigen als Männer. Das bedeutet auf der positiven Seite, daß Frauen zu größerer Verbindlichkeit und Offenheit neigen und daß es ihnen leichter fällt, sich realistische Ängste, Schwächen und Versorgungswünsche einzugestehen und sie auch auszudrücken (Pleck and Sawyer 1974, Miller 1976). Auf der negativen Seite zeigen Frauen häufiger pathologische Abhängigkeit (Miller 1976); solche Frauen unternehmen nichts, um ihre eigenen Probleme zu lösen, sagen aus Angst vor Konflikten und Mißbilligung nicht klar ihre Meinung und beziehen keinen eindeutigen Standpunkt, weichen den Anforderungen der Außenwelt ängstlich aus und vermeiden es mit allen Mitteln, autonom und erfolgreich zu sein. Obwohl die Fähigkeit, ein realistisches Maß an Abhängigkeit in sich zu erkennen und auch auszudrükken, zu den wesentlichen Aspekten psychischer Gesundheit gehört, sind es die pathologischen Formen der Abhängigkeit, die in der Literatur über weibliche Psychologie den größeren Raum einnehmen.

Während gewisse psychoanalytische Autoren sich auf »Anatomie-ist-Schicksal«-Theorien beriefen, um die Verbindung von Weiblichkeit und passiv-abhängigem Verhalten zu begründen, betont die jüngere Literatur die familiären und kulturellen Determinanten (Miller 1973). Nach mehr als einem Jahrzehnt feministischer, psychologischer und psychiatrischer Forschung hat sich erwiesen, daß Frauen von Geburt an auf pathologische Abhängigkeit hin erzogen werden (Bardwick 1971, Women 1972). Obwohl die ätiologischen Faktoren weiterhin kontrovers betrachtet werden, scheint weite Übereinstimmung darüber zu herrschen, daß die Frauen tatsächlich das abhängigere Geschlecht sind. Wir hören wesentlich mehr über die Abhängigkeitsbedürfnisse von Frauen als über die von Männern, so als wären Frauen einer negativen Energie »von Natur aus« oder »ihrem Wesen nach« stärker unterworfen als Männer. Große Teile der Fachliteratur und populäre Bücher wie »Der Cinderella-Komplex« (Dowling 1981) zeigen deutlich, wie allgegenwärtig diese Vorstellungen sind.

Zum Teil sind die oberflächlichen und unzutreffenden Verallgemeinerungen über exzessive weibliche Abhängigkeit darauf zurückzuführen, daß die strukturellen und kontextbezogenen Faktoren, die bei Frauen Abhängigkeit hervorrufen, von Psychologen und Psychiatern nicht ernst genug genommen werden. Die Fachliteratur hebt hervor, daß auch aktive und selbstbewußte Frauen nach der Eheschließung oft exzessiv abhängige, wenn nicht phobische Verhaltensweisen zeigen (Symonds 1971). Es wurde jedoch wenig beachtet, in welcher Weise die Strukturen der traditionellen Ehe bei Frauen, unabhängig von ihren individuellen Stärken, zu einem gesteigerten Gefühl ökonomischer und psychischer Abhängigkeit beitragen. Außerdem herrscht sowohl in der populären Literatur als auch in der Fachliteratur die Tendenz, die offensichtliche Tatsache zu verleugnen, daß auch Männer Abhängigkeitsbedürfnisse haben, deren Befriedigung eine rollenspezifische Aufgabe der Frauen ist.

Anders als Männer, die von einer Mutter zur anderen überwechseln, wenn sie heiraten, müssen Frauen oft auf Mütter verzichten, wenn sie selbst die Mutterrolle übernehmen. Nach traditionellen Maßstäben soll eine »gute Ehefrau« putzen, kochen, trösten, nähren, beschwichtigen, bewundern, ermutigen, zuhören, Verständnis und Unterstützung geben, obwohl sie solche Pflege und Fürsorge selbst selten empfängt. Da sie permanent damit beschäftigt ist, die Abhängigkeitsbedürfnisse anderer

(Mann und Kinder eingeschlossen) zu befriedigen, setzt die Frau bewußt oder unbewußt voraus, daß auch ihre eigenen Abhängigkeitswünsche erfüllt werden; wenn ihre Bedürfnisse unbefriedigt bleiben, legt sie vielleicht Verhaltensweisen an den Tag, die übermäßig abhängig oder fordernd erscheinen. Dabei wird jedoch meistens übersehen, daß wichtige andere Menschen auf die Abhängigkeitsbedürfnisse der Frau tatsächlich nicht adäquat reagieren oder daß sie nicht fähig ist, selbstbestimmte und selbstbezogene Aktivitäten zu verfolgen, durch die sie sich ihre eigenen Wünsche erfüllen könnte. Unter diesem Gesichtspunkt können Frauen nicht als das exzessiv abhängige Geschlecht betrachtet werden. Es trifft vielleicht genauer zu, wenn wir behaupten, daß Frauen nicht abhängig genug sind. Die meisten Frauen sind Expertinnen darin, sich um die Bedürfnisse anderer zu kümmern, verstehen sich aber bei weitem nicht so gut darauf, ihre eigenen Bedürfnisse zu identifizieren und selbstbewußt zu vertreten.

Die unzutreffenden Verallgemeinerungen über die Abhängigkeit von Frauen gehen außerdem oft auf ein ungenaues Denken zurück. Viele Theoretiker sind nicht in der Lage, zwischen den passiv-abhängigen Verhaltensweisen, die Frauen so oft zur Schau stellen oder aktiv kultivieren, und dem tatsächlichen Niveau der Autonomie, über das diese Frauen verfügen, zu unterscheiden. Als Gruppe zeigen Frauen vielleicht mehr passiv-abhängige Verhaltensweisen als Männer, aber Frauen sind nicht abhängiger als Männer, wenn wir das tatsächliche Niveau der Autonomie und der Differenzierung des Selbst zum Maßstab nehmen. Um die Unterscheidung zwischen dem passiv-abhängigen Verhalten einer Frau und ihrem wirklichen Autonomieniveau zu verstehen, ist es wichtig zu erkennen, daß die Zurschaustellung passiver Abhängigkeit bei Frauen oft der Erhaltung von Beziehungssystemen und dem Schutz wichtiger anderer Menschen dient. Diesen Punkt werden wir genauer untersuchen.

Die beschützenden Aspekte weiblicher Abhängigkeit

Untersuchungen über eheliche Beziehungssysteme zeigen, daß die Partner im allgemeinen über dasselbe Niveau psychischer Differenziertheit und Unabhängigkeit verfügen (Bowen 1978). Zwischen den Ehepartnern gibt es gewöhnlich kaum Unterschiede, was das faktische Autonomieniveau betrifft oder die Klarheit des Selbst, die in der Herkunftsfamilie erreicht werden konnte. Der äußere Eindruck kann jedoch ein völlig anderer sein, etwa wenn der dynamische Geschäftsmann seine verwirrte, infantil-abhängige Frau in die psychiatrische Klinik bringt. Der Grund für diese offensichtliche Diskrepanz liegt darin, daß ein Partner durch sein (oder ihr) Unterfunktionieren dem anderen Partner das Überfunktionieren ermöglicht. In der Terminologie Bowens (1978) erleidet eine Person einen Selbstverlust, während die andere ein »Pseudo-Selbst« gewinnt. Wie auf einer Wippe bedingen die »obere« und die »untere« Position einander; die hilflos-abhängige Haltung des einen Partners hat eine fördernde, ego-stärkende Wirkung auf den anderen. Wenn die unterfunktionierende Person sich in Richtung Autonomie bewegt, geht es der überfunktionierenden Person schlechter. Der überfunktionierende Partner wird unweigerlich starke Gegenreaktionen produzieren, um in der Beziehung wieder die alten Kräfteverhältnisse zu etablieren.

In meiner klinischen Arbeit konnte ich feststellen, daß die passiv-hilflose Haltung, zu der so viele Frauen neigen, untrennbar mit der vorgeschriebenen unterfunktionierenden Rolle verbunden ist, die Frauen annehmen, um das System, in dem sie operieren, zu schützen und zu stabilisieren. Anders ausgedrückt: Das dysfunktionale passiv-abhängige Verhalten von Frauen leitet sich zum Teil aus den unbewußten Regeln ab, nach denen bestimmte Beziehungssysteme funktionieren. Frauen sind selten so abhängig, wie sie erscheinen; sie haben vielmehr gelernt, passiv-abhängige Verhaltensweisen zur Schau zu stellen, um andere (ihre Therapeuten eingeschlossen) zu beschützen und um das empfindliche homöostatische Gleichgewicht von Systemen aufrechtzuerhalten, in denen jedes Abweichen von einer abhängigen Haltung in den Augen der anderen als verletzender oder aggressiver Akt, als Illoyalität und Verrat erscheint. Das Aufrechterhalten eines von Abhängigkeit geprägten Selbstbildes, das dem Schutz und der Egostärkung anderer dient, ist eine Dynamik, die ihre Wurzeln in der Herkunftsfamilie hat. Außerdem ist diese Dynamik in den Beziehungen von Frauen zu ihren männlichen Partnern kulturell vorgeschrieben und findet dort auch ihren deutlichsten Ausdruck.

Frauen schützen Männer

Bevor die gegenwärtige feministische Bewegung an Einfluß gewann, wurden Mädchen und Frauen explizit dazu angehalten, Männern durch das Kultivieren passiv-abhängiger Verhaltensweisen und durch das Vortäuschen von Schwäche und Inkompetenz narzißtischen Schutz zu bieten. In den sechziger Jahren gab eine Autorin ihren Leserinnen die folgenden Ratschläge:
»Wenn Sie rauchen, sollten Sie keine Streichhölzer und kein Feuerzeug bei sich tragen. Im Restaurant überlassen Sie es Ihrem Partner, die Getränke und das Essen zu bestellen . . . Vielleicht verstehen Sie mehr von guten Weinen als der Weinkellner, aber wenn Sie klug sind, lassen Sie den Mann wählen und äußern Begeisterung über seine Wahl, selbst wenn der Wein wie Shampoo schmeckt . . . Die erfolgreiche Frau läßt es nie zu, daß ihre Kompetenz mit ihrer Weiblichkeit in Konkurrenz tritt« (Dahl 1965, S. 8).
Dies ist der typische Stil der meisten Ratgeber für Frauen, die vor den siebziger Jahren geschrieben wurden; sie erhoben die männliche Dominanz explizit zur gültigen Regel, während sie Frauen implizit vor der Schwäche der Männer warnten. Die Autorin des populären Eheratgebers »Help Your Husband Stay Alive« (Lees 1957; Helfen Sie Ihrem Mann zu überleben) ging soweit, zu behaupten, das physische Leben der Männer hänge davon ab, daß die Frauen eine abhängige und untergeordnete Stellung einnehmen. Ihre Anweisungen zum Unterfunktionieren lauten unter anderem:
»Was ist demütigend daran, unter einem Mann zu stehen – sei es im Geschäftsleben, in der Politik oder in irgendeinem anderen Lebensbereich –, . . . wenn es Ihnen klar ist, daß er nur an der Spitze steht, weil Sie ihm die Kraft geben?« (S. 14).

Die paradoxe Vorstellung, daß Frauen Männer stärken müßten, indem sie auf ihre eigene Stärke verzichten, ist selbst heute noch weit verbreitet. Ein deutliches Beispiel dieser Philosophie ist der Bestseller »Fascinating Womanhood« (Faszinierende Weiblichkeit) von Andelin, ein Buch, das auf denselben Prinzipien aufgebaut ist wie Marabelle Morgans »The Total Woman« (Die totale Frau). In einer Ausgabe von 1980 versorgt Andelin ihre Leserinnen mit detaillierten Instruktionen für die Pflege einer kindlich-abhängigen Haltung mit der expliziten Zielsetzung, die eheliche Bindung zu schützen. Die Leserin wird aufgefordert, die Verhaltensweisen und Gewohnheiten kleiner Mädchen sorgfältig zu beobachten und zu kopieren, und in anderen Kapiteln werden ihr Wege aufgezeigt, wie sie die Tendenz, in »männlichen« Bereichen selbstbewußt aufzutreten und kompetent zu erscheinen, erfolgreich unterdrücken kann.

Auch in unserer altehrwürdigen Märchentradition findet sich die paradoxe Vorschrift, daß Frauen Männer schützen sollen, indem sie Männern gestatten, Frauen zu beschützen. Die Geschichten lehren, daß passiv-abhängiges Verhalten das Hauptmerkmal erfolgreicher Weiblichkeit ist und das Mittel, das männliche Unabhängigkeit und Aktivität ermöglicht und ermutigt (Bettelheim 1976). Es ist die »Dame in Not«, die ihrem tapferen Ritter Gelegenheit gibt, Drachen zu töten, gefährliche Rätsel zu lösen oder in irgendeiner anderen Form heroisch zu sein. Der brave Jäger konnte nur deshalb zum Retter Rotkäppchens werden, weil es dem bösen Wolf völlig hilflos ausgeliefert war und weil es nicht einmal zu der intellektuellen Leistung fähig war, seine Großmutter von einem Wolf mit Nachtmütze zu unterscheiden. Rotkäppchen ist eine unter vielen Märchenheldinnen, die ihre Probleme nicht selbst lösen, sondern Männern Gelegenheit geben, aktiv zu werden und ihnen aus ihren jämmerlichen Notlagen herauszuhelfen.

Es ist verführerisch, die Diktate der populären Kultur als überholte Klischees zu betrachten, die für die gegenwärtige klinische Praxis und für die realen Lebenserfahrungen heutiger Frauen keine Bedeutung mehr haben. Sicher, die meisten Frauen, die heute unsere Beratungsräume betreten, kultivieren nicht absichtlich und bewußt kindliche Abhängigkeit, um das männliche Ego zu stärken und so die Sicherheit ihrer Beziehungen zu gewährleisten. Nichtsdestotrotz treten diese Verhaltensweisen unbewußt auf, ohne daß sie klar erkannt werden oder intendiert sind. Der passiv-abhängigen Haltung vieler Frauen liegt die unbewußte Motivation zugrunde, eine andere Person zu stärken und zu beschützen, und sie entspricht der unbewußten Überzeugung, daß die Frau in einer Position relativer Schwäche bleiben muß, damit ihre wichtigste Beziehung überlebt. Selbst Frauen, die auf der intellektuellen Ebene emanzipiert sind, fürchten sich unbewußt davor, andere, insbesondere Männer, zu »verletzen«, wenn sie ihre Fähigkeiten zu unabhängigem Denken und Handeln voll ausleben. In der Realität werden Frauen, die ihr eigenes Leben selbstbestimmt zu gestalten beginnen, allerdings oft angeklagt, daß sie Männer herabsetzen, Kinder schädigen oder in irgendeiner anderen Weise auf ihre Mitmenschen eine destruktive Wirkung haben. Diese Reaktionen, hervorgerufen durch die Ängste, die geweckt werden, wenn eine Frau autonom zu handeln beginnt, wirken als machtvolle Widerstände gegen Veränderungen.

Unsere Geschlechtsrollenarrangements und unsere Definitionen von Weiblichkeit enthalten ein Subsystem von Botschaften, die bis heute für viele Frauen unbewußte Leitlinien geblieben sind. Die Hauptbotschaft lautet: Das schwache Geschlecht muß das starke Geschlecht vor der Erkenntnis der Stärke des schwachen Geschlechts schützen, weil das starke Geschlecht sich sonst bedroht und geschwächt fühlt. Diese Botschaft wirkt hartnäckig weiter, trotz des Wandels der Zeiten und trotz der neuen egalitären Einstellungen; Frauen werden immer noch dazu angehalten, Männer zu schützen, indem sie die Passivität und Abhängigkeit, die Männer in sich selbst so sehr fürchten, stellvertretend ausleben (Miller 1976, Lerner 1978). Da Frauen in ihrer Sozialisation lernen, daß sie sich nicht zu autonomen, selbstbestimmten Persönlichkeiten entwickeln dürfen, weil das für andere, besonders für Männer, kränkend wäre, ist ihr abhängiges Verhalten oft ein unbewußtes »Geschenk« oder »Opfer« an diejenigen, die sie lieben; sie opfern ihr eigenes Selbst, so daß der andere mehr Selbst gewinnen kann.

Es versteht sich von selbst, daß nicht alle Frauen sich dem kulturellen Zwang unterwerfen, in ihren Beziehungen zu Männern die abhängige Rolle zu spielen, und nicht alle heterosexuellen

Beziehungen basieren auf einer solchen Komplementarität. Bei Paaren, die auf einem relativ hohen Niveau von Differenziertheit operieren, treten Spaltung und projektive Identifikation weniger häufig und in geringerem Maß auf; beide Partner sind in der Lage, die schwierige und konflikthafte Erfahrung der Integration von Bipolaritäten innerhalb des eigenen Selbst zu ertragen. Jeder Partner kann sich kompetent fühlen und den anderen als kompetent betrachten, ohne das Bedürfnis, die eigene Abhängigkeit, Schwäche und Hilflosigkeit zu verleugnen oder zu übertreiben. Dennoch erleben wir in unseren Beratungen ungemein viele Frauen, die ihre Männer unbewußt beschützen, indem sie eine passiv-abhängige Haltung kultivieren. Diese dysfunktionale Position ist zum Teil das Resultat machtvoller kultureller Anweisungen zum Unterfunktionieren, die aus irrationalen Phantasien über weibliche Macht und männliche Verletzlichkeit hergeleitet sind (Lerner 1974, 1978). Die passiv-abhängige Haltung hat ihre Wurzeln jedoch auch in der Herkunftsfamilie, dem Ort, wo die ersten Erfahrungen mit dem Problem der Separation-Individuation gemacht werden. Hier hat die Heranwachsende vielleicht gelernt, ihre Autonomiebestrebungen zu unterdrücken, um das Familiensystem zu schützen oder um ein Problem in der Beziehung ihrer Eltern zu lösen.

In Familien, in denen die eheliche Beziehung schwach und die Mutter selbst in ihrer Persönlichkeitsentwicklung blockiert war, lernen Töchter häufig, an passiv-abhängigen Verhaltensweisen festzuhalten; damit leisten sie der Mutter den »Treueeid«, daß sie in der Kindrolle bleiben werden, so als kämen ihre eigenen Bemühungen um größere Abhängigkeit und Autonomie einem Vertrauensbruch oder Verrat gleich. Später setzt sich dieses Drama in erwachsenen heterosexuellen Beziehungen fort, verstärkt durch Warnungen an Frauen, daß Männer vor der Erfahrung der voll ausgebildeten weiblichen Kräfte und Fähigkeiten geschützt werden müssen. Ich meine, daß Mädchen und Frauen besonders anfällig für Ängste und Schuldgefühle sind, wenn es darum geht, sich von der Herkunftsfamilie abzugrenzen und die eigene Unabhängigkeitserklärung abzugeben (Lerner 1978, 1980). Viele Psychotherapeuten können nicht einschätzen, bis zu welchem Grad weibliche Schuldgefühle und Ängste in bezug auf Autonomie und Getrenntheit die richtige Wahrnehmung widerspiegeln, daß ihre wichtigsten persönlichen Beziehungen nicht flexibel genug sind, ihr Persönlichkeitswachstum und ihre zunehmende Unabhängigkeit zu tolerieren, und daß ihre passiv-abhängige Haltung außerdem die Funktion hat, andere Familienmitglieder zu schützen. Paradoxerweise kann eine Patientin die Freiheit gewinnen, eine abhängige Haltung aufzugeben, wenn ihr Therapeut/ihre Therapeutin die stabilisierenden Funktionen, denen die Aufrechterhaltung ihrer Abhängigkeit dient, erkennt und respektiert – wenn er oder sie gemeinsam mit der Patientin die tatsächlichen Risiken und potentiellen Verluste durchdenkt, denen sie und andere ausgesetzt sein können, wenn sie es sich gestattet, mehr Autonomie zu entwickeln und selbständiger zu handeln.

Implikationen für die Therapie

In meiner Supervisionsarbeit habe ich bemerkt, daß ein von Abhängigkeit geprägtes Selbstbild und abhängiges Verhalten bei einer Frau häufig negativ getönte Deutungen hervorrufen, die implizit ausdrücken, ihre Abhängigkeitsbedürfnisse seien infantil oder übertrieben. Solche Interventionen verstärken die Schuld- und Unzulänglichkeitsgefühle der Patientin, und außerdem gehen sie am Wesentlichen vorbei. Vielleicht präsentiert die Patientin sich wirklich als bedürftiges Kind, motiviert durch den infantilen Wunsch nach passivem Versorgtsein und symbiotischer Verschmelzung mit einer Mutter, die alle Bedürfnisse erfüllt; das ist jedoch nicht einmal die Hälfte der Geschichte. Alle Menschen, unabhängig von ihrem Geschlecht und von der diagnostischen Kategorie, unter die sie fallen, streben nach Autonomie und Kompetenz. Das innere Bedürfnis nach dem Wachstum der Persönlichkeit ist stärker als der Wunsch, ein dysfunktionales Kind zu bleiben; therapeutische Interventionen, die implizit ausdrücken, die Patientin wolle nicht erwachsen werden, lassen die Erkenntnis vermissen, daß der Preis des Erwachsenwerdens ziemlich hoch sein kann, in der Form zum Beispiel, daß andere Familienmitglieder Symptome entwickeln und daß wichtige Beziehungen vom Zerfall bedroht sind.

Die orale Wut, die extrem abhängige Frauen kennzeichnet,

stammt nicht daher, daß ihre exzessiven Abhängigkeitsbedürfnisse frustriert werden; ihre Wut hängt vielmehr mit der unbewußten Überzeugung zusammen, daß sie ihr eigenes Persönlichkeitswachstum auch weiterhin unterdrücken müssen, um Familienbindungen zu schützen und um familiäre Loyalitäten und Verpflichtungen zu erfüllen. Die Familien-System-Theorie hat überzeugend demonstriert, daß der Widerstand eines Individuums gegen Veränderungen im Kontext der machtvollen systemerhaltenden Zwänge verstanden werden muß, die von den generationsüberspannenden, von Regeln beherrschten Systemen der Familie und der Kultur, in denen die Person operiert, ausgeübt werden (Keeney 1979). Dieser Ansatz ist im Hinblick auf den therapeutischen Umgang mit weiblicher Abhängigkeit von großer Bedeutung.

Die feministische Bewegung hat Therapeuten deutlich vor Augen geführt, daß sie oft darin versagen, sich dem passiv-abhängigen Verhalten von Frauen zu stellen; hier geht es jedoch um einen therapeutischen Irrtum anderer Art. Therapeuten ermutigen ihre Patientinnen häufig, selbstbewußter und unabhängiger zu sein, ohne zuvor zu analysieren, welche adaptive Funktion die abhängige Haltung der Patientin erfüllt oder welches familiäre Problem dadurch »gelöst« wird. Das therapeutisch kontraproduktive Resultat ist häufig eine von Widerstand geprägte Stagnation; die Patientin steht zwischen dem Therapeuten, der auf Veränderung drängt, und den Botschaften der Familie, die nach Homöostase und dem Bewahren des gegebenen Zustands verlangen. An diesem Punkt kann die Therapie vom Regen in die Traufe kommen, denn oft beginnt der Therapeut nun, nicht nur der Abhängigkeit der Patientin, sondern auch ihrem Widerstand gegen Veränderungen eine negative Bedeutung beizulegen, so als wäre dieser Widerstand einfach eine kontratherapeutische Kraft oder eine negative Übertragungsreaktion, die durch Deutungen beseitigt werden kann. Widerstand und Stagnation können durchbrochen werden, wenn der Therapeut in der Lage ist, sorgfältig einzuschätzen, welches Maß an Veränderungen das Familiensystem tolerieren kann und welchem Zweck die abhängige Haltung der Patientin in diesem Kontext dient. Das erfordert unter anderem die Fähigkeit, genau aufzuspüren, wie andere Familienmitglieder reagieren, wenn das System infolge der ersten Veränderungsschritte der Patientin in Richtung Unabhängigkeit aus dem Gleichgewicht gerät. Es erfordert auch einen Bewußtseinswandel auf seiten des Therapeuten, der zu einer wirklich neutralen, respektvollen und emotional unreaktiven Haltung finden muß, was die Entscheidung der Patientien angeht, sich zu verändern oder sich nicht zu verändern.

Ein weiterer Punkt, der Aufmerksamkeit verdient, bezieht sich auf das Problem der Gegenübertragung. Derselbe Therapeut, der die Patientin verfrüht dazu drängt, in ihren Familien- und Arbeitsbeziehungen selbstbewußter und unabhängiger zu sein, sorgt vielleicht unwissentlich dafür, daß in der therapeutischen Beziehung Abhängigkeit entsteht (Bernardez-Bonesatti 1976, Lerner 1982). Der aufgebrachte Therapeut, der sich beklagte: »Ich kann ihr Deutungen geben und sie antreiben, soviel ich will – sie kann sich ihrem Mann gegenüber immer noch nicht durchsetzen«, erkannte nicht, daß er eine Double-Bind-Situation schuf, indem er die Patientin anwies, außerhalb der Therapiestunde Durchsetzungsvermögen zu demonstrieren, dann aber die disqualifizierende Botschaft vermittelte, sie solle innerhalb der therapeutischen Beziehung die »gute Patientin« sein, seine Ratschläge achten und pflichtgemäß befolgen. Die Deutung der entwicklungshemmenden Aspekte der Weigerung der Patientin, von seiner Hilfe Gebrauch zu machen, war korrekt; der Therapeut erkannte jedoch nicht, daß die Patientin eine Anpassungsleistung zu erbringen versuchte, indem sie darauf bestand, sich *nicht* durchzusetzen. Die Interventionen des Therapeuten hatten bewirkt, daß die Patientin von einer Trotzhaltung zu einer fügsamen Haltung übergegangen war, daß sie es vermied, abweichende Meinungen auszudrücken, und unbewußt versuchte, ihm das Gefühl der Nützlichkeit und der Wichtigkeit zu geben. Während der Therapeut diesen Wechsel als eine »Verbesserung« ansah, war es in Wirklichkeit so, daß die Patientin ihn beschwichtigte und seinen Narzißmus beschützte, während sie in ihrer eigenen Entwicklung so sehr stagnierte wie eh und je. Als der Therapeut lernte, die Fähigkeit der Patientin, ihm zu widerspechen, als positiv zu betrachten, und als er es aufgab, ihr die Entscheidung dafür abzunehmen, wie abhängig oder unabhängig sie sich in ihrer Ehe verhalten wollte, gewann die Frau mehr

Sicherheit, sowohl ihrem Mann als auch ihrem Therapeuten mit einer differenzierteren Haltung entgegenzutreten.

Für männliche Therapeuten ist es oft besonders schwierig zu erkennen, in welchem Maß Patientinnen wie die Heldinnen der bekannten Märchen in der Therapiestunde unterfunktionieren, um den Therapeuten zu schützen und ihm das Gefühl von Bedeutung zu vermitteln (Lerner 1982). Vielleicht kultiviert die Patientin ihm zuliebe eine bedürftige, abhängige Haltung oder vermittelt in irgendeiner anderen Weise, daß man sich große Sorgen um sie machen muß, denn wenn sie das nicht täte, wäre es für sie die Verletzung eines unbewußten Vertrages oder einer unbewußten Verpflichtung, dem Therapeuten »nahezubleiben«, indem sie unterfunktioniert. Da sie Autonomie und Eigenständigkeit unbewußt mit Illoyalität, Verrat und potentiellem Verlust assoziiert, wird die Patientin in der Übertragung immer wieder »testen«, bis zu welchem Grad der Therapeut sie als abhängig und dysfunktional betrachtet und bis zu welchem Grad er ihre Kompetenz und Autonomie annehmen kann. Die unbewußten Tests können jede erdenkliche Form annehmen. Manchmal bestehen sie darin, daß die Patientin etwas erbittet oder fordert, worauf sie in Wirklichkeit sehr gut verzichten kann. Dieses »etwas« kann eine zusätzliche Therapiestunde sein, die Erlaubnis, den Therapeuten zu Hause anrufen zu dürfen, eine Verlängerung der Sitzung über die vereinbarte Zeit hinaus oder der Wunsch, während der Ferien des Therapeuten zu einem anderen Therapeuten in Behandlung zu gehen. Bei diesen Tests können Therapeuten sehr leicht »versagen«, wenn sie unbedacht auf die Forderungen der Patientin eingehen und damit ein überbeschützendes, überbesorgtes und überverantwortliches familiäres Muster wiederholen, was von der mit dem Therapeuten identifizierten Patientin als Aufforderung oder Befehl zu weiterem Überfunktionieren aufgefaßt wird. Therapeuten ermutigen ihre Patientinnen gewöhnlich, sich ihren männlichen Partnern gegenüber durchzusetzen, während sie innerhalb der Therapeut-Patientin-Dyade Fügsamkeit fordern und eine kritische, unabhängige Haltung, die den Ausdruck von Aggressionen und Rivalität einschließt, unterminieren. Das Inkongruente solcher therapeutischen Interventionen bleibt oft sowohl der Patientin als auch dem Therapeuten und seinem Supervisor verborgen.

Ich habe hier nicht den Versuch unternommen, einen allgemeinen Überblick über das facettenreiche und komplexe Thema der weiblichen Abhängigkeit zu geben, sondern vielmehr einen Aspekt hervorgehoben, der die Richtung und den Charakter einer bestimmten Behandlungsform entscheidend verändern kann. Frauen, die in einem dysfunktionalen, passiv-abhängigen Verhalten »festsitzen«, ziehen oft negativ getönte Interventionen auf sich, die ihre Widerstände gegen Veränderungen verstärken und letztlich zum Scheitern der Therapie führen. Mitten in einer solchen Sackgasse kann es für den Therapeuten besonders schwierig sein zu erkennen, daß die passiv-abhängigen Verhaltensweisen und Selbsterfahrungen einer Frau im Grunde ein Opfer sind. Dieses Opfern der eigenen Kompetenz, der Klarheit des Bewußtseins und der Persönlichkeitsentwicklung kann nicht nur im Sinn des sekundären Krankheitsgewinns (obwohl es einen solchen geben mag) interpretiert werden, und es kann auch nicht erfolgreich analysiert werden, wenn man ausschließlich die Projektionen, infantilen Wünsche, irrationalen Ängste, frühen Deprivationen und verzerrten internalisierten Objektrepräsentanzen der Patientin zur Erklärung heranzieht. Es ist wichtig, bei der Analyse und Interpretation des Verhaltens der Patientin zu berücksichtigen, wie weit das Familiensystem nach Homöostase drängt und wieviel Flexibilität und Toleranz für Veränderungen dieses System aufbringt; ein systematisches Verständnis der abhängigen Haltung der Patientin ermöglicht die Anerkennung der loyalen und adaptiven Aspekte dessen, was sie mit ihrem Verhalten zu bewirken versucht, und der wichtigen Rolle, die ihre abhängige Position für die selbstregulierenden Bedürfnisse des Familiensystems als Ganzheit spielt. Es ist therapeutisch sehr wirkungsvoll, die systembezogene Bedeutung des fortgesetzten Opferns der eigenen Persönlichkeitsentwicklung aufzudecken, vorausgesetzt, das geschieht im Rahmen einer therapeutischen Beziehung, die die Autonomiebestrebungen der Patientin unterstützt; zwischen Therapeut und Patientin darf keine Kollision oder »Nähe« entstehen, die auf der unterfunktionierenden Position der Patientin basiert[1].

1 Dieser Text wurde 1983 unter dem Titel »Female Dependency in Context: Some Theoretical and Technical Considerations« zum ersten Mal veröffentlicht in: American Journal of Orthopsychiatry 53 (4): 697–705.

Literatur

ANDELIN, H. (1980): Fascinating Womanhood; New York

BARDWICK, J. (1971): Psychology of Women; New York

BERNARDEZ-BONESATTI, T. (1976): Unconscious beliefs about women affecting psychotherapy; in: North Carolina Journal of Mental Health 7 (5): 63–66

BETTELHEIM, B. (1979): The Uses of Enchantement; New York

BOWEN, M. (1978): Family Therapy in Clinical Practice; New York

DAHL, A. (1965): Always Ask a Man; Englewood Cliffs

DOWLING, C. (1981): The Cinderella Complex; New York (Cinderella-Komplex, Frankfurt/Main 13. Aufl. 1989)

KEENEY, B. (1979): Ecosystemic epistemology: an alternative paradigm for diagnosis; in: Family Process 18: 117–129

LEES, H. (1957): Help Your Husband Stay Alive; New York

LERNER, H. G. (1974): Early origins of envy and devaluation of women; in: Bulletin of the Menninger Clinic 38: 538–553

– (1980): Internal prohibitions against female anger; in: American Journal of Psychoanalysis 40 (2): 137–148

– (1978): On the comfort of patriarchal solutions; in: Journal of Personality and Social Systems 1 (3): 47–50

– (1982): Special issues for women in psychotherapy; in: The Woman Patient vol 3, ed. Notman and Nadelson, pp. 273–286, New York

MILLER, H. (1973): Psychoanalysis and Women; Boston

MILLER, J. (1976): Toward a New Psychology of Women; Boston (Die Stärke weiblicher Schwäche. Zu einem neuen Verständnis der Frau, Frankfurt/Main 7. Aufl. 1988)

PLECK, J., AND SAWYER, J. (1974): Men and Masculinity; Englewood Cliffs

SYMONDS, A. (1971): Phobias after marriage; women's declaration of dependence; in: American Journal of Psychoanalysis 31 (2): 144–152

Arbeitshemmungen und Angst vor Erfolg

Weibliche Ängste und Schuldgefühle in bezug auf Ehrgeiz, berufliche Ambitionen und das Gebrauchmachen von der eigenen Kompetenz sind so universell verbreitet, daß »Angst vor Erfolg« (Horner 1972) zu einem festen Begriff geworden ist. Frauen fürchten tatsächlich, daß sie teuer bezahlen müssen, wenn sie in der Berufswelt etwas erreichen. Oft setzen sie Erfolg oder den bloßen Wunsch danach mit Verlust gleich – mit dem Verlust von Weiblichkeit, Attraktivität, von wichtigen Beziehungen, mit dem Verlust der Gesundheit oder sogar des Lebens (Person 1982). Das folgende Beispiel soll das verdeutlichen:

Frau B., achtunddreißig Jahre alt, kam mit ihrer Dissertation nicht voran. Seit mehr als einer Woche schrieb sie das Einführungskapitel immer wieder um, ohne daß sie zu einer befriedigenden Lösung kam. Eines Morgens erwachte sie jedoch mit einer neuen Idee, begann ihr Material anders zu ordnen und konnte plötzlich mit Klarheit und ohne Schwierigkeiten weiterarbeiten. Sie freute sich darauf, die Doktorarbeit fertigzustellen und ihre Kompetenz zu zeigen, und sie hatte zum ersten Mal das Gefühl, innerhalb ihres Forschungsgebiets einen wertvollen Beitrag leisten zu können.

Später am Nachmittag bekam sie starke Schmerzen in der Brust und fürchtete, sie stünde kurz vor dem Herzinfarkt. Als ich sie am nächsten Tag in der Therapiestunde sah, sagte sie: »Ich weiß, es hört sich verrückt an, aber ich war fest davon überzeugt: Jetzt ist alles vorbei! Und ich sagte mir: Das kommt davon, das ist deine Strafe! Das kriegst du für den Versuch, zu einem Doktortitel zu kommen!«

Frau B. empfand die bewußte Angst, für die »Sünde« des Ehrgeizes büßen zu müssen; häufiger sieht man in solchen Fällen aber das Unbewußte in Aktion. Depressionsgefühle, Ängste, Selbstaufgabe und selbstsabotierende Verhaltensweisen sind die weitverbreiteten Mittel, mit denen Frauen sich für ihre Kompetenz und ihren Erfolg entschuldigen oder die sie einsetzen, damit es gar nicht zu Erfolgen kommt.

Psychoanalytisch orientierte Therapeuten haben eine fragwürdige Erfolgsquote, wenn es darum geht, Frauen bei der Identifizierung der inneren Barrieren und äußeren Hindernisse, die sie von höheren Leistungen abhalten, zu helfen. Tatsächlich verstärken Therapeuten oft unwissentlich weibliche Ängste und Schuldgefühle durch Fragen und Deutungen, die ehrgeizige und leistungsbezogene Wünsche bei Frauen in einem negativen Licht erscheinen lassen, oder sie interpretieren diese Wünsche als »maskuline Strebungen«. Selbst feministische Therapeutinnen begehen Unterlassungssünden, indem sie die Aufdeckung und Analyse von Arbeitshemmungen bei Patientinnen, die solche Hemmungen selbst nicht als Problem wahrnehmen, vernachlässigen.

Es würde zu weit führen, an dieser Stelle die gesamte Vielfalt der Faktoren, die zu den Arbeitsproblemen von Frauen beitragen, ausführlich darzulegen. Zu diesen Faktoren gehören intrapsychische und psychodynamische Vorgänge (Applegarth 1976, Nadelson, Notman and Bennett 1978, Person 1982, Stiver 1983, Krueger 1984, Moulton 1985), der negative Einfluß der Geschlechtsrollenstereotypen (Lerner 1983, Krueger 1984), die faktische Diskriminierung von Frauen in der Arbeitswelt (GAP 1975), der Einfluß situations- und kontextbezogener Probleme, von denen Frauen in männlich definierten und männlich dominierten Arbeitsfeldern betroffen sind (Kanter 1977, Stiver 1983), die Struktur und die Aufteilung elterlicher Pflichten (GAP 1975) und vieles mehr. Das Zusammenwirken der zahlreichen intrapsychischen, familialen, institutionellen und soziokulturellen Faktoren macht es Frauen außerordentlich schwer, auf dem beruflichen Sektor ihr volles Potential zu verwirklichen.

Ich werde mich hier auf ein einziges Fallbeispiel konzentrieren, um zur theoretischen Klärung des Problems der Arbeitshemmungen bei Frauen beizutragen, und dabei versuchen, die Nützlichkeit systemischer Interventionen in der individuellen psychodynamischen Behandlung aufzuzeigen. Außerdem werde ich Interventionen hervorheben, die im Veränderungsprozeß Angelpunkte darstellen und die mit der Beziehungsdynamik in der Ehe, in der Herkunftsfamilie und in generationsüberspannenden Familiensystemen in besonderem Zusammenhang stehen.

Fallbeispiel

Frau J. war dreißig Jahre alt, mit einem finanziell erfolgreichen Mann verheiratet uand hatte eine zweijährige Tochter. Sie war in Therapie gekommen, weil sie an einer hartnäckig andauernden Depression litt, die nach der Geburt ihrer Tochter begonnen hatte. Obwohl Frau J. ihr Problem nicht als die Schwierigkeit definierte, mit ihrer beruflichen Entwicklung weiterzukommen, war dieses Thema seit langem die Ursache ihrer Verzweiflung und der Spannungen in ihrer Ehe.

Während unserer ersten Sitzung sagte Frau J. mir unter Tränen, ihr Leben habe »überhaupt keinen Sinn«. Sie erklärte, es langweile und ermüde sie, gelegentlich als Vertretungslehrerin zu arbeiten, und sie denke oft daran, sich weiterzubilden und ein Graduiertenseminar zu besuchen, um sowohl ihr Einkommen als auch ihre Berufschancen zu verbessern. Während der Anfangsphase der Behandlung sah Frau J. das Problem jedoch ausschließlich in ihrem Mann, der ihr, wie sie sagte, eine echte Berufstätigkeit nicht erlaubte, bevor ihre Tochter in den Kindergarten gehen konnte. Sie beschrieb ihren Mann als »brillanten Workaholic«, der sich in stets wechselnden Phasen von der Familie zurückzog oder die Familie dominierte.

Bei genauerem Nachfragen zeigte sich, daß Frau J. ihren Mann zwar als machtvollen Tyrannen beschrieb, daß sie damit aber kaum ihre unterschwellige Angst verdecken konnte, er sei ein narzißtisch verletzlicher Mensch, der Schwierigkeiten hätte, ihre Kompetenz oder auch nur ihr begeistertes Engagement für berufliche Aktivitäten, die ihn ausschlossen, zu tolerieren. In Übereinstimmung mit den Diktaten der Kultur, mit der vorgeschriebenen Komplementarität in der Ehe und den Mustern ihrer eigenen Herkunftsfamilie hatte Frau J. pflichtschuldig eine unterfunktionierende Haltung eingenommen und schob ihre eigenen Ambitionen beiseite, um das Ego ihres Mannes zu stärken und die Harmonie in der Beziehung aufrechtzuerhalten. Diese Dynamik, die ich an anderer Stelle bereits beschrieben habe (Lerner 1979, 1983, 1985), ist bei Frauen allgemein verbreitet; sie hat ihre Wurzeln oft in Aspekten der symbiotischen Mutter-Tochter-Beziehung in Verbindung mit der Entfremdung zwischen Vater und Tochter sowie in der mangelnden Flexibilität der ehelichen, familiären und kulturellen Systeme. Ich werde die Struktur der ehelichen Dyade kurz darstellen, bevor ich zu den frühen Urmatten der Arbeitshemmungen von Frau J. übergehe.

Das eheliche System

Während der Anfangsphase der Behandlung konnte ich Frau J. helfen, sich aus der rigiden Vorwurfshaltung ihrem Mann gegenüber zu lösen; die systemische Befragung ermöglichte es Frau J. zu erkennen, daß ihre eigene Passivität in der Frage des Aufbaustudiums dazu diente, ihren Mann zu schützen und die Nähe (wenn auch eine konflikthafte Nähe) in der ehelichen Beziehung aufrechtzuerhalten. Eine ausführliche Darstellung der Deutungsarbeit nach dem Ansatz der System-Theorie (Lerner and Lerner 1983) ist an dieser Stelle nicht möglich; die folgenden Auszüge aus einzelnen therapeutischen Sitzungen geben jedoch Beispiele für die Art der Fragestellung, die Frau J. half, Verantwortung für ihre eigenen Probleme zu übernehmen, so daß sie bewußt über die Auswirkungen ihrer beruflichen Weiterentwicklung auf ihre Ehe nachdenken konnte. Von einer intrapsychischen Perspektive aus könnte die Konzentration auf Beziehungssysteme den Widerstand verstärken, weil die Patientin dadurch noch mehr von der Erkundung der »wirklichen« inneren Schwierigkeiten abgelenkt würde, aber das ist in der Praxis nicht der Fall. Wenn der Therapeut/die Therapeutin die adaptive, systemerhaltende Funktion der eingefahrenen Verhaltensweisen der Patientin vorsichtig aufdecken kann, verringert sich der Widerstand vielmehr beträchtlich, und der Weg zur Einsicht in die eigenen Motivationsstrukturen wird schneller frei (Lerner and Lerner 1983). Außerdem gründen sich die Ängste der Frauen, daß ihr eigenes Persönlichkeitswachstum zur Störung, wenn nicht zum Zerfall von Beziehungen führen könnte, nicht nur auf Phantasien und Projektionen, sondern auch auf die tatsächlichen Rollen und Regeln in ihren Beziehungssystemen (Lerner 1979, 1983, 1985).

Fallbeispiel

3. Sitzung

Patientin: Ich streite mich so oft mit Jonathan (Herrn J.) über das Aufbaustudium, aber er denkt gar nicht daran, seine Meinung zu ändern. (Die Patientin fährt fort, den dominierenden Stil und die chauvinistische Einstellung ihres Mannes zu kritisieren.)

Therapeutin: Was glauben Sie, warum er so heftig auf das Thema reagiert?

Patientin: Er macht sich Sorgen wegen Cara (der Tochter); er meint, sie braucht ihre Mutter zu Hause . . .

Therapeutin: Lassen wir Cara einen Augenblick beiseite. Wie würde es sich auf Ihre Beziehung zu Jonathan auswirken, wenn Sie an Ihrem Graduiertenseminar teilnähmen und anfingen, Ihre eigene Karriere aufzubauen?

Patientin: Wie meinen Sie das?

Therapeutin: Würden Sie beide einander näherkommen oder weiter voneinander entfernt sein? Würden Sie mehr streiten oder weniger? Wäre Ihr Mann erfreut, oder würde er sich bedroht fühlen? Wie würde sich die Art Ihres Zusammenlebens verändern?

Patientin: Oh, ich weiß nicht . . . wahrscheinlich würde es ihm gefallen, weil ich nicht dauernd an ihm herumnörgeln und mich beschweren würde.

Therapeutin: Wie steht es eigentlich mit den anderen Männern in Jonathans Familie? Welche Männer sind mit berufstätigen Frauen verheiratet, und welche Männer haben Frauen, die zu Hause sind?

Patientin: Ja . . . seine Mutter war Hausfrau; sie hätte auf keinen Fall gearbeitet.

Therapeutin: Und Jonathans Brüder?

Patientin: Der jüngere Bruder ist mit Claire verheiratet, sie macht die Buchhaltung im Geschäft. Aber es ist eher so, daß sie aushilft. Der mittlere Bruder war mit einer Frau verheiratet, die Jura studierte, aber es ging nicht gut. Die Ehe wurde im letzten Jahr geschieden.

Therapeutin: Also war es so, daß die einzige Ehe in der Familie Ihres Mannes, in der beide Partner eigene Berufsziele verfolgten, schiefging?

Patientin: Ja, genau.

5. Sitzung

Frau J. beginnt die Sitzung mit der langen, detaillierten Beschreibung einer erneuten heftigen Auseinandersetzung über das Thema Aufbaustudium und lädt mich dazu ein, sie in der Kritik an ihrem Mann zu unterstützen, den sie als unvernünftig und bösartig beschreibt.

Therapeutin: Um Himmels willen, Sie beide schlagen sich ja regelrecht die Köpfe ein! Es hört sich an wie »Godzilla trifft Frankensteins Monster«. (Die Patientin lacht und entspannt sich.) Ich möchte Sie etwas fragen. Was, glauben Sie, würde geschehen, wenn Sie aufhörten, mit Ihrem Mann zu streiten, und ihm ganz ruhig sagten, daß es für Sie wichtig ist, das Studium wiederaufzunehmen und . . .

Patientin: Er würde mir hundert Gründe nennen, warum es nicht geht.

Therapeutin: Und wenn Sie nicht weiter mit ihm argumentieren würden? – Denn Sie wissen ja aus Erfahrung, daß der Streit zu nichts führt. (Patientin lacht.) Können Sie sich vorstellen, ihm ruhig zu sagen – ohne zu streiten oder ihn zu kritisieren –, daß Sie seine Sorge um Cara verstehen, daß das Aufbaustudium aber wichtig für Sie ist – daß Sie lange mit dem Problem gekämpft haben und selbst mit sehr gemischten Gefühlen davorstehen – und daß Sie sich trotzdem entschlossen haben, den höheren Abschluß zu machen? (Schweigen) Könnten Sie Jonathan sagen, Sie erwarteten nicht von ihm, daß ihm Ihre Entscheidung gefällt oder daß er sie billigt; Sie müßten aber das tun, was Sie selbst zu diesem Zeitpunkt für richtig und notwendig hielten?

Patientin: Nie im Leben würde ich das tun! Sie kennen meinen Mann nicht!

Therapeutin: Stimmt genau. Und ich sage auch nicht: Das sollen Sie tun! Ich stelle Ihnen diese Fragen nicht, um Sie zum Handeln zu veranlassen, sondern weil ich mir ein klares Bild von Ihrem Mann machen möchte – wie er auf Veränderungen bei Ihnen reagieren würde und wie Sie dann auf seine Reaktionen antworten würden. (Schweigen) Also, was würde Jonathan sagen oder tun, wenn Sie eine solche Erklärung abgäben und mit Wärme – oder sogar Liebe – dazu stünden, ohne sich wieder in die alten Auseinandersetzungen hineinziehen zu lassen?

Patientin: Ja . . . ich weiß es nicht (Pause). Ich glaube, er würde in Ohnmacht fallen.

Therapeutin: (lacht) Wie das?

Patientin: Oh, weil es etwas völlig Neues wäre. Das wäre dann nicht mehr die gute, alte, ständig nörgelnde Frau (Patientin lacht). Wie dem auch sei – ich würde es jedenfalls nie tun.

Therapeutin: Und was würde Jonathan tun, wenn er aus der Ohnmacht erwacht? Er würde sich vom Fußboden aufrappeln – und was dann?

Patientin: Ich weiß es nicht; ich kann es mir wirklich nicht vorstellen. Ich glaube, er würde herumargumentieren und mir Gründe nennen, warum es nicht geht mit dem Studium.

Therapeutin: Und wenn Sie sich auf die alten Auseinandersetzungen nicht einlassen würden? Wenn Sie seine Sorgen respektierten, aber fest zu Ihrer Entscheidung stünden?

Patientin: Dann . . . ja, dann würde er sich wohl von mir zurückziehen. Das macht er, wenn er depressiv und wütend ist. Er wäre einfach mürrisch und distanziert und würde eine beleidigte Miene aufsetzen.

Therapeutin: Was machen Sie, wenn Ihr Mann Sie anmuffelt?

Patientin: Ich muffele zurück, und dann gehe ich meistens auf ihn zu und versuche, das Problem zu diskutieren. Ich versuche, ihn dazu zu bringen, daß er darüber spricht – und dann wird er noch wütender auf mich, weil ich ihn nicht in Ruhe lasse.

Therapeutin: Wenn Sie Ihrem Mann nun etwas Zeit ließen, beleidigt zu sein, ohne selbst feindselig zu reagieren oder mit ihm zu streiten – wie lange würde er Ihrer Meinung nach mürrisch und depressiv bleiben?

Patientin: Das kann ich wirklich nicht einschätzen.

Therapeutin: Eine Woche? Einen Monat? Drei Jahre?

Patientin: Na ja, ein paar Wochen vielleicht. Ich meine, ich glaube nicht, daß er wirklich schwer depressiv werden würde.

Therapeutin: Hat Jonathan je schwere Depressionen gehabt?

Patientin: Ja, einmal, bevor wir verheiratet waren. Da war er mit einer anderen Frau verlobt, und sie hat die Verlobung aufgelöst, einen Monat bevor sie heiraten wollten oder so. Er wurde wirklich depressiv, denn er ging in die Uniklinik, etwa eine Woche lang. Danach war er wieder in Ordnung – aber ich weiß wirklich nicht sehr viel darüber.

Therapeutin: Würden Sie sagen, daß Jonathan ziemlich heftig auf Verluste reagiert, daß Verlust oder Trennung ein schweres Problem für ihn ist?

Patientin: Ja, das stimmt. Er hat in seinem Leben viele Verlusterfahrungen gemacht – Todesfälle in der Familie . . .

Therapeutin: Wenn Sie jetzt Ihr Studium wiederaufnähmen und Ihre eigene Karriere aufbauten – wäre das ein Verlust? Könnte Jonathan das als einen weiteren Verlust auffassen?

Patientin: Ich weiß nicht . . . (Schweigen) Eins würde dabei sicher verlorengehen: die zickige, nörgelnde Frau, die er jetzt hat. (Patientin lacht.) Also . . . ich meine, ich bin sicher, er könnte damit umgehen. Ich glaube nicht, daß er zusammenbrechen würde. Wir würden uns deswegen bestimmt nicht scheiden lassen oder so.

Diese Dialogfragmente sind charakteristisch für das frühe Stadium des Therapieprozesses; was ich herauszuarbeiten versuchte, waren Frau J.s Überzeugungen und Beobachtungen, wie ihre Entscheidung für oder gegen das Aufbaustudium ihren Mann und die eheliche Beziehung beeinflussen würde. Zum Teil war es dieser Form der Befragung zu verdanken, daß Frau J. sich allmählich aus ihrer rigiden Haltung löste und ihre Probleme weniger nach außen projizierte.

15. Sitzung

Patientin: Wissen Sie, gestern abend ertappte ich mich dabei, daß ich wieder anfing, mit Jonathan zu streiten, und ich hatte plötzlich das total hilflose – oder eher hoffnungslose – Gefühl, daß es ewig so weitergehen könnte. Ich meine, wenn Cara soweit ist, daß sie zur Schule geht, ist vielleicht wieder ein Baby unterwegs, und dann geht alles von vorn los. Wahrscheinlich werde ich ihn anschreien und dieselben alten Sachen sagen und genauso stagnieren wie eh und je. (Daß Frau J. ihr eigenes Verhalten als »stagnieren« bezeichnet, ist ein entscheidendes Abrücken von ihrer ursprünglichen Vorwurfshaltung.)

Therapeutin: Sie stecken da wirklich in einem Dilemma, und dafür wird es vermutlich keine einfache oder schmerzlose Lösung geben.

Patientin: Wie meinen Sie das?

Therapeutin: Ich vermute, Sie würden sich schuldig und ziemlich unsicher fühlen, wenn Sie Ihr Studium wiederaufnähmen. Ein solcher Entschluß könnte Ihnen das Gefühl geben, Ihrem Mann gegenüber illoyal zu handeln, und Sie würden sich vielleicht Sorgen machen, wie Jonathan auf eine so tiefgreifende Veränderung reagiert. Wir haben gesehen, wie sensibel Sie für Jonathans Stimmungen sind, und wir wissen, daß Sie anfangen, mit ihm zu streiten, wenn Sie sich um seine Neigung zu Depressionen Sorgen machen. (Diese Deutung basierte auf Erfahrungen aus anderen Sitzungen und wurde später mit der Rolle der Patientin als »Retterin« der Mutter in ihrer eigenen Herkunftsfamilie in Beziehung gesetzt.) Wenn Sie andererseits weiterhin Ihre eigenen Ziele und Ambitionen opfern, erhalten Sie vielleicht die Harmonie in Ihrer Ehe, aber wahrscheinlich um den Preis, daß Sie verbittert, unzufrieden und depressiv werden.

Patientin: (schweigt) . . . Ja, das weiß ich, das ist nichts Neues. Darum bin ich ja schließlich hierhergekommen. (Schweigen) Ich weiß, daß Hunderte von Frauen auch dieses Problem haben. Ich meine, es ist wirklich ein allgemeines Problem.

Therapeutin: Ich denke, wir können ruhig behaupten, daß Sie nicht die erste und einzige Frau im zwanzigsten Jahrhundert sind, die mit diesem Dilemma zu kämpfen hat. (Patientin lacht.) Hilft es Ihnen zu wissen, daß Sie nicht die einzige sind und daß es reale Gründe für Ihre Schwierigkeiten gibt?

Patientin: Ja, das hilft mir schon. Aber ich weiß immer noch nicht, was ich tun soll. Ich habe das Gefühl, nur zwischen zwei Übeln wählen zu können.

Therapeutin: Welches wäre denn das kleinere Übel? Ist es Ihnen lieber, sich selbst an die erste Stelle zu setzen und sich dann schuldig und egoistisch zu fühlen? Oder ziehen Sie es vor, Ihre persönlichen Wünsche und Ziele zu opfern und dann verbittert und depressiv zu sein?

Patientin: (lächelt) Auf jeden Fall das zweite. Oder . . . nein, ich weiß es nicht. Ich meine, das zweite ist mir sehr vertraut. (Schweigen) Aber mir geht noch etwas anderes im Kopf herum: Was würde passieren, wenn ich mit dem Studium anfinge, und es gefiele mir nicht oder ich käme nicht so gut damit zurecht?

Therapeutin: Nun, einen Vorteil hat es vermutlich, wenn Sie bei den alten Auseinandersetzungen mit Jonathan bleiben. Sie brauchen sich dann der Herausforderung des Studiums nicht zu stellen. Die Rückkehr ins Studium wäre schon eine Hürde für Sie, oder?

Patientin: Ich war immer eine gute Studentin! Ich habe keinen Grund, mir Sorgen zu machen. Aber es ist schon eine Weile her. (Schweigen) Manchmal habe ich das Gefühl, diese ganze Zeit mit Cara zu Hause hat mein Gehirn in Mus verwandelt – wer rastet, der rostet, wie man so sagt. (Die Patientin spricht weiter über ihre Selbstzweifel und Ängste in bezug auf das Studium und den höheren Abschluß.)

Die eben dargestellte Sequenz von Ereignissen war voraussehbar; das heißt, wenn eine Patientin mit Hilfe der Therapie Ängste und Sorgen über die Auswirkungen ihrer eigenen Persönlichkeitsentwicklung auf ihre Ehe (und andere wichtige Beziehungen) bewußt erkennt und artikuliert, wird sie von selbst beginnen, ihre Perspektive zu erweitern und ihre eigene Angst vor Veränderungen zu erkunden. Eine Deutung, die die Konzentration der Patientin auf äußere Hindernisse in einem negativen Licht erscheinen läßt, könnte dagegen den Widerstand verstärken; die machtvollen unterschwelligen Verbote, die der Veränderung entgegenstehen und die für die Systeme, in denen Frauen operieren, typisch sind, können dann nicht ins Bewußtsein gehoben werden. Wenn Frauen vor dem (realen oder phantasierten) Konflikt stehen, entweder das Selbst zu opfern, um eine Beziehung zu bewahren, oder das Selbst zu stärken mit dem Risiko, eine Beziehung zu gefährden, wählen sie oft die erste Möglichkeit. Im Fall von Frau J. entwickelte der Ehemann tatsächlich Symptome und wurde depressiv, als sie aufhörte, mit ihm zu streiten, und ihre eigenen Karrierepläne aktiv in die Tat umsetzte. Wie zu erwarten war, kam es in der Ehe zu einer neuen Art von Konflikten, als Frau J. sich aus der Rolle der nörgelnden, unzufriedenen, aber doch gefügigen Partnerin löste und auf einem höheren Niveau von Differenziertheit und Eigenständigkeit zu handeln begann. Die weitere therapeutische Arbeit, die sich auf ihre Herkunftsfamilie konzentrierte, half Frau J., die Spannungen in ihrer Ehe zu bewältigen.

Die Mutter-Tochter-Dyade im familiären Kontext

Als ich Frau J. darüber befragte, wie Familienmitglieder auf ihre Ambitionen und Leistungen reagiert hatten, kreiste ihre Aufmerksamkeit fast ausschließlich um ihre verwitwete Mutter, Lillie. Frau J. trug ein volkstümliches Gedicht in ihrer Brieftasche bei sich, das, wie sie sagte, die widersprüchlichen Botschaften ihrer Mutter in bezug auf ihre Leistungen am besten ausdrückte.

Mother, may I go to swim?
Yes, my darling daughter.
Hang your clothes on a hickory limb
And don't go near the water.
(Mutter, darf ich schwimmen gehn?
Ja, meine liebste Tochter.
Häng deine Kleider an den Walnußbaum
Und geh nicht nah ans Wasser.)

Wie Frau J. berichtete, lag die ambivalente Einstellung ihrer Mutter offen zutage. »Sei unabhängig«, gab die Mutter der Tochter zu verstehen, setzte dann aber ein »Sei wie ich« oder »Sei auf meiner Seite« dagegen. »Bemühe dich um Erfolg«, war eine der mütterlichen Botschaften, aber dann ignorierte Lillie die Leistungen ihrer Tochter oder unterminierte ihre Erfolge auf subtile Weise. Frau J. erzählte: »Als ich meine Abschlußprüfung am College mit Auszeichnung bestand, bekam meine Mutter Migräne und konnte nicht an der Abschlußfeier teilnehmen. Als ich ihr sagte, daß ich meinen Magister machen wollte, erzählte sie mir von der Tochter eines Freundes, die gerade zum

Medizinstudium zugelassen worden war. Jetzt erzähle ich ihr nichts mehr. Sie will es wirklich nicht hören!«

Das ist ein vertrautes, wenn nicht universell verbreitetes Problem. Mütter, die in ihrer Selbst-Entwicklung und in der Entfaltung ihrer Persönlichkeit blockiert waren, ignorieren oder entwerten oft die Fähigkeiten ihrer Töchter – oder sie tun das Gegenteil und versuchen sie zu »Wunderkindern« zu machen, an deren Erfolgen sie teilhaben können. In der Anfangsphase der Therapie war Frau J. unfähig, mit irgendeiner Form von psychologischem Verständnis über die Beziehung zu ihrer Mutter zu reflektieren; ihre emotionale Reaktivität war zu intensiv. Die Patientin war im Verhältnis zu ihrer Mutter auf eine rigide Vorwurfshaltung festgelegt, ganz ähnlich wie in der Beziehung zu ihrem Mann. Diese rigide Haltung diente dazu, den Status quo zu bewahren und die von Feindseligkeit und Abhängigkeit geprägte symbiotische Bindung zwischen Mutter und Tochter aufrechtzuerhalten. Da das Autonomieniveau in der ehelichen Beziehung dem Grad an Autonomie entspricht, der in der eigenen Herkunftsfamilie erreicht werden konnte, war es kaum überraschend, daß die Beziehung der Patientin zu ihrer Mutter und ihre Beziehung zu ihrem Mann auffällige Parallelen aufwiesen. In dem zwischen Vorwürfen und Fügsamkeit wechselnden Verhaltensmuster in ihrer Ehe wiederholten sich Aspekte der Beziehung zu ihrer Mutter, die sie gleichzeitig bekämpfte und durch das Opfer ihrer Persönlichkeitsentwicklung beschützte.

Ihren eigenen Neigungen überlassen, hätte Frau J. unzählige Therapiestunden damit verbracht, die Untaten und Verbrechen ihrer Mutter aufzuzählen; damit hätte sie mich zur Beteiligung an einer Dreieckskonstellation eingeladen, in der die Nähe zwischen Therapeutin und Patientin auf Kosten der Mutter gegangen wäre. Lillie hätte dabei (ähnlich wie Jonathan in der Ehe) die Rolle der Außenseiterin und der »Schuldigen« gespielt.

Frau J. war zunächst auch nicht bereit zu überprüfen, was sie selbst zur Erhaltung dieses Beziehungsmusters beitrug, und sie klammerte sich an die Vorstellung, daß die Mutter (ähnlich wie ihr Mann) an ihren Leiden und Problemen »schuld« sei (eine Sichtweise, die unglücklicherweise von vielen Therapeuten geteilt wird). Die Wut der Patientin war auch hier (wie in der Ehe) zum Teil auf die Opfer zurückzuführen, die sie selbst brachte, um die Verschmelzung mit der Mutter aufrechtzuerhalten und um die Mutter vor der Erfahrung des Neides und der Rivalität zu schützen. Frau J. fürchtete, daß ihre Erfolge nicht nur auf ihren Mann, sondern auch auf ihre Mutter als Kränkung und Bedrohung wirken würden. Außerdem erlebte Frau J. ihre Mutter (anfänglich unbewußt) als eine eifersüchtige, unausgefüllte Frau, die sich nur noch stärker ausgehöhlt und deprimiert fühlen würde, wenn ihre Tochter sich in Richtung größerer Autonomie und beruflicher Entfaltung bewegen sollte.

Wie viele Frauen hatte Frau J. in der schwierigen Frage der Ich-Differenzierung eine Kompromißlösung gewählt, indem sie die Abhängigkeit von ihrer Mutter auf ihren Mann übertrug. Die finanzielle und die psychische Eigenständigkeit, die Frau J. mit einem ernsthaften Engagement für ihre Arbeit assoziierte, machte ihr angst, weil damit die alte Mutter-Tochter-Verschmelzung in Frage gestellt wurde und weil unbewußte Ängste um den Verlust dieser wichtigen Bindung geweckt wurden. In früheren Arbeiten (Lerner 1979, 1980) habe ich dieses Thema genauer ausgeführt und die besonderen Probleme beschrieben, mit denen eine Tochter konfrontiert sein kann, wenn sie ihre Getrenntheit und Verschiedenheit von der Mutter ausdrückt. Diese Probleme sollten nicht als »natürliche« oder unvermeidliche Aspekte der Mutter-Tochter-Beziehung verstanden werden, denn was wir in der klinischen Arbeit sehen, sind verzerrte Formen dieser Beziehung, denen dysfunktionale familiäre und kulturelle Muster zugrunde liegen. Ein weiterer bedeutsamer Faktor kommt hinzu: Frau J. gehört einer Frauengeneration an, die durch ihr Bemühen um größere Autonomie und berufliche Selbstverwirklichung eine lange weibliche Tradition der Selbstlosigkeit, des Sichaufopferns und Dienens in Frage stellt (Chernin 1985).

Frauen, die für sich selbst Dinge erstreben, die der vorangegangenen Generation von Frauen nicht zugänglich waren, sind unweigerlich mit schweren Ängsten und tiefen Schuldgefühlen konfrontiert; diese Reaktionen müssen in der therapeutischen Arbeit äußerst sorgfältig analysiert werden. Eine psychodynamische Arbeit, die sich einseitig auf Übertragungsphänomene und auf die Deutung des internalisierten Dramas mit der präödipalen oder der ödipalen Mutter konzentriert, reicht nicht aus und ist auch nicht effizient genug, um Frauen bei der Bewußtmachung und Überwindung der (oft durch Wut und Vorwürfe verdeckten) immensen Schuldgefühle zu helfen, die sie an einer konfliktfreien Verwirklichung in ihren Berufen hindern. Auf den folgenden Seiten werde ich ein spezielles Feld der klinischen Intervention selektiv hervorheben; es steht mit einem Phänomen in Beziehung, das ich *generationsübergreifende Schuldgefühle* (multigenerational guilt) nenne. Dabei gilt meine besondere Aufmerksamkeit der Frage, wie wir Patientinnen helfen können, wichtige emotionale Probleme an ihrer Quelle aufzuarbeiten, das heißt unmittelbar mit den Angehörigen der engeren und der weiteren Herkunftsfamilie.

Generationsübergreifende Schuldgefühle

Frau J.s chronischen Klagen über ihre Mutter lagen eine enorme Ansammlung von Schuldgefühlen und ein ausgeprägter Sinn für Familienloyalität zugrunde, die den Weg der Patientin zu beruflicher Selbstverwirklichung blockierten. Diese Schuldgefühle, die in den frühen Stadien der Behandlung nicht bewußt verfügbar waren und die nicht im Rahmen der üblichen psychoanalytischen Begriffe verstanden und analysiert werden konnten, bezogen sich auf die von der Patientin vage empfundenen Benachteiligungen, harten Lebensbedingungen und unerfüllten Sehnsüchten der vorangegangenen Generationen von Frauen in ihrer Familie. Generationsübergreifende Schuldgefühle sind dann besonders stark, wenn die Eltern oder Großeltern Emigranten waren; die Emigration ist eine traumatische Erfahrung, die massive Verluste im Bereich der zwischenmenschlichen Beziehungen und der emotionalen Bindungen beinhaltet, die Zerstörung wichtiger Lebensbezüge also, die für die Identität von Frauen eine wesentliche gestaltende Funktion erfüllen.

Es ist nicht überraschend, daß Frauen von heute, die danach streben, in Bereiche vorzudringen, die für ihre Mütter zur Welt der Männer gehörten, Schwierigkeiten haben, aus alten Mustern auszubrechen. Es ist für Frauen nicht einfach oder unproblematisch, Privilegien zu beanspruchen und Aufgaben zu übernehmen, die sie von den weiblichen Traditionen der Vergangenheit trennen. Was in der therapeutischen Arbeit besondere Aufmerksamkeit verdient, ist jedoch die Frage, wie wir Frauen helfen können, die Zusammenhänge ihrer eigenen generationsübergreifenden Geschichte zu erarbeiten, so daß sie ihre Ängste und Schuldgefühle in diesem Bereich bewußter wahrnehmen und im Umgang damit neue Perspektiven entwickeln können. Das erfordert langsame und sorgfältige therapeutische Arbeit, denn die Aufgabe, mit Familienmitgliedern wieder in Verbindung zu treten, um Daten über ihr Leben zu sammeln, ruft bei der Patientin in der Regel immense Widerstände hervor. Das Ausmaß der Ängste steht in unmittelbarem Verhältnis zu dem Grad an Verschmelzung (oder, umgekehrt, dem Grad an Distanz und Kontaktverlust), von dem die familiären Beziehungen geprägt sind.

Ich wandte die Befragungstechnik der Familien-System-Theorie von Bowen (1978; Kerr 1981) an, um mit Frau J. über ihre Familie zu arbeiten; mit Hilfe der gezielten Fragestellungen konnte die Patientin sich allmählich aus der rigiden Vorwurfshaltung ihrer Mutter gegenüber lösen und sich mit einer reflektierteren Einstellung den Zusammenhängen nähern, durch die das Thema Leistung und Karriere zwischen ihr und ihrer Mutter zu einem »heißen Eisen« geworden war. Während des ersten Therapiejahres reagierte die Patientin geradezu allergisch, wenn es um ihre eigene Familiengeschichte ging. Dazu das folgende Beispiel:

20. Sitzung
Patientin: Meine Mutter ist einfach unglaublich! Sie hat mir nie irgend etwas zugetraut. Letzte Woche gab ich Vertretungsunterricht in einer Klasse, und plötzlich hatte ich eine phantastische Idee. Normalerweise können Kinder Vertretungslehrer nicht leiden, aber ich erfand ein Spiel, um ihnen Grammatik beizubringen, und sie waren total begeistert. (Die Patientin schildert eine ungewöhnlich kreative und phantasievolle pädagogische Leistung.) Abends rief meine Mutter an, und ich erzählte ihr davon. Ich sagte, wenn ich wieder studierte, könnte ich vielleicht wirklich etwas aus diesen Ideen machen und eine Arbeit darüber schreiben. Wissen Sie, wie meine Mutter reagierte? Sie

wechselte das Thema! Sie fing sofort an, darüber zu reden, wie depressiv meine Schwester wieder ist.

Therapeutin: Und was haben Sie dann gesagt?

Patientin: Ich ließ das Thema fallen. Es geht einfach nicht. Ich habe doch keine Lust, mich von ihr beleidigen zu lassen!

Therapeutin: Ist das ein typisches Muster, wenn dieses Thema angesprochen wird? Reagiert Ihre Mutter mit Distanz – und Sie distanzieren sich dann auch?

Patientin: Ich habe schon vor langer Zeit gelernt, von meiner Mutter in dieser Hinsicht nichts mehr zu erwarten. (Die Patientin gibt eine ausführliche Schilderung der unsensiblen und überkritischen Haltung ihrer Mutter.)

Therapeutin: Wie sehen Sie die Reaktionen Ihrer Mutter? (Schweigen) Wie erklären Sie es sich, daß Ihre Begeisterung über Ihre Arbeit zwischen Ihnen und Ihrer Mutter kein neutrales Thema sein kann?

Patientin: Ich weiß es nicht. Ich habe keine Ahnung.

Therapeutin: Wissen Sie etwas über die Familie Ihrer Mutter, was Ihnen diese Reaktion verständlich machen könnte?

Patientin: Nein, ich weiß es einfach nicht. Sie hat mich immer nur kritisiert. Sie hat mich immer so behandelt, als hätte ich nicht sonderlich viel im Hirn. (Patientin tippt sich an den Kopf.)

Therapeutin: Wie hat Ihre Großmutter (die mütterliche Großmutter) auf die Fähigkeiten und Leistungen Ihrer Mutter reagiert?

Patientin: Wer weiß? Ich weiß nur, daß sie sich oft gestritten haben.

Therapeutin: Glaubt Ihre Mutter, daß sie selbst viel im Hirn hat – aus der Sicht ihrer eigenen Eltern?

Patientin: Ich weiß es nicht. Nur ihre Brüder gingen aufs College, die Mädchen nicht. Ich weiß wirklich gar nichts darüber – auch nicht, wie meine Großmutter meine Mutter sah in bezug auf Intelligenz und so.

Therapeutin: Hätte Ihre Mutter sich eine bessere Ausbildung gewünscht, wenn es möglich gewesen wäre?

Patientin: Das bezweifle ich. Ich weiß es nicht. Wir reden nicht über solche Dinge. Und ich würde auch nicht damit anfangen. Wir führen nie ernsthafte Gespräche. Sie kennen meine Mutter nicht!

Abb. 1

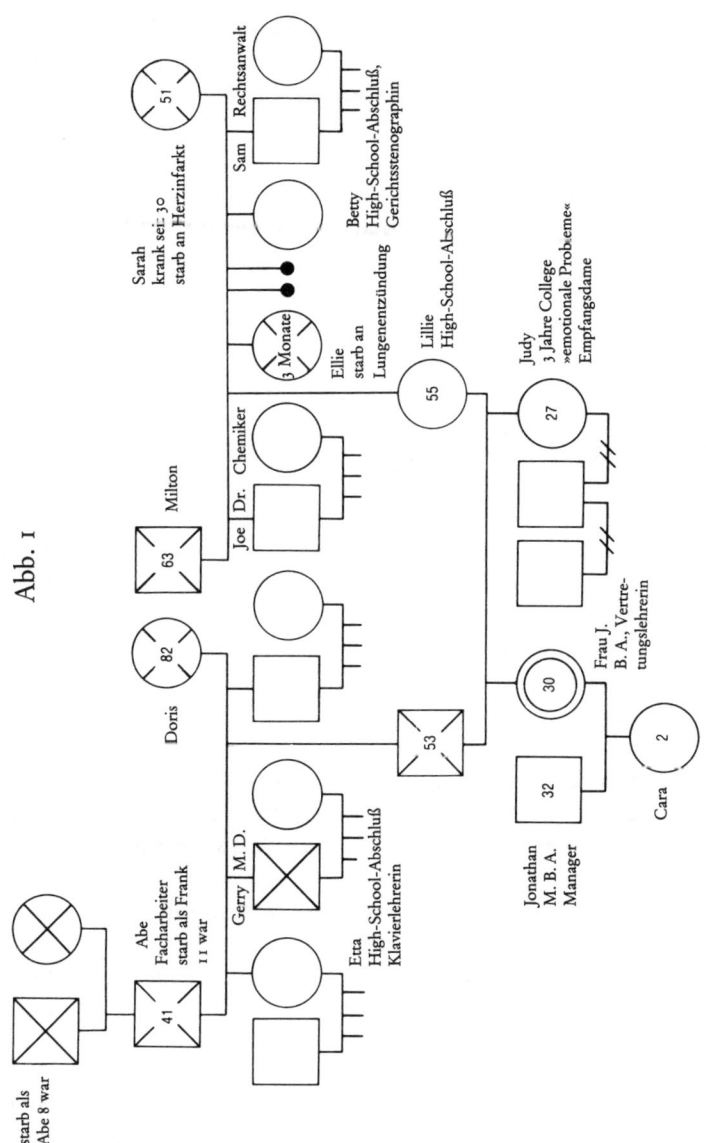

Tatsächlich verhielt es sich so, daß auch Frau J. selbst ihre Mutter nicht kannte. Erst nach längerer therapeutischer Arbeit, ganz allmählich, begann die Patientin ihre Mutter als eigenständige Person zu betrachten, deren Verhaltensweisen und Reaktionen aus ihrer eigenen familiären Situation heraus verstanden werden konnten. Zu diesem Prozeß trugen die Arbeit am Genogramm (s. Abb. 1) und die auf die weitere Familie ausgedehnte Befragung nach der Familien-System-Theorie Bowens (1978; Kerr 1981) bei.

Die Familie der Mutter

Frau J.s Mutter war das zweite Kind und die erste Tochter russisch-jüdischer Emigranten; für die Eltern hatte die Ausbildung der Söhne die höchste Priorität. Das nächste Kind nach Lillie, ein Mädchen, starb im Säuglingsalter an Lungenentzündung. Vor der Geburt der beiden jüngeren Geschwister hatte die Mutter zwei Fehlgeburten. Als Frau J. den Mut aufbrachte, mit ihrer Mutter zu sprechen, statt nur auf sie zu reagieren, wurde ihr klar, wie diese Verluste sich auf die Familie ausgewirkt hatten, und sie erfuhr auch, daß Lillie als älteste Tochter gefordert war, ihre ausgeprägte Kompetenz und ihr Verantwortungsgefühl in die Fürsorge für ihre Geschwister zu investieren. Lillies eigene Mutter war während des größten Teils ihres erwachsenen Lebens kränklich; Lillie sprang für sie ein, als sie heranwuchs, und übernahm einen enormen Anteil der Mutterrolle. Sie tat das, wie sie selbst berichtete, willig und ohne Protest. Obwohl Lillie die Abschlußprüfung an der High-School als Zweitbeste ihrer Klasse bestand, wurden nur die Jungen aufs College geschickt, denn die finanziellen Mittel reichten nicht aus; Lillie trug durch ihren eigenen Arbeitslohn dazu bei, die Ausbildung der Brüder zu finanzieren.

Als Frau J. die Beziehung zu ihrer Mutter aus einem erweiterten Blickwinkel heraus zu betrachten begann, wurde sie nachdenklicher, was ihre eigenen Berufsprobleme und die ihr verfügbaren Wahlmöglichkeiten betraf. Nach zehn Monaten Psychotherapie war Frau J. ruhiger und selbstbewußter in ihrer Ehe, und sie hatte sich voller Enthusiasmus für das Graduiertenstudium beworben. Als sie angenommen wurde, kam es jedoch zu einem gewaltigen Ausbruch von Ängsten, und sie fiel zeitweilig in ihr altes Muster unproduktiver Auseinandersetzungen mit ihrem Mann und kühler Distanz zu ihrer Mutter zurück. Beide, der Ehemann und die Mutter, reagierten ebenfalls mit Ängsten auf Frau J.s Entscheidung, weiterzustudieren, und auf das höhere Niveau von Eigenständigkeit, auf dem sie sich bewegte. Wie Frau J. berichtete, zog ihr Mann sich auf seine Arbeit zurück und kümmerte sich kaum um die Familie, und die Mutter konzentrierte sich verstärkt auf ihre Besorgtheit um Frau J.s jüngere Schwester. An diesem Punkt fragte ich Frau J., ob sie die Möglichkeit sähe, mit ihrer Mutter offen und direkt über ihre eigenen Ängste in bezug auf das Studium zu sprechen. Meiner Erfahrung nach kann ein solcher Dialog einem unterschwelligen, durch wechselseitige Projektionen aufgeblähten Konflikt innerhalb des Beziehungssystems die Sprengkraft nehmen. Wie zu erwarten war, reagierte die Patientin negativ:

46. Sitzung
Patientin: Ich würde nie mit meiner Mutter über meine Probleme sprechen. Es hat keinen Sinn. Meine Mutter wird sich nie ändern.
Therapeutin: Da bin ich ganz Ihrer Meinung; der Versuch, Ihre Mutter zu ändern, hat sicher keinen Sinn. Ich bin schon ziemlich lange in diesem Geschäft, und es ist mir noch nie gelungen, die Mutter einer Patientin zu ändern. (Patientin lacht.) Ich spreche davon, was sich für Sie verändern würde, wenn Sie in der Lage wären, offen mit ihr über ein wichtiges Problem zu sprechen, mit dem Sie kämpfen.
Patientin: Welches Problem?
Therapeutin: Zum Beispiel Ihr Studium: Ein Teil von Ihnen will aktiv werden, und der andere Teil sagt nein. Oder die Frage Ihrer Berufsentwicklung: Sie haben lange das Gefühl gehabt, daß Sie stagnieren.
Patientin: Wenn ich ihr davon erzählte, würde sie defensiv reagieren und meinen, ich mache ihr Vorwürfe, weil sie etwas falsch gemacht hat.
Therapeutin: Das ist ein wichtiger Punkt. Und wenn Sie Ihrer Mutter nun klar sagten, daß dies ihr eigenes Problem ist und

daß Sie darüber sprechen, um ihr etwas Wichtiges über sich selbst mitzuteilen und vielleicht ihre Meinung darüber zu hören?

Patientin: Sie würde mir sagen, was ich tun soll, so wie sie es immer mit Judy (der jüngeren Schwester) macht. Sie würde die Therapeutin spielen, aber für mich ist eine Therapeutin schon mehr als genug. (Therapeutin lacht.)

Therapeutin: Ihre Mutter ist also eine Art Rettungsstation für andere? (Patientin lächelt bestätigend.) Wenn Sie Probleme haben, bekommt sie Angst und ist sofort mit Hilfsmaßnahmen und guten Ratschlägen bei der Hand?

Patientin: Ja, genau. Und das letzte, was ich gebrauchen kann, sind gute Ratschläge oder daß sie sich Sorgen macht, weil ich mir Sorgen mache.

Therapeutin: Und dann würden Sie sich Sorgen machen, weil Ihre Mutter sich Sorgen über Ihre Sorgen macht? (Patientin lacht.) Wenn es die eine juckt, fängt die andere an, sich zu kratzen, ist das richtig . . . (Patientin unterbricht und gibt Beispiele für die ständigen Einmischungsversuche ihrer Mutter.)

Therapeutin: Was wäre denn, wenn Sie Ihrer Mutter sagen könnten, daß Sie keine Ratschläge haben wollen – nicht einmal gute Ratschläge –, sondern daß Sie mehr daran interessiert sind, zu erfahren, wie andere Frauen in Ihrer Familie mit ähnlichen Problemen umgegangen sind oder wie andere Frauen in der Familie, Ihre Mutter eingeschlossen, es schafften, Familienpflichten und individuelle Ziele miteinander in Einklang zu bringen?

Patientin: Nein, das würde ich einfach nicht fertigbringen.

Während der nächsten Monate ermutigte ich die Patientin nicht zum Handeln, aber ich blieb dabei, Aspekte der Mutter-Tochter-Verschmelzung aufzudecken und zu analysieren, und thematisierte das damit verbundene Problem der inneren Widerstände Frau J.s, der Mutter ihre eigene abhängige, verletzliche und unterfunktionierende Seite zu zeigen. Später legte ich der Patientin vorsichtig nahe, daß es für sie von Vorteil sein könnte, wenn sie fähig wäre, sich innerhalb ihrer Herkunftsfamilie klarer zu definieren und offen über wichtige emotionale Probleme in ihrem Leben zu sprechen. Da Frau J. mittlerweile eine weniger reaktive und nachdenklichere Einstellung entwickelt hatte, was die Beziehung zu ihrer Mutter anging, teilte ich ihr auch meine eigenen (aus klinischen Erfahrungen mit der Familien-System-Theorie gewonnenen) Überlegungen mit, wie sie auf ihre Mutter zugehen könnte. Ich verwende das Bowen-Training innerhalb der psychodynamischen Arbeit, weil ich davon überzeugt bin, daß Projektionen und verzerrte innere Objekte durch die Übertragungsbeziehung nicht vollständig aufgelöst werden können; die Lösung solcher Konflikte erfordert vielmehr ein beträchtliches Maß an direkter Arbeit innerhalb des Familiensystems einschließlich des Sammelns von Fakten der Familiengeschichte, die mit den hervorstechenden Problemen in Zusammenhang stehen, und später der Wiederaufnahme der Kommunikation mit der Familie in wichtigen emotionalen Fragen.

Die veränderte Beziehung der Patientin zu ihrer Mutter erwies sich als einer der wichtigsten Wendepunkte in der Therapie; bestimmte Interaktionen wären jedoch in den frühen Stadien der therapeutischen Arbeit nicht möglich gewesen. Erst nachdem Frau J. genügend Einsicht in die familiären Muster und ihren eigenen Anteil daran gewonnen hatte, konnte sie in einer ruhigen Weise, die das bereits hohe Maß an Ängsten in der Beziehung nicht noch mehr steigerte, auf ihre Mutter zugehen.

Mit Hilfe der Therapie konnte Frau J. zum ersten Mal mit ihrer Mutter über ihre Berufsprobleme diskutieren und Lillie als eine Frau würdigen, die ihrer Tochter helfen konnte, indem sie mehr über sich selbst mitteilte. Frau J. sagte:»Weißt du, Mutter, ich habe mich mit Jonathan dauernd über das Aufbaustudium gestritten, aber allmählich wird mir klar, daß ich dem Studium selbst mit gemischten Gefühlen gegenüberstehe. Ich will vorankommen und soviel wie möglich aus meinem Beruf machen, aber andererseits habe ich auch eine Todesangst. Ich erwarte keine Ratschläge oder Lösungen von dir, denn letzten Endes muß ich meine Entscheidung doch allein treffen. Aber es würde mir helfen, mehr über deinen Standpunkt und deine Erfahrungen zu hören.« Die Patientin fragte ihre Mutter, ob sie je ähnliche Probleme gehabt habe, wie andere Frauen in der Familie Beruf und familiäre Verantwortung miteinander verbunden hatten und was sie, Lillie, über die Berufsprobleme ihrer Tochter denke.

In späteren Gesprächen stellte Frau J. ihrer Mutter weitere

Fragen über ihre Familie, um mehr darüber zu erfahren, was das Thema Frauen und Berufstätigkeit für die vorangegangenen Generationen bedeutet hatte:

– Wie reagierten deine Mutter und dein Vater auf deine Talente und Leistungen?
– Hielt deine Familie dich für intelligent?
– Hast du je daran gedacht, aufs College zu gehen?
– Welchen Beruf hättest du gewählt, wenn du in deiner Jugend die Möglichkeit einer Ausbildung gehabt hättest?
– Meinst du, daß du im Beruf Erfolg gehabt hättest?
– Was hätte dir im Weg stehen können?
– Auf welcher Basis wurde entschieden, daß deine Brüder aufs College gehen durften und du nicht?
– Was hast du dabei empfunden?
– Wie war es für dich, als Heranwachsende soviel Verantwortung für die Familie zu tragen?
– Hatte deine Mutter besondere Talente oder Ambitionen?

Frau J. war überrascht, wie bereitwillig ihre Mutter die Gelegenheit nutzte, über ihre Vergangenheit zu sprechen. Meiner Erfahrung nach sind Familienmitglieder, schwer neurotische Mütter und Väter nicht ausgenommen, durchaus bereit, ihre eigenen Erfahrungen mitzuteilen, wenn die Patientin den Anfang macht und von einem aktuellen Konflikt erzählt und dann den aufrichtigen Wunsch ausdrückt, zu hören, wie andere Familienmitglieder ähnliche Probleme erlebten und behandelten. Lillie erzählte ihrer Tochter, daß sie sich früher sehr gewünscht hatte, Englischlehrerin zu werden, aber dieses Ziel mußte hinter der Verantwortung zurücktreten, die sie für andere übernahm, zuerst in ihrer Herkunftsfamilie und dann in ihrer eigenen Familie. Außerdem erzählte Lillie, daß ihre eigene Mutter, Sarah, eine geschickte Schneiderin war, die bis an ihr Lebensende davon geträumt hatte, ein kleines Geschäft aufzumachen, obwohl sie wußte, daß dieser Traum sich nie erfüllen würde. Gelegentlich hatte die Großmutter privat etwas verkauft, und Lillie besaß noch einige ihrer Handarbeiten, die sie ihrer Tochter nun zum ersten Mal zeigte. Frau J. erfuhr auch, daß sie auf der mütterlichen Seite der Familie (entferntere Verwandte wie Cousinen eingeschlossen) die einzige verheiratete Frau war, die versuchte, einen akademischen Grad zu erlangen.

Ich glaube, daß die Patientin diese Dinge in einer vagen, vorbewußten Weise gespürt hatte; aber die Tatsache, daß sie nun mit ihrer Mutter offen darüber diskutieren konnte, war für den Veränderungsprozeß von zentraler Bedeutung. Zunächst gelang es Frau J., die ambivalente Einstellung der Mutter zu den Ambitionen und Leistungen ihrer Tochter realitätsgerechter einzuschätzen und besser zu verstehen; Frau J.s Wünsche und Pläne erinnerten Lillie daran, was ihr selbst und ihrer eigenen Mutter, Sarah, versagt geblieben war. Frau J. begann ihre Mutter als unabhängige und andersartige Persönlichkeit mit einer eigenen Lebensgeschichte zu betrachten, und das neue Verständnis, das sie aufbrachte, war nicht einfach eine intellektuelle Leistung, sondern ein angsterregender Schritt in Richtung stärkerer Ablösung und Differenzierung. In bezug auf ihren persönlichen Ehrgeiz und ihre eigenen Strebungen erlebte Frau J. Schuldgefühle und eine »merkwürdige Deprimiertheit«, die sie sich vorher nicht eingestanden hatte, denn nun waren die weiblichen Schlüsselgestalten der Familiengeschichte für sie zu realen Personen geworden, deren Lebensgeschichten – viel schwieriger als ihre eigene – sie sich gerade erst vorzustellen begann. Sie verstand auch besser, wie anstrengend es ist, eine Pionierin zu sein. Nach eineinhalb Jahren Therapie sagte Frau J., als sie die mütterliche Seite ihres Genogramms ansah: »In den letzten Jahrhunderten hat keine von den Frauen hier sowohl eine Familie als auch ein richtiges Berufsleben gehabt. Warum sollte ich die erste sein?« Ich stimmte ihr zu, daß es sehr schwierig für sie sei, die Pionierrolle zu übernehmen, ohne sich bei den anderen wichtigen Frauen der vorangegangenen Generationen gleichsam für ihr Ausbrechen zu entschuldigen.

In diesem Stadium der Therapie trat Frau J. ins erste Jahr ihres Graduiertenstudiums ein. Sie konnte sich jedoch nur mit Schwierigkeiten gestatten, Freude an ihrem Ausbildungsprogramm zu haben. Nachdem ein Hochschullehrer ihr mitgeteilt hatte, er wolle eines ihrer Arbeitspapiere im Seminar verteilen lassen, weil es hervorragende Denkanstöße gebe, kam es bei Frau J. zu einer potentiell gefährlichen Form des Agierens (sie überfuhr eine rote Ampel). Ich deutete diesen selbstsabotierenden Akt als Ausdruck der Schuldgefühle der Patientin (und ihrer damit verbundenen unbewußten Angst, den Neid anderer

zu erregen) und als Versuch, sich bei den Frauen der vorangegangenen Generationen zu »entschuldigen«. Ich legte ihr vorsichtig nahe, mit ihrer Mutter über ihren Konflikt zu sprechen,
und erklärte ihr, daß es ihr vielleicht helfen könne, bewußt und
reflektiert mit ihrem Dilemma umzugehen, wenn sie das Problem offen an der Quelle angehe, statt es unbewußt auszuagie-
ren. Wir überlegten gemeinsam, in welcher Form sie mit ihrer
Mutter über ihr Problem sprechen könnte, ohne zu vermitteln,
daß sie Lillie für die »Schuldige« halte.

Den vielleicht größten Mut in den drei Jahren ihrer Therapie
brachte Frau J auf, als es ihr gelang, die Frage der Mutter-
Tochter-Rivalität offen und direkt, aber ohne Schuldzuweisungen anzusprechen. Die Patientin berichtete von dem Gespräch;
sie sagte zu ihrer Mutter: »Es hört sich vielleicht verrückt an,
aber jetzt, wo ich in der Therapie mehr über mich selbst heraus-
finde, stelle ich fest, daß ich Angst davor habe, erfolgreich zu
sein. Etwas in mir ist beunruhigt und fühlt sich schuldig, weil ich
Möglichkeiten habe, die intelligenten und tatkräftigen Frauen
wie dir und deiner Mutter nicht zur Verfügung standen. Du hast
mir gesagt, daß du mit der Wahl, die du getroffen hast, zufrieden bist und daß dir dein Leben gefällt, so wie es ist. Aber ich
habe trotzdem ein komisches Gefühl dabei, mir selbst etwas zu
erlauben, was meine eigene Mutter und Großmutter nicht haben konnten, selbst wenn sie es gewollt hätten. Und wenn ich
deine Kompetenz und deine Klugheit betrachte, muß ich
manchmal daran denken, was für eine phantastische Lehrerin
du geworden wärest, wenn du diese Richtung eingeschlagen
hättest.«

Lillie zeigte einen verblüfften Gesichtsausdruck, als Frau J.
geendet hatte. Sie schüttelte den Kopf und sagte: »Damit kann
ich nichts anfangen.« Dann wechselte sie das Thema. Eine Woche später rief sie jedoch bei Frau J. an, um ihr mitzuteilen, daß
sie sich für einen College-Kurs eingeschrieben habe und daß sie
sich überlege, ob sie nur als Gasthörerin teilnehmen oder sich
den Kurs anerkennen lassen solle. »Der Himmel weiß, warum
ich so was in meinem Alter mache!« sagte sie. Als Frau J. den
Telefonhörer aufgelegt hatte, fühlte sie eine unerwartete Welle
von Liebe zu ihrer Mutter in sich aufsteigen und brach in Tränen aus, ohne daß sie wußte warum.

Als Reaktion auf die neuerworbene Fähigkeit ihrer Tochter, anders mit der Beziehung umzugehen, begann auch Frau J.s Mutter sich zu verändern, aber Lillies Flexibilität ist in diesem Fall von untergeordneter Bedeutung. Wichtig war Frau J.s Bereitschaft, generationsübergreifende Muster zu verstehen, sich in der Beziehung zu ihrer Mutter (und in der Folge auch zu anderen Familienmitgliedern) klar zu definieren, was ihre Arbeitsprobleme anging, und unterschwellige Konflikte aufzudecken, was ihr erlaubte, primitive Projektionen und Verzerrungen an ihrer Quelle zu korrigieren. Durch diese Leistungen wurden die mit den Arbeitsproblemen verbundenen Ängste verringert; die Verschmelzung und die emotionalen Spannungen in der Mutter-Tochter-Dyade nahmen merklich ab.

Die Vater-Tochter-Dyade im familiären Kontext

Ein Jahr, nachdem Frau J. Jonathan geheiratet hatte, war ihr Vater gestorben. Die Patientin ließ sich auf die emotionalen Auswirkungen dieser Verlusterfahrung nicht ein; sie konzentrierte ihre Aufmerksamkeit auf die Distanz und das Desinteresse, die seit langer Zeit die Vater-Tochter-Beziehung beherrscht hatten und die besonders deutlich hervorgetreten waren, als Frau J. elf Jahre alt war. Zwischen Frau J. und ihrem Vater war es selten zu offenen Konflikten oder Spannungen gekommen, aber sie warf ihm vor, daß er emotional unerreichbar für sie war, und zu Anfang sah sie es so, daß der Vater allein für die Distanz in der Beziehung verantwortlich war.

Ein Bestandteil dieser emotional distanzierten Beziehung war allerdings, daß Frank, der Vater, Frau J. in ihrer intellektuellen Entwicklung und ihren schulischen Leistungen insgeheim unterstützte. Frau J. erinnerte sich an seine hohen Maßstäbe (»nur die beste Note war ihm gut genug«) und an die vielen Gelegenheiten, bei denen er sie zu höheren Leistungen angespornt hatte. Als sie neun Jahre alt war, hatte sie sich einmal mit großem Interesse eine Fernsehsendung über die Arbeit von Chirurgen angesehen. Nach der Sendung sagte ihr Vater: »Du kannst auch Chirurgin werden, wenn du es wirklich willst.« Einige Tage später brachte er ihr aus der Bibliothek ein Jugendbuch mit, in dem die verschiedenen Sparten der Medizin beschrieben wurden. Am Abend desselben Tages warf die Mutter dem Vater wütend vor, das Buch, das er ausgewählt habe, sei für ein Kind im Alter ihrer Tochter zu schwierig. Es kam zu einem heftigen Streit, und im Anschluß daran zogen sich die Ehepartner verbittert voneinander zurück. Frau J. erinnerte sich, daß sie auf ihr Zimmer gegangen war und es nicht gewagt hatte, das Buch auch nur aufzuschlagen.

Beide Eltern hatten auf die Möglichkeit einer individuellen Beziehung zwischen Vater und Tochter offenbar mit starken Ängsten reagiert. Außerdem hatte es Frau J. als Kind verwirrt und geängstigt, daß ihr Vater ihr vermittelte, sie solle »etwas aus sich machen«, obwohl er für seine Frau offensichtlich nicht denselben Ehrgeiz hatte. »Von mir erwartete er, daß ich alle meine Fähigkeiten einsetzte, aber wenn meine Mutter einen Job bei Burger King angenommen hätte, wäre es ihm recht gewesen. Ich erinnere mich an viele Situationen, wo er sie vor anderen Leuten in intellektueller Hinsicht heruntermachte, und ich war immer wütend auf sie, weil sie es einfach hinnahm.«

Frau J. setzte intellektuelle Leistungen und beruflichen Ehrgeiz unbewußt mit einer engeren Beziehung und einer stärkeren Identifikation mit ihrem Vater gleich. Das wäre an sich nicht problematisch gewesen, aber Frau J. war unbewußt davon überzeugt, daß eine solche Annäherung an den Vater die zentrale Mutter-Tochter-Bindung gefährdet hätte. Ich möchte hier besonders hervorheben, daß dieses Muster durch viele unterschiedliche Faktoren ausgelöst und aufrechterhalten wurde und daß die ödipale Konstellation nur ein Bestandteil der komplexen Dynamik von Dreiecksbeziehungen und verdeckten Koalitionen in menschlichen Systemen ist. Das von wechselseitiger Verstärkung gekennzeichnete reziproke Muster der übermäßig intensiven mütterlichen Aufmerksamkeit und der übermäßigen Distanziertheit des Vaters, das im Lauf der Zeit zunehmend rigide Formen annimmt, ist ein Resultat der traditionellen Strukturen der Kleinfamilie. Die Patientin sagte einmal: »Mein Vater hatte seinen Beruf *und* seine Kinder, aber meine Mutter hatte nur ihre beiden Mädchen.« Schon als kleines Kind hatte Frau J. gespürt, daß ihre Mutter sich bedroht und verraten gefühlt hätte, wenn sie, die Tochter, stärker auf den Vater zugegangen wäre, und sie fühlte auch, daß der Vater selbst auf diese Annäherung mit Ängsten und Unsicherheit reagiert hätte.

Die wechselseitige Distanz zwischen Vater und Tochter verringerte zwar die angstvollen Spannungen in der Familie, aber diese »Lösung« hinderte Frau J. daran, ihre erfolgs- und leistungsbezogenen Strebungen, die sie unbewußt als »männlich« betrachtete, konfliktfrei und unbefangen in ihre Persönlichkeit zu integrieren. Frauen sind oft intrapsychischen, familiären und kulturellen Einflüssen ausgesetzt, die durch ihr Zusammenwirken zu der Überzeugung führen, ernsthafte Berufsarbeit sei ausschließlich »Männersache«. Gleichzeitig führen die über Generationen weitergegebenen familiären Rollensysteme und Verhaltensregeln oft zu Dreieckskonstellationen, in denen die Männer im allgemeinen und die Väter im besonderen distanzierte und schattenhafte Figuren darstellen – überlebensgroß, aber emotional inkompetent und als Objekte emotionaler Bindung und Identifikation tabu.

Die Familie des Vaters

Frau J. hatte starke Widerstände, als es darum ging, das Genogramm der väterlichen Seite der Familie zu erstellen, denn damit stand sie vor der schwierigen Aufgabe, ihren Vater als reale Person zu betrachten und nicht mehr als die durch familiäre Mythen und durch ihre eigenen unbewußten Ängste, Wünsche und Projektionen definierte Phantasiegestalt. Die generationsübergreifende Perspektive half Frau J. dennoch, ihren Vater mit größerer Klarheit und Objektivität zu sehen und mehr Einfühlung für seine Situation aufzubringen. Durch das Zusammentragen von Fakten der Familiengeschichte wurden Frau J. Zusammenhänge bewußt, die ihr den Rückzug ihres Vaters aus seiner erzieherischen Verantwortung besser verständlich machten. In der Vorpubertät hatte Frank seinen Vater durch einen Unfall verloren; sein späterer emotionaler Rückzug von seiner Tochter, als diese das Alter von elf Jahren erreichte, stand mit dieser Verlusterfahrung in Zusammenhang. Frau J. erfuhr auch, daß ihr Großvater im Alter von acht Jahren seinen Vater verloren hatte. Das Wissen um diese frühen Vaterverluste, von denen zwei Generationen von Söhnen betroffen waren, half Frau J. zu verstehen, daß die Distanziertheit ihres Vaters der Ausdruck von Ängsten war und keinen Mangel an Liebe bedeutete.

Mit Hilfe der therapeutischen Fragestellungen und Interventionen wurde Frau J. bewußt, wie alle Familienmitglieder dazu beigetragen hatten, daß der Vater in seiner distanzierten Position blieb, und sie erkannte, daß tiefliegende Ängste und Schuldgefühle sie daran gehindert hatten, eine engere emotionale Bindung zu ihm einzugehen. Die Aufarbeitung der Vaterbeziehung und die Wiederaufnahme des Kontakts zur väterlichen Seite der Familie waren für die Therapie von ausschlaggebender Bedeutung, denn die Ursachen für Frau J.s Arbeitshemmungen lagen zum Teil auch in dem unabgeschlossenen Trauerprozeß um ihren Vater und in einer zentralen familiären Dreieckskonstellation, in der sie und ihre Mutter eine intensive (wenn auch konfliktreiche) Beziehung hatten, während der Vater beiden Frauen gegenüber in einer distanzierten Außenseiterposition war.

In der Therapie war ein entscheidender Punkt erreicht, als es Frau J. gelang, mit beiden Geschwistern ihres Vaters Kontakt aufzunehmen, um Informationen darüber zu sammeln, wie Berufs- und Erfolgsprobleme in den vorangegangenen Generationen behandelt worden waren, und um mehr über die Berufsentwicklung ihres Vaters und sein Verhältnis zur Arbeit zu erfahren. In Briefen und persönlichen Gesprächen teilte Frau J. der Schwester und dem Bruder ihres Vaters etwas über ihre eigenen Konflikte mit und stellte ihnen Fragen über die Familiengeschichte. Was sie erfuhr, ließ ihren Großvater, ihren Vater und seine Geschwister als reale Personen hervortreten, deren Arbeits- und Karriereprobleme ihren eigenen ähnelten und sich in mancher Hinsicht auch davon unterschieden.

Vor dieser Zeit hatte die Patientin im Zusammenhang mit ihren Arbeitsproblemen Symptome entwickelt, die in der psychoanalytischen Literatur häufig als Ausdrucksformen von Penisneid gedeutet werden. Zu diesen Symptomen gehörten die Angst, als Schwindlerin entlarvt zu werden, die Unsicherheit in bezug auf ihre eigenen Leistungen, trotz erwiesener Fähigkeiten und Erfolge, die Überzeugung, daß ihr etwas Entscheidendes fehle, um den Erfolg ihrer Arbeit zu sichern, und ein Minderwertigkeitsgefühl Männern gegenüber, von denen sie glaubte, sie blieben von den arbeitsbezogenen Ängsten und Konflikten, mit denen sie selbst zu kämpfen hatte, auf geheimnisvolle Weise verschont. Alle diese Symptome, die zum großen Teil auf die Mystifikation und Vermännlichung arbeitsbezogener Zusammenhänge zurückzuführen waren, gingen in erstaunlichem Maß zurück, als Frau J. mit der väterlichen Seite ihrer Familie in lebendigem Kontakt blieb, als sie ihre Phantasien durch sachliche Informationen über das berufsbezogene Erbe der väterlichen Linie ersetzte und als sie kleine, aber bedeutsame Schritte unternahm, um das alte generationsübergreifende Muster emotionaler Distanz in der Vater-Tochter-Beziehung zu verändern.

Wie vorauszusehen war, wurden in Frau J. schmerzvolle Gefühle über den Tod ihres Vaters reaktiviert, die vorher durch die emotionale Distanz zur Familie des Vaters in Schach gehalten worden waren. Die Familie des Vaters war, wie Frau J. es ausdrückte, immer »von geringerer Bedeutung« gewesen, und die Patientin hatte zu den Verwandten der väterlichen Seite bestenfalls oberflächliche Beziehungen gehabt; seit der Beerdigung des Vaters war der Kontakt nahezu völlig zum Erliegen gekommen. Die Gespräche über ihren Vater, die sie mit seinen Geschwistern führte, brachten ihr zu Bewußtsein, wie sehr er ihr fehlte, und riefen in ihr eine tiefe Trauer hervor, daß sie die Zeit nicht genutzt hatte, um ihn besser kennenzulernen. Frau J. wurde sich auch ihrer vorher unartikulierten Ängste bewußt, daß sie ihre Mutter kränken könnte, indem sie offen eingestand, wie wichtig der Vater für sie war, und indem sie den unabhängigen Entschluß faßte, ihre eigene Form der Beziehung zu den Mitgliedern seiner Familie zu etablieren. Auf diese Weise traten vorher unbewußte seelische Inhalte mit voller Kraft an die Oberfläche und wurden der weiteren therapeutischen Arbeit zugänglich.

Arbeits- und Berufsprobleme bei Frauen haben ihre Wurzeln sowohl in frühen Beziehungsmustern als auch in den Rollennormen, Regeln und Strukturen der gegenwärtigen Familien- und Berufssysteme, in denen Frauen operieren (Ulrich and Dunne 1986). Wie ich anfangs betonte, habe ich nicht den Versuch unternommen, die Gesamtheit der Faktoren darzustellen, die durch ihr Zusammenwirken Frauen den Weg zu intellektueller und beruflicher Verwirklichung so besonders schwer machen, und ich kann die aus der Familien-System-Theorie abgeleitete therapeutische Arbeitsweise hier auch nicht in ihrer ganzen Komplexität darstellen. Das Fragment einer Therapie, das ich in diesem Kapitel beschrieben habe, illustriert vielmehr mein psychodynamisches Verständnis weiblicher Arbeitshemmungen bei einer bestimmten Patientin und verdeutlicht meine Überzeugung, daß unbewußte Konflikte und verzerrte innere Objekte, die aus dysfunktionalen Beziehungsmustern in irgendeinem Entwicklungsstadium hervorgegangen sind, nicht vollständig aufgelöst werden können, wenn sie nicht innerhalb des intensiven Spannungsfeldes realer Familienbeziehungen wiederaufgegriffen und umgestaltet werden[1].

1 Dieses Kapitel wurde 1987 unter dem Tiel »Work and Success Inhibitions in Women: Family Systems Level Interventions in Psychodynamic Treatment« zum ersten Mal veröffentlicht in: Bulletin of the Menninger Clinic 51 (4): 338–360.

Literatur

APPLEGARTH, A. (1976): Some observations on work inhibitions in women; in: Journal of the American Psychoanalytic Association 24 (Suppl.): 251–268

BOWEN, M. (1978). Family Therapy in Clinical Practice; New York

CHERNIN, K. (1985): The Hungry Self; Women, Eating and Identity; New York

GAP, COMMITTEE ON THE COLLEGE STUDENT (1975): The Educated Woman: Prospects and Problems 9 (92)

HORNER, M. (1972): The motive to avoid success and changing aspirations of college women; in: Readings on the Psychology of Women, ed. J. Bardwick, pp. 62–67; New York

KANTER, R. M. (1977): Men and Women of the Corporation; New York

KERR, M. E. (1981): Family systems theory and therapy; in: Handbook of Family Therapy, ed. A. S. Gurman and D. P. Kniskern, pp. 226–264; New York

KRUEGER, D. W. (1984): Success and the Fear of Success in Women; New York

LERNER, H. G. (1979): Effects of the nursing mother-infant dyad on the family; in: American Journal of Orthopsychiatry 49: 339–348

– (1980): Internal prohibitions against female anger; in: American Journal of Psychoanalysis 40: 137–148

– (1983): Female dependency in context; in: American Journal of Orthopsychiatry 53: 697–705

– (1985): The Dance of Anger; New York (Wohin mit meiner Wut; Zürich 1987)

LERNER, S., and LERNER, H. G. (1983): A systemic approach to resistance; theoretical and technical considerations; in: American Journal of Psychotherapy 37: 387–399

MOULTON, R. (1985): The effect of the mother on the success of the daughter; in: Contemporary Psychoanalysis 21: 266–283

NADELSON, C. C., NOTMAN, M. T., and BENNETT, M. B. (1978): Success or failure: psychotherapeutic considerations for women in conflict; in: American Journal of Psychiatry 135: 1092–1096

PERSON, E. S. (1982): Women working: Fears of failure, deviance and success; in: Journal of the American Academy of Psychoanalysis 10: 67–84

STIVER, I. P. (1983): Work Inhibitions in Women; Stone Center, Wellesley Massachusetts

ULRICH, D. N., and DUNNE, H. P. (1986): To Love and Work; A Systemic Interlocking of Family, Workplace and Career; New York

Depression

Depression ist eine Form emotionaler Reaktivität, die mit der Erfahrung des Verlusts in Zusammenhang steht. Das Thema dieses Kapitels ist die weibliche Depression und ihre Beziehung zu einer besonderen Form der Verlusterfahrung, die auftritt, wenn Frauen das eigene Selbst verraten oder opfern, um die Harmonie in Beziehungen zu bewahren. In ihrem Bemühen um die Aussteuerung des empfindlichen Gleichgewichts zwischen dem Ich und dem »Wir« opfern Frauen häufig das Ich zugunsten des Gefühls von Zusammengehörigkeit und nehmen so in der Beziehung eine Position der Selbstaufgabe ein. Depression kann ein Resultat der Opferung des eigenen Selbst und des gleichzeitigen Verlusts der Selbstachtung sein, der die unbewußte Wahrnehmung des Selbstverrats begleitet.

Exzessiver Selbstverlust oder Selbstaufgabe tritt dann ein, wenn ich an Beziehungsmustern mitwirke, die meine Persönlichkeitsentwicklung blockieren, oder wenn ich zuviel von meinem eigenen Selbst (meine Überzeugungen, Wertvorstellungen, Wünsche, Prioritäten, Ambitionen) unter dem Druck der Beziehungsprobleme zur Disposition stelle. Der Prozeß der Selbstaufgabe beginnt in der Herkunftsfamilie und setzt sich in den Männerbeziehungen von Frauen am auffälligsten fort. In früheren Arbeiten habe ich dargestellt, in welcher komplexen Form Druck auf Frauen ausgeübt wird, in erwachsenen heterosexuellen Beziehungen eine Position der Selbstaufgabe einzunehmen, und welche machtvollen intrapsychischen, familialen und kulturellen Faktoren der Veränderung entgegenwirken (Lerner 1983, 1985).

Das folgende Beispiel aus der klinischen Arbeit verdeutlicht, wie untrennbar weibliche Depression mit der Opferung des

Selbst in Schlüsselbeziehungen und der damit einhergehenden Angst vor Objektverlust verwoben ist. Die theoretischen Verbindungen zwischen Depression, Aggression und der »Beziehungsorientiertheit« von Frauen sollen dabei ebenfalls geklärt werden.

Eine Fallgeschichte: Frau R.

Frau R. war fünfunddreißig Jahre alt, Hausfrau und Mutter dreier Kinder, eines Zwillingspärchens von zehnjährigen Mädchen und eines vierjährigen Sohnes. Sie kam wegen ihrer Depressivität und wegen ihrer unglücklichen Ehe in Therapie. Frau R. hatte bewußt eine Psychotherapeutin mit feministischer Orientierung ausgewählt; in ihrer ersten Therapiesitzung beklagte sie sich über die chauvinistische Einstellung und das empörende Verhalten ihres Mannes. Sie selbst spielte in dem ehelichen Drama eine unter Frauen allgemein verbreitete Rolle: Sie klagte über ihren Mann und machte ihn für ihr Unglücklichsein verantwortlich, fügte sich aber dennoch seinen Wünschen und leistete erheblichen Widerstand, wenn es darum ging, ihre eigene Position in der Beziehung zu analysieren und zu modifizieren.

Frau R.s symptomatische Depression war mit dem Lebensgefühl verbunden, außerordentlich stark eingeengt zu sein und sich nicht bewegen zu können. Die Umstände ihrer Ehe waren ihr so unerträglich, daß sie nicht mehr so weitermachen konnte wie bisher; trotzdem zog sie nicht einmal die Möglichkeit in Betracht, sie selbst könnte die Beendigung der Ehe wünschen. Sie war nicht bereit, sich selbst und ihren Mann auch nur probeweise dem Risiko der Veränderung auszusetzen, und sie war von vornherein davon überzeugt, daß die Beziehung kein hohes Maß an Veränderung verkraften könne. Sie war weder fähig, sich zu sagen: »Ich entscheide mich dafür, in dieser unglücklichen Ehe zu bleiben«, noch konnte sie eine Basislinie für sich festlegen und sich sagen: »Wenn sich das nicht ändert, werde ich mich von ihm trennen.«

Durch ihre Depression nahm Frau R. die Rolle der »Kranken« ein, wodurch die wirklichen Eheprobleme verschleiert wurden; gleichzeitig hatte die Depression jedoch auch die Funktion einer Anklage. Sie richtete die Aufmerksamkeit auf die unerträgliche Lebenssituation der Patientin. In paradoxer Weise diente die Depression sowohl zum Protest gegen den Status quo als auch zu seiner Erhaltung; sie forcierte den Drang nach Veränderung und sorgte gleichzeitig dafür, daß alles beim alten blieb. Frau R. war durch ihre gravierenden Symptome in ihrer Fähigkeit beeinträchtigt, den Haushalt und die Fürsorge für die Kinder zu bewältigen; auf diese Weise konnte sie in den Streik treten, was ihre »heilige Berufung« betraf, gegen die sie nicht in direkter Form protestieren konnte. Ihr Mann, der früher jeder Form von familiärer Verantwortung aus dem Weg gegangen war, brachte nun abends die Kinder zu Bett und machte ihnen gelegentlich morgens das Frühstück, weil sich sonst niemand um diese Aufgaben gekümmert hätte. Er übernahm diese Pflichten jedoch nur, weil er für seine dysfunktionale Ehefrau einspringen mußte, und nicht etwa, weil Frau R. die alten Spielregeln der Beziehung offen in Frage gestellt hätte, indem sie ihre eigenen Bedürfnisse klarstellte und neu definierte, was sie fortan tun und was sie nicht mehr tun würde.

Die Depression dient bei Frauen oft dazu, Aggressionen zu binden und ihre Ursachen zu verschleiern; auf diese Weise können die Frauen Schwierigkeiten in der Ehe vollständig verleugnen und ihre gesamte Aufmerksamkeit auf die Frage konzentrieren: »Was stimmt nicht mit mir?« Frau R. war durch ihre Depression jedoch nicht daran gehindert, Wut auf ihren Mann zu empfinden und auszudrücken. Dennoch beschützte sie ihn und sich selbst vor den Risiken eines ernsthaften Dialogs, indem sie ihn durch die Form ihrer Wutäußerungen einlud, sie zu ignorieren oder sie als irrational, hysterisch und krank abzuschreiben. Frau R. war zum Beispiel wütend darüber, daß ihr Mann sie oft herablassend und gönnerhaft behandelte. Als sie ihn schließlich direkt mit diesem Problem konfrontierte, »verlor sie die Fassung«, schrie ihn hysterisch an und bestätigte damit, daß sie in der Tat so infantil, schwach und irrational war, wie er sie brauchte. Ihr Mann hörte sich ihren Wutausbruch gelassen an und erkundigte sich dann freundlich, ob sie an diesem Tag schon ihre Medikamente genommen habe. Die genauere Analyse zeigte, daß Frau R. Angst hatte, ihre Position so klar und eindeutig darzustellen, daß sie nicht ohne weiteres beiseite geschoben werden konnte. Sie nahm lieber die Rolle der Unterlegenen in Kauf, statt ihren Mann damit in Verlegenheit zu bringen, daß sie ihre Unzufriedenheit in klarer, ruhiger und artikulierter Form benannt und auf einem echten Dialog bestanden hätte. Unbewußt war sie davon überzeugt, daß ihr Mann nur eine fügsame Kindfrau ertragen konnte – und damit hatte sie vollkommen recht. Als Frau R. in einem späteren Stadium der Therapie ein höheres Niveau von Selbstvertrauen und Reife zu entwickeln begann, zog ihr Mann sich von ihr zurück, hatte eine Affäre und drohte mit der Scheidung. Wie für viele Frauen war es auch für Frau R. einfacher, die Kranke, die Depressive zu bleiben, als sich die Ursachen ihrer Unzufriedenheit bewußtzumachen und die Position der Selbstaufgabe zu verlassen. Der Grund dafür war nicht, daß sie aus ihrer Opferrolle masochistische Befriedigung bezogen hätte, sondern daß sie unbewußt davon überzeugt war, ihre wichtigste Beziehung könnte nur dann überleben, wenn sie den Status quo weiterhin aufrechterhielte. Sie setzte die Entwicklung größerer Klarheit, Handlungsfähigkeit, Eigenständigkeit, Durchsetzungsfähigkeit und stärkeren Selbstvertrauens mit einem destruktiven Akt gleich, der ihren Partner herabsetzen und bedrohen und ihn dazu bringen könnte, sich zu rächen oder sie zu verlassen. Diese unbewußte Überzeugung ist bei Frauen weit, wenn nicht universell verbreitet (Lerner 1980, 1983, 1985).

Frau R. glaubte, sich zwischen den Alternativen entscheiden zu müssen, entweder eine Ehe oder ein eigenes Selbst zu haben, wenn sie dieses Dilemma auch nicht bewußt für sich artikuliert hatte. Die therapeutische Arbeit an der ehelichen Beziehung zielte nicht darauf ab, Frau R. zu Schritten in eine bestimmte Richtung zu bewegen; es ging vielmehr darum, Frau R. durch methodische Befragung zu der Erkenntnis zu verhelfen, daß ihre Depression eine systemerhaltende Funktion erfüllte und ihr selbst und ihrem Mann als Schutz diente. Die tatsächlichen und phantasierten Risiken des Herausgehens aus der Position der Selbstaufgabe wurden ebenso sorgfältig untersucht wie der Preis, den die Aufrechterhaltung des gegenwärtigen Zustands fordern würde.

Während der Anfangsphase der Therapie war es außerordentlich wichtig, daß ich folgende Tatsache akzeptierte: Für Frau R. war es undenkbar, Unruhe in ihre Ehe hineinzutragen, denn sie setzte das Alleinsein mit dem psychischen und sogar dem physischen Tod gleich. Diese starken Ängste waren einerseits in Frau R.s Schwierigkeiten, sich von ihrer Herkunftsfamilie abzulösen und Autonomie zu erlangen, begründet und andererseits mit Problemen verknüpft, die durch die Institution Ehe hervorgerufen und aufrechterhalten werden. Frau R. hatte als Hausfrau jahrelang völlig zurückgezogen gelebt; sie hatte keine vermarktbaren Fähigkeiten, kaum finanzielle Reserven und wenig Zutrauen in ihre Fähigkeit, im Fall der Scheidung für sich selbst und ihre Kinder sorgen zu können. Eine mögliche Trennung von ihrem Mann war für sie nicht nur mit Identitätsverlust verbunden, sondern auch mit dem tatsächlichen Verlust ihrer ökonomischen Sicherheit und ihres Sozialstatus. Obwohl sie über beträchtliche innere Kraftreserven verfügte, konnte sie diese nicht wahrnehmen, denn sie waren zum Teil durch das dysfunktionale eheliche Beziehungsmuster verdunkelt, in dem sie die Rolle der Unterfunktionierenden innehatte. Erst nachdem Frau R. sicher war, auch ohne ihre Ehe überleben zu können, war es ihr möglich, sich innerhalb der Ehe anders zu verhalten.

Bevor Frau R. sich in ihrer Ehe klarer definieren und den zuvor verleugneten Aspekten ihres Selbst Ausdruck verleihen konnte, mußte viel therapeutische Zeit auf die tiefere Analyse ihrer Depression und des Musters der Selbstaufgabe innerhalb ihrer Herkunftsfamilie verwendet werden. In früheren Arbeiten (Lerner 1979, 1980) habe ich darauf hingewiesen, daß die Position der Selbstaufgabe, die eine Frau in ihren erwachsenen Beziehungen einnimmt, mit einer früheren Selbstaufgabe in der Beziehung zur Mutter zusammenhängt; das heißt, Töchter verzichten oft auf ihre eigene Autonomieentwicklung und opfern wertvolle Aspekte ihres Selbst (Ehrgeiz, Sexualität, Kreativität und Elan), um die besondere Bindung an ihre Mütter zu schützen, Mütter, die unbewußt als unfähig wahrgenommen werden, die Entwicklung ihrer Töchter zu Eigenständigkeit und Erfolg zu ertragen. Ich habe auch betont, daß solche Schwierigkeiten (die bei Frauen nicht nur die Anfälligkeit für Depressionen, sondern auch für andere Symptome und dysfunktionale Verhaltensweisen hervorbringen) keine inhärenten oder »natürlichen« Aspekte der Mutter-Tochter-Beziehung sind, sondern daß sie das Konfliktpotential größerer Systeme widerspiegeln, die über Generationen weitergegebenen Geschlechtsrollennormen und den untergeordneten Status der Frauen eingeschlossen (Lerner 1978, 1987).

Aus meiner heutigen Sicht erscheint mir diese einseitige theoretische Fixierung auf die Mütter jedoch als problematisch (auch wenn die Rolle der kulturellen Prägung berücksichtigt wird). Einerseits ist die Mutter-Tochter-Dyade häufig die intensivste und konflikthafteste Beziehung innerhalb der Familie. Andererseits kann diese Beziehung nicht unabhängig von anderen familiären Beziehungen oder von den generationsübergreifenden Mustern, die der Familie Form und Gestalt geben, verstanden werden. Viele Psychotherapeuten, die das systemische Denken theoretisch gutheißen, kommen in Verlegenheit, wenn es darum geht, es in die Praxis umzusetzen, besonders wenn die Patientin selbst stark auf ihre Mutter fixiert ist und andere Familienmitglieder als peripher oder unwichtig darstellt. Meiner Erfahrung nach kann die Arbeit mit dem Genogramm und die generationsübergreifende Perspektive Psychotherapeuten helfen, die Beziehungen zwischen Müttern und Töchtern innerhalb des familiären Kontexts zu begreifen; damit wirkt man der Tendenz entgegen, sich auf diese Dyade zu fixieren auf Kosten der Analyse anderer, wechselseitig aufeinander einwirkender Familienbeziehungen. Aus dieser Perspektive heraus werde ich also die Fakten der Familiengeschichte und die familiären Muster erläutern, die mit Frau R.s Position der Selbstaufgabe in ihrer Herkunftsfamilie verbunden waren und schließlich zur Aufopferung des Selbst und zu ihrer depressiven Haltung in der Ehe führten.

Frau R.s Herkunftsfamilie

Abbildung 1 zeigt ein Teilgenogramm der Herkunftsfamilie Frau R.s, das während der ersten Therapiesitzungen erstellt wurde. Die begrenzten Informationen, die darin enthalten sind, heben Schlüsselbeziehungen, Daten und Muster hervor, die mit

Abb. 1

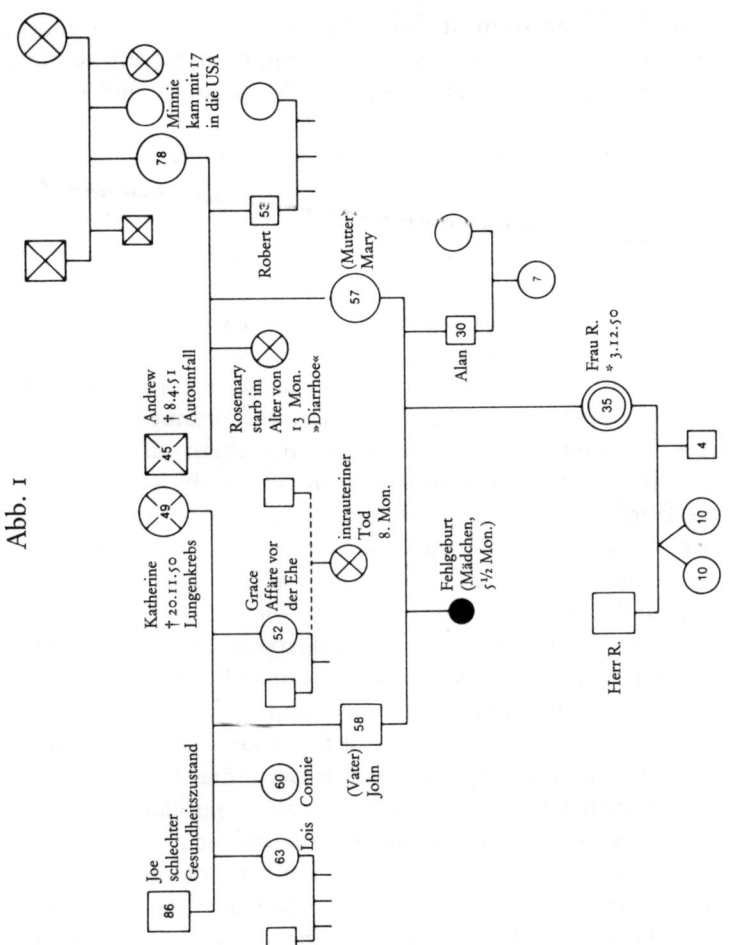

Frau R.s Depression in Zusammenhang stehen. Leser/innen, die mit der Konstruktion eines Genogramms nicht vertraut sind, verweise ich auf Lerner (1984) und McGoldrick und Gerson (1985)[1].

Wie das Genogramm zeigt, war Frau R.s Eintritt in die Familie durch Verlusterfahrungen überschattet. Zur Zeit ihrer Geburt stand die Mutter noch unter dem emotional belastenden Eindruck einer Fehlgeburt im zweiten Drittel der Schwangerschaft, die sich fünfzehn Monate zuvor ereignet hatte. Die väterliche Großmutter (Katherine) starb nur wenige Wochen vor Frau R.s Geburt nach einer langen Krankheit, und ihr mütterlicher Großvater (Andrew) starb kurz nach ihrem ersten Geburtstag bei einem Autounfall. Diese drei bedeutsamen Verluste – eine Fehlgeburt und der Tod zweier Großeltern um die Zeit von Frau R.s Geburt und in ihrem ersten Lebensjahr – beeinflußten die Familienbeziehungen und intensivierten die zentrale familiäre Dreieckskonstellation, die mit Frau R.s Anfälligkeit für Depressionen ursächlich verbunden war.

Frau R.s Vater, John, bewältigte die starken Affekte, die durch den Tod seiner Mutter ausgelöst wurden und zeitlich mit der Geburt seines ersten Kindes zusammenfielen, dadurch, daß er sich von seiner Frau und seiner kleinen Tochter zurückzog. Er intensivierte sein Engagement für seinen Beruf und fixierte sich außerdem zunehmend auf den Gesundheitszustand seines verwitweten Vaters. Die Beziehung zu seiner ältesten Schwester, Lois, wurde zunehmend konflikthaft, da sie ständig zu Auseinandersetzungen über Fragen führte, die mit dem Tod der Mutter und der finanziellen Situation des Vaters zu tun hatten. Die wachsende Distanz in der Ehe verstärkte die Verlustgefühle Marys, der Mutter; sie fixierte sich zunehmend auf ihre Tochter und entwickelte eine überbeschützende Haltung. Wie das Genogramm zeigt, war die erstgeborene Tochter in Marys eigener Geschwistergruppe (Rosemary) im Kleinkindalter ge-

---

1 In einem Genogramm stehen Quadrate für Knaben/Männer und Kreise für Mädchen/Frauen. Die horizontale Linie, die ein Quadrat und einen Kreis verbindet, stellt eine Ehe dar. Die Kinder werden durch vertikale Linien, die von der Ehelinie abzweigen, in chronologischer Reihenfolge eingezeichnet, mit dem ältesten Kind links beginnend. Ein X in einem Quadrat oder Kreis bedeutet, daß die Person gestorben ist.

storben, wodurch Marys ängstliche Fixierung auf ihr erstes Kind zweifellos noch verstärkt wurde.

Die Anzeichen für die überbeschützende und überbesorgte Haltung der Mutter waren mehr als deutlich. Bis zur Geburt ihres Bruders Alan wurde Frau R. als Kind oft ins Bett der Eltern geholt, wenn sie nachts unruhig war. Die Mutter erklärte diese Praxis so, daß Frau R. ein ängstliches Kind gewesen sei, das sich »weigerte«, allein zu schlafen, wenn es aufgeregt war. John, der Vater, ließ dieses Arrangement zu, vielleicht weil die Intensität in der Mutter-Tochter-Dyade ihm half, seine emotionale Distanz zu Frau und Tochter aufrechtzuerhalten. Johns Rückzug und Marys Fixierung auf ihr Kind wurden zu fest etablierten Positionen in der Familie. Als Frau R. ihre Mutter einmal fragte, ob sie je daran gedacht habe, zu arbeiten und sich eine eigene Karriere aufzubauen, als sie jünger war, antwortete Mary: »Ich wäre lieber gestorben, als meine Kinder fremden Leuten zu überlassen. Außerdem ist dein Vater mit dir und Alan nie zurechtgekommen; ich mußte Mutter und Vater in einem sein.«

Diese zentrale Dreieckskonstellation, die durch einen distanzierten Vater, eine distanzierte eheliche Beziehung und übermäßige emotionale Intensität zwischen Mutter und Tochter gekennzeichnet war (s. Abb. 2), wurde im Lauf der Zeit immer unbeweglicher. Die Pfeile in Abbildung 2 deuten das Prinzip der zirkulären Wechselwirkugnen in familiären Beziehungen an. Das heißt, es wäre unzutreffend zu behaupten, die Mutter habe Frau R.s Probleme »verursacht«, und es wäre ebenso falsch zu sagen, der Vater sei an der Fixierung Marys auf ihre Tochter »schuld«, weil er in der Beziehung zu seiner Frau und seiner Tochter ein emotionales Vakuum geschaffen hatte. Jede Seite des Dreiecks ist sowohl die Ursache als auch die Folge der beiden anderen Seiten, und kein Familienmitglied, die Mutter eingeschlossen, hat die alleinige Macht über die Dynamik des Ganzen. Die Fähigkeit, die zirkulären Wechselwirkungen familiärer Beziehungen vollkommen anzuerkennen, hilft Therapeuten, Fragen und Deutungen zu vermeiden, die implizit ein Familienmitglied für die Symptome und Verhaltensweisen eines anderen Familienmitglieds verantwortlich machen (Lerner and Lerner 1983).

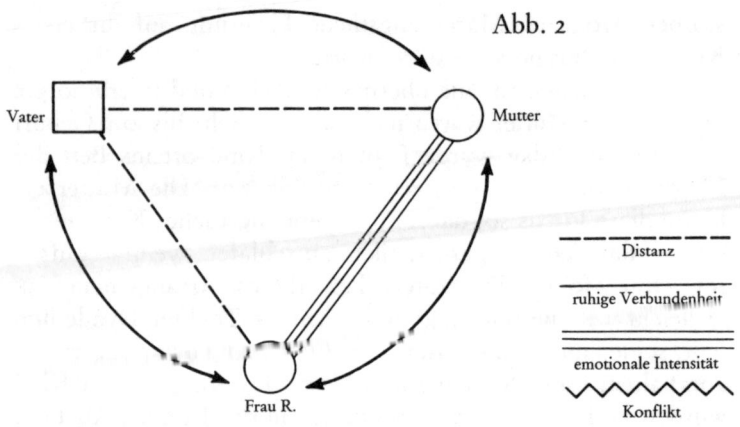

Abb. 2

Vater

Mutter

Frau R.

Distanz

ruhige Verbundenheit

emotionale Intensität

Konflikt

Nach ihrer Heirat ging Frau R. eine ähnliche Dreiecksbeziehung ein, mit ihrem Mann in der Außenseiterposition. Sie beklagte sich häufig bei ihrer Mutter über das dominierende und ungerechte Verhalten ihres Mannes auf eine Weise, die der Mutter nahelegte, ihre Verbündete zu werden, was auf Kosten ihrer Ehe ging und sich außerdem negativ auf die Beziehung zwischen Schwiegermutter und Schwiegersohn auswirkte. Wenn die Spannungen zwischen Frau R. und ihrem Ehemann stark anstiegen, »verschwand« sie manchmal mit ihren Kindern und suchte bei ihren Eltern Zuflucht. Die Mutter machte diese Aktionen mit (obwohl keine Gewalttätigkeiten zu befürchten waren); sie gab Herrn R. die Schuld an den Problemen ihrer Tochter und täuschte Unwissenheit vor, wenn er anrief und nach seiner Frau und seinen Kindern suchte. In diesen Situationen bewältigte Frau R.s Vater seine Ängste durch extreme emotionale Distanz. Er fragte seine Tochter nicht, warum sie mit ihren Kindern in seinem Haus kampierte, und er stellte weder seiner Frau noch seiner Tochter gegenüber klar, was er von Frau R.s Verhalten hielt und ob er sich damit wohl fühlte, vor seinem Schwiegersohn derartige Geheimnisse zu haben. Wenn Frau R. sich in ihr Elternhaus geflüchtet hatte, führten sie und ihre Mutter intensive Gespräche über ihre unglückliche Ehe, während der Vater in einem anderen Zimmer saß und las, als wäre nichts

Ungewöhnliches geschehen, womit er seine Außenseiterposition in der Familie festigte.

Obwohl Frau R. nicht bewußt ihr eigenes Selbst opferte, um die Bindungen innerhalb ihrer Herkunftsfamilie zu schützen, nahm sie doch an Mustern und Dreieckskonstellationen teil, die sie an ihrem Persönlichkeitswachstum hinderten und sie depressiv machten. Sie spielte in ihrer Familie – wie in ihrer Ehe – die fügsame und angepaßte Rolle und hielt sich unbewußt an familiäre Rollennormen und Regeln, was auf Kosten der Differenzierung ihres eigenen Selbst ging. Sie wandte viel emotionale Energie auf, um »für ihre Mutter« zu sein und um ihren Vater davor zu schützen, sich in der Beziehung zu seiner Frau und seiner Tochter mit emotionalen Problemen befassen zu müssen. Wie viele Töchter hatte Frau R. eine radarähnliche Sensibilität für unterschwellige Konflikte in der Familie entwickelt, und unbewußt fürchtete sie, daß bedeutsame Veränderungen von ihrer Seite die Stabilität der Familie und die Sicherheit der gewohnten familiären Bindungen – die Ehe ihrer Eltern und die symbiotische Mutter-Tochter-Beziehung eingeschlossen – zerstören würden. Unbewußt nahm sie auch die Anfälligkeit beider Eltern für Depressionen wahr und spürte die Bedeutung der Verluste, die beide um die Zeit ihrer Geburt erlitten hatten.

Meiner Erfahrung nach ist die therapeutische Arbeit nach der Familien-System-Theorie (Bowen 1978) besonders gut geeignet, um Frauen bei der Einsicht in und der Loslösung von dysfunktionalen familiären Mustern zu helfen, die später, im Erwachsenenalter, zur Selbstaufgabe und zu Depressionen führen. Ein Aspekt dieser Arbeit ist das Zusammentragen von Fakten der Familiengeschichte; dadurch wird es der Patientin möglich, ihre gegenwärtigen Probleme und Beziehungsmuster in eine breitere, generationsübergreifende Perspektive einzuordnen[2].

Im folgenden gebe ich eine kurze Darstellung der familiären Muster in den vorangegangenen Generationen, die auf das in Abbildung 2 gezeigte Schlüsseldreieck Einfluß hatten, und, im

2 Leser/innen, die mit der System-Theorie, die dem Gebrauch des Genogramms zugrunde liegt, nicht vertraut sind, verweise ich auf Kerr (1981), Lerner (1984), McGoldrick und Gerson (1985) und Ault-Riché (1986).

Zusammenhang damit, auf Frau R.s Schwierigkeiten, sowohl in ihrer Herkunftsfamilie als auch in ihrer eigenen Familie eine eigenständigere und differenziertere Position einzunehmen.

Frau R.s Mutter, Mary, hatte eine übermäßig intensive und spannungsvolle Beziehung zu ihrer eigenen Mutter, Minnie (s. Abb. 3). Mary beklagte sich permanent bei anderen Familienmitgliedern über Minnie, fügte sich aber dennoch Minnies Wünschen und Ansprüchen und verhielt sich so, als sei nur sie allein für das Wohlbefinden ihrer Mutter verantwortlich. Marys ohnehin starkes Verantwortungsgefühl für ihre Mutter steigerte sich noch, nachdem ihr Vater, Andrew, gestorben war; seither versuchte sie abwechselnd, sich von ihrer Mutter zu distanzieren und die Einsamkeit und Depression ihrer Mutter »in den Griff« zu bekommen. Als Frau R. geboren wurde, war Minnie gerade Witwe geworden, und Mary hoffte, daß ihre kleine Tochter, das erste Enkelkind, Minnie aufheitern und ihr einen neuen Lebenssinn geben würde; das trug dazu bei, daß Frau R. als Kind Gegenstand zu starker Aufmerksamkeit und zu vieler Erwartungen wurde.

Die Großmutter Minnie war im Alter von siebzehn Jahren unter traumatisierenden Umständen aus Polen emigriert. Nachdem sie mit ihrem ältesten Bruder nach Amerika vorausgeschickt worden war, konnten ihre Eltern und zwei jüngere Geschwister, die nachkommen wollten, das Land nicht mehr verlassen. Minnie war in einen jungen polnischen Bauern verliebt, und die Eltern hatten ihr den Umgang mit dem Mann verboten; ein Jahr nach ihrer Ankunft in Amerika starb dieser junge Mann bei einem Motorradunfall. Minnie erzählte ihren Kindern, sie habe Andrew nicht »aus Liebe«, sondern »aus Vernunft« geheiratet, und sie vertraute Mary an, sie habe den jungen Polen, den sie nur einen Monat gekannt hatte, nie vergessen können. Minnies Unfähigkeit, sich emotional von ihrer schwärmerischen Jugendliebe zu lösen, hing mit dem furchtbaren Verlust ihrer Eltern, ihrer Geschwister und ihrer Heimat zusammen. Zu der Zeit, als sie Andrew heiratete, verbrannte Minnie alle ihre Familienfotos aus Polen mit der Begründung, es sei zu schmerzlich, sie anzusehen, und es habe keinen Sinn, sich an die Vergangenheit zu klammern. Sie bewahrte jedoch ein Geschenk auf, das ihr der junge Pole, ihre Jugendliebe, einmal gemacht hatte. Es

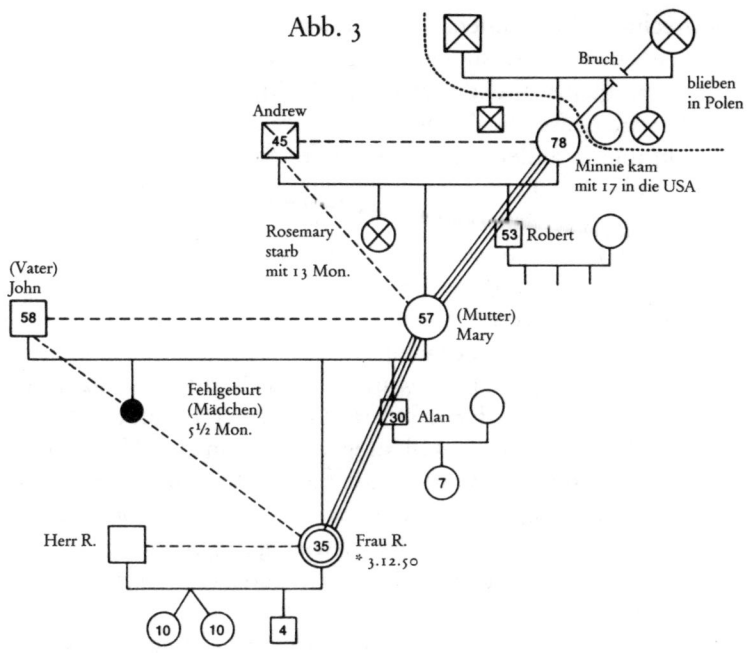

Abb. 3

überrascht nicht, daß Minnies Ehe mit Andrew distanziert blieb und für beide Seiten unbefriedigend war.

Die extremen geographischen und emotionalen Trennungserfahrungen, die Minnie durchgemacht hatte, und das Abgeschnittensein von ihrer Herkunftsfamilie führten dazu, daß ihre Beziehung zu ihren Kindern emotional überfrachtet war. Die Tatsache, daß Minnies erste Tochter im Alter von dreizehn Monaten gestorben war, erhöhte die angstvollen Spannungen und steigerte die symbiotische Verschmelzung in der Beziehung zwischen Minnie und ihrer Tochter Mary. Minnie verhielt sich so überbeschützend, als könnte Mary jeden Augenblick verschwinden; während des größten Teils ihrer Kindheit hatte Mary in Minnies Bett geschlafen, und auch als Mary erwachsen war, machte jede sich ständig Sorgen um das Wohlergehen der anderen. Mary war auch als erwachsene Frau das Kind ihrer Mutter geblieben; sie hatte die Verschmelzung in der Beziehung aufrechterhalten, indem sie es unterließ, ihre eigenen, unterschiedlichen Auffassungen darzulegen und wichtige Beziehungsprobleme direkt anzusprechen. Mary ging zum Beispiel nicht regelmäßig zur Kirche, belog ihre Mutter aber in diesem Punkt und in anderen Dingen mit der Begründung, die Wahrheit würde Minnie »zu sehr aufregen«.

Im Lauf der Zeit fand Frau R. heraus, wie weit ihre Beziehung zu ihrer Mutter der Beziehung zwischen Mary und Minnie ähnelte, und sie machte sich ein deutlicheres, realistisches Bild von den größeren Zusammenhängen, die den familiären Beziehungen über mehrere Generationen ihre Form gegeben hatten. Dadurch wurde sie sich zunehmend ihres eigenen Anteils an der Wiederholung einer generationsübergreifenden Dreieckskonstellation bewußt, in der Mütter und Töchter besonders intensiv aufeinander bezogen waren und sich wechselseitig beschützten auf Kosten der Verbundenheit von Vater und Tochter, der Befriedigung in der Ehe, der Verfolgung individueller Lebensziele und der Klärung des eigenen Selbst.

Frau R.s Vater, John, war das dritte Kind und der einzige Junge in einer Gruppe von vier Geschwistern. Er war das »Lieblingskind« seiner Mutter, das einerseits in überbeschützender Weise gehätschelt, andererseits als »bester Freund« ins Vertrauen gezogen wurde (s. Abb. 4). Überintensität in der Beziehung zur Mutter und Distanz zum Vater waren also auch Johns familiäres Muster.

Johns Sonderstellung bei seiner Mutter, Katherine, belastete die Beziehungen zu seinen drei Schwestern. Lois, die Erstgeborene, ließ sich besonders empört darüber aus, daß er verwöhnt und privilegiert sei, während sie ein Übermaß an Verantwortung in der Familie und im Haushalt zu tragen habe. Da Katherine John auch als ihren »Ratgeber« heranzog, hatte Lois von ihrem Status als Erstgeborene nur die Lasten und kam nicht in den Genuß der Vorteile. Als Frau R. ihre Therapie begann, waren ihr Vater und seine Schwester in heftige Auseinandersetzungen darüber verstrickt, wie die Pflege des kränkelnden Großvaters organisiert werden sollte. Als die Kinder in Johns Herkunftsfamilie heranwuchsen, hatte Lois dem Vater am nächsten gestanden und oft die Rolle übernommen, ihn anderen Fami-

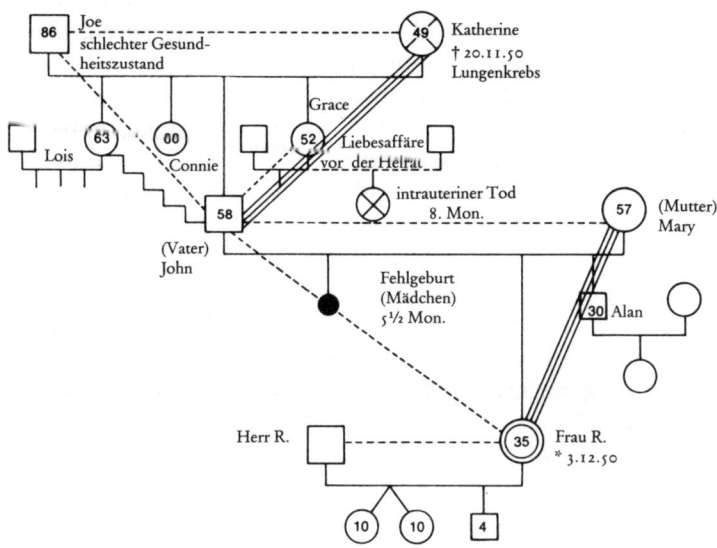

Abb. 4

lienmitgliedern gegenüber zu rechtfertigen oder sein Verhalten zu erklären.

Johns Eltern, Katherine und Joe, bewältigten die Spannungen in ihrer Ehe durch Distanz und durch kindfixierte Dreieckskonstellationen, in denen John eine Schlüsselrolle spielte.

Katherines Rolle in der Ehe war die der fügsamen und angepaßten Frau; sie meldete ihre eigenen Bedürfnisse nicht an, äußerte keine Kritik und formulierte keine eigenen Lebensziele oder Pläne. Ihre Unzufriedenheit in der Ehe und ihre Wut wurden dadurch gebunden, daß sie ihre Beziehung zu ihrem Sohn intensivierte und ihn als besonderen Verbündeten und Vertrauten heranzog.

Dieses Muster, das bereits früh in Johns Kindheit etabliert wurde, setzte sich bis ins Erwachsenenalter fort. Johns jüngere Schwester Grace wurde im ersten Jahr, nachdem sie das Elternhaus verlassen hatte und in eine entfernte Stadt gezogen war, unehelich schwanger. Sie plante, das Kind zur Adoption freizugeben, hatte dann aber im achten Monat eine Fehlgeburt. Katherine warnte Grace, niemand in der Familie – der Vater, der nicht einmal von der Schwangerschaft gewußt hatte, eingeschlossen – dürfe etwas über diese Ereignisse erfahren. Dann vertraute die Mutter John die ganze Geschichte an, verbot ihm aber, mit den anderen darüber zu sprechen. John gelang es nicht, seiner Mutter gegenüber klarzustellen, er sei nicht bereit, ein solches Geheimnis zu bewahren, und es waren mehr als drei Jahrzehnte vergangen, ohne daß er je darüber gesprochen hätte. Dies ist ein Beispiel unter vielen anderen für die rigide und vergiftende Natur der Dreieckskonstellation, in der John zu einem Familienmitglied (Katherine) eine übermäßig intensive Beziehung hatte, die auf Kosten anderer wichtiger Beziehungen ging. Nach seiner Heirat mit Mary hatte er in seiner eigenen Familie die Seiten gewechselt und war vom »Insider« zum »Outsider« geworden; damit wiederholte er die Rolle, die sein eigener Vater innegehabt hatte. Die zentrale Dreieckskonstellation blieb dennoch intakt.

Arbeit an der Herkunftsfamilie

Im Verlauf der Therapie begann Frau R. ihre eigene unbefriedigende Ehe vor dem Hintergrund der größeren Familienzusammenhänge zu sehen. Unbefriedigende Ehen, die von Vätern/ Ehemännern durch Distanz und von Müttern/Ehefrauen durch Kindfixiertheit bewältigt worden waren, gehörten zu der Erbschaft, die vorangegangene Generationen hinterlassen hatten. Frau R. wurde zu einer Zeit in die Familie hineingeboren, in der beide Eltern Verlusterfahrungen zu bewältigen hatten, wodurch die zentrale Dreieckskonstellation noch intensiviert wurde. Als Frau R. in Therapie kam, war sie ganz und gar auf die Rolle der Verbündeten ihrer Mutter festgelegt und trug so dazu bei, daß ihr Vater in seiner distanzierten Außenseiterposition verharren konnte. Diese Dreieckskonstellation stabilisierte die Ehe ihrer Eltern, verhinderte aber bei allen Beteiligten das Wachstum und die weitere Entfaltung ihrer Persönlichkeiten.

Statt den Status quo in ihrer eigenen Ehe zu hinterfragen, beklagte Frau R. sich bei ihrer Mutter und bei ihrer Therapeutin in einer Weise, die ganz der alten Dreieckskonstellation entsprach und die nur dafür sorgte, daß alles beim alten blieb. Die unsichtbaren Bande zwischen Mutter und Tochter wurden noch fester, als die beiden Frauen sich wechselseitig in ihrem Enttäuschtsein von der Ehe und in ihrem Ausschließen der Männer bestätigten. Die Männer trugen ihrerseits aktiv zur Gestaltung und Aufrechterhaltung ihrer Rollen in diesem Drama bei – Rollen, die sie aus ihren eigenen Herkunftsfamilien übernommen hatten und die außerdem in den Vorschriften unserer Kultur verankert sind. Darüber hinaus festigte Frau R.s symptomatische Depression die Bindung zwischen Mutter und Tochter; die Mutter konzentrierte ihre »Besorgtheitsenergie« mehr auf die Depression der Tochter als auf ihre eigenen Probleme. Da Frau R.s Depression für Stagnation in allen Lebensbereichen sorgte, hatte sie auch die Funktion des »Treueeids« an die Mutter, daß die Tochter nie wirklich erwachsen werden und sich der mütterlichen Einflußsphäre entziehen würde.

Nachdem Frau R. mehr Einblick in das generationsübergreifende System gewonnen und die aktuellen Interaktionszusammenhänge, in die ihre symptomatische Depression eingebettet war, verstanden hatte, konnte sie klar über ihre Situation nachdenken und neue Optionen für ihr eigenes Verhalten wahrnehmen. Gleichzeitig erzwang die scheinbar simple Aufgabe des Zusammentragens von Fakten der Familiengeschichte Veränderungen in den fest etablierten Strukturen. Frau R. erfuhr zum Beispiel von der Schwangerschaft und Fehlgeburt ihrer Tante Grace und von anderen Familiengeheimnissen, als sie ihren Vater und seine Geschwister über die Familiengeschichte befragte. Auf diese Weise tat sie selbst den ersten Schritt dazu, die Distanz zwischen Vater und Tochter aufzuheben, und sprach zum ersten Mal offen mit ihrem Vater über wichtige emotionale Probleme. Sie konnte aus nächster Nähe beobachten, welches Maß an Widerständen und Ängsten diese Veränderung bei allen Familienmitgliedern – sie selbst nicht ausgenommen – hervorrief. Auch die Verschmelzung mit ihrer Mutter wurde in Frage gestellt, denn die übermäßige Intensität in dieser Beziehung hatte die komplementäre Entfremdung von ihrem Vater zur Voraussetzung gehabt.

Im Verlauf der Therapie veränderte Frau R. allmählich ihre eigene Rolle in der festgelegten familiären Dreieckskonstella-

tion; sie hörte auf, ihre Mutter in intensive Marathonsitzungen
über ihre Depression und ihre unglückliche Ehe hineinzuziehen, bei denen beide Frauen implizit oder explizit darüber einig
waren, daß Frau R.s Ehemann »schuld« sei und daß Frau R.s
Vater am besten nichts von allem erführe. Statt dessen nahm
Frau R. nun zu beiden Eltern unabhängig voneinander Kontakt
auf und sprach in ruhiger, sachlicher Weise darüber, wie sie ihre
Eheprobleme und ihre eigene Beteiligung daran sah. Sie erzählte ihrer Mutter keine »Geheimnisse« mehr, die nicht für die
Ohren des Vaters bestimmt waren, und sie löste sich auch anderen Familienmitgliedern gegenüber allmählich aus der familiären Tradition der Geheimhaltung. Wenn die Spannungen in
ihrer Ehe anstiegen, zog sie sich immer noch zeitweilig von
ihrem Mann zurück, aber sie nahm die Kinder nicht mehr mit zu
den Großeltern und lud sie auch in keiner anderen Weise dazu
ein, sich mit ihr gegen den Vater zu verbünden.

Als Frau R. diese und andere Veränderungen vollzog, kam
vorher unbewußtes Material an die Oberfläche. Als sie zum
Beispiel daran arbeitete, mehr emotionalen Kontakt zu ihrem
Vater und ihrem Mann herzustellen, kamen unterschwellige
Schuld- und Untreuegefühle ihrer Mutter gegenüber zutage.
Frau R.s Ängste, ihre Entwicklung zu größerer Eigenständigkeit und Differenziertheit könnte ihre Mutter verletzen, wurden durch heftige »Sei-wie-du-vorher-warst«-Reaktionen beider Eltern und auch durch ihre eigene Trennungsangst und
ihren Widerstand gegen Veränderungen verstärkt. Sie projizierte diese Trennungsangst auf ihre Mutter, was zur Folge
hate, daß Marys Verletzlichkeit in ihren Augen übergroß erschien. Außerdem hatte Frau R.s verändertes Verhalten erwar-
tungsgemäß destabilisierende Nachwirkungen, die sich auf das
gesamte Familiensystem erstreckten. Zunächst kam es zwischen
den Eltern zum machtvollen Ausbruch ehelicher Konflikte, als
Frau R. sich aus der Dreieckskonstellation herauslöste. Frau R.s
Vater gestand seiner Frau, daß er jahrelang eine homosexuelle
Liebesaffäre gehabt hatte; die Eltern begannen daraufhin eine
Paartherapie, die noch andauerte, als Frau R. ihre Therapie
beendete. Mary war mit emotionalen Problemen in der Beziehung zu ihrer eigenen Mutter, Minnie, konfrontiert, als Frau R.
sowohl mit ihrer Mutter als auch mit ihrer Großmutter in diffe-

renzierterer Weise umzugehen begann. Der Vater stand ebenfalls vor der Aufgabe, die Beziehungen zu den Angehörigen seiner Familie neu zu gestalten, als seine Tochter die lange Tradition der Geheimhaltung und der Entfremdung durchbrach. Im Lauf der Zeit kam es zu Veränderungen in Johns feindseliger, schuldzuweisender Beziehung zu Lois und in seiner distanzierten Beziehung zu seiner jüngeren Schwester Grace (mit der er nie über ihre traumatische Erfahrung der Schwangerschaft und der Fehlgeburt gesprochen hatte), als Frau R. daran arbeitete, zu jeder ihrer Tanten eine individuelle Beziehung zu gestalten, die von dem emotionalen Spannungsfeld der Reaktivität ihres Vaters relativ unbeeinträchtigt war. Frau R. hätte die bedeutsamen Veränderungen in ihrer Herkunftsfamilie sicher nicht erfolgreich angehen und aufrechterhalten können, wenn sie nicht zuvor in der Therapie viel Zeit damit verbracht hätte, Fakten der Familiengeschichte zu sammeln, generationsübergreifende Muster und Dreieckskonstellationen zu verstehen und eine ruhigere und objektivere Einsicht in die Rolle, die sie darin spielte, zu gewinnen.

Die Arbeit, die sie in ihrer Herkunftsfamilie leistete, hatte den Erfolg, daß Frau R. ein klares, eigenständiges Selbst entwickeln und sich aus ihrer Depression lösen konnte. Ihre Einstellung zu den Problemen in ihrer Ehe war nachdenklicher, verantwortlicher und weniger reaktiv geworden; sie konnte die Interaktionsprozesse in ihrer Ehe besser beobachten und war weniger von den alten familiären Verhaltensvorschriften beeinflußt (das heißt von ihrem Bedürfnis, auf Kosten anderer Beziehungen »für ihre Mutter« zu sein). Als Frau R. im Umgang mit den ehelichen Problemen an Klarheit und Objektivität gewann, steigerte sich jedoch ihr Widerstand, sich aus der Rolle der angepaßten, opferwilligen Gattin zu lösen.

Ich möchte an dieser Stelle die Aufmerksamkeit auf eine wichtige Quelle des Widerstands lenken, die in der psychoanalytischen oder familientherapeutischen Arbeit oft übersehen oder nicht genügend beachtet wird; ich meine die weitreichenden Implikationen der ökonomischen Abhängigkeit der Frauen von Männern.

Auswirkungen der ökonomischen Abhängigkeit

Die Tatsache, daß Frau R. ökonomisch nicht unabhängig war, spielte bei ihren Ängsten, ihrem Mann gegenüber eine klare Grundsatzposition zu vertreten, eine wesentliche Rolle (»Wenn unsere Beziehung weiterbestehen soll, müssen sich die folgenden Dinge ändern . . .«). Wie schon erwähnt, wagte Frau R. es nicht, in ihrer Ehe Unruhe aufkommen zu lassen, bis sie sich zutraute, notfalls auch ohne diese Ehe überleben zu können. Selbst nachdem sie ihren inneren Widerstand gegen Veränderungen durchgearbeitet hatte, gab es einen uneingestandenen Faktor, der sie blockierte und sie daran hinderte, ihre festgelegte Position in der Ehe zu verlassen: die Angst, in die neue Unterschicht verarmter geschiedener Frauen mit unmündigen Kindern abzusinken[3]. Meiner Auffassung nach ist diese Angst für nichtberufstätige Hausfrauen und für Frauen, die auf schlecht bezahlte Jobs angewiesen sind, von universeller Gültigkeit. Dieses Dilemma (»Wenn ich das tue, was ich um meiner selbst willen tun müßte, könnte das die Auflösung meiner Ehe zur Folge haben, und das würde mich in wirtschaftliche Not und unüberwindliche Belastungen stürzen«) artikulieren Frauen meistens nicht, weder sich selbst noch anderen gegenüber, aber solange es nicht bewußt geworden und im therapeutischen Prozeß offen ausgesprochen ist, blockiert es die Frauen und hindert sie an der Weiterentwicklung.

In Frau R.s Fall ließ ich dieses Problem nicht ruhen und fragte immer wieder nach, was es für die Patientin bedeute, sich entweder zu verändern oder an ihrer gegenwärtigen ökonomischen Sicherheit festzuhalten. Der Anlaß zu diesen Fragen waren Frau R.s eigene Klagen, daß es ihr offenbar unmöglich sei, in ihrer Ehe eben die Dinge zu realisieren, die sie als notwendig erkannt hatte, um über ihre Depression und die damit verbundenen Ge-

---

3 Die gegenwärtige Scheidungsrate in den USA liegt bei 50 %, und die Scheidungsrate für zweite Ehen wird für das kommende Jahrzehnt auf 60 % geschätzt. Im allgemeinen sind es Frauen und Kinder, die durch die Arrangements nach der Scheidung in wirtschaftliche Not geraten. Geschiedene Frauen und ihre Kinder erleiden in ihrem Lebensstandard einen Verlust von 73 %, während der Lebensstandard von geschiedenen Männern eine Steigerung von 42 % erfährt (Carter 1986, Hare-Mustin 1987).

fühle der Wut und der Verbitterung hinauszuwachsen. Eine offensichtliche Quelle für Frau R.s Depressivität war ihre überverantwortliche und überfunktionierende Rolle im Haushalt und in der Kindererziehung. Im Verlauf der Therapie wurde ihr klar, daß ihre depressive Haltung und ihre tränenreichen Auseinandersetzungen mit ihrem Mann nichts ausrichten konnten und daß nur ihr eigener Entschluß, das Überfunktionieren in diesem Bereich abzustellen, die Situation verändern würde. Aber selbst wenn sie einen kleinen Schritt in diese Richtung plante (sie sagte ihrem Mann zum Beispiel, sie würde sein Mittagessen nicht mehr vorbereiten und seine Wäsche nicht mehr machen, weil sie erschöpft sei und besser mit sich selbst umgehen müsse), war sie nicht in der Lage, konsequent daran festzuhalten. Sie beantwortete die voraussehbaren Ängste und Gegenreaktionen ihres Mannes damit, daß sie die alte Rollenverteilung wieder in Kraft setzte und in ihre depressive Verbitterung zurückfiel. In solchen Zeiten versuchte ich, durch sorgfältige systemische Befragung genau zu klären, wie Frau R. die Konsequenzen solcher Veränderungen für das Beziehungssystem sah. Mit Hilfe dieser Fragen wurde Frau R. sich ihrer größten Angst bewußt: daß sie durch weitere Veränderungen von ihrer Seite ihre Ehe aufs Spiel setzen könnte.

Ich scheute nicht davor zurück, Frau R. präzise Fragen zu stellen, wie sie im Fall der Trennung für sich selbst sorgen würde und welche kurz- und langfristigen Pläne sie für ein Leben ohne Ehemann hätte. Ich machte dabei klar, daß ich nicht etwa die Scheidung voraussagte, sondern daß ich ihre Ängste ernst nahm, insbesondere unter dem Gesichtspunkt der gegenwärtigen Scheidungsraten und der Statistiken über die wirtschaftliche Situation von geschiedenen Frauen mit abhängigen Kindern. Je detaillierter ich sie in diesem Bereich befragte, desto deutlicher kam zutage, daß Frau R. sich einfach nicht vorstellen konnte, eigene Lebens- und Berufsziele zu formulieren und zu planen. Frau R. war, den tradierten geschlechtsspezifischen Sozialisationspraktiken gemäß, zu der Überzeugung erzogen worden, daß sie heiraten und versorgt sein würde und daß alle ihre Bedürfnisse durch ihren Mann und ihre Kinder befriedigt werden würden. Statt dessen fand sie sich aber in einer Situation wieder, in der sie für alle anderen sorgen mußte und niemand sich um sie kümmerte, abgesehen von dem geringen Maß an Aufmerksamkeit, das sie durch ihre symptomatische Depression erwecken konnte. Trotzdem konnte sie nicht anfangen, für sich selbst zu sorgen, weil sie befürchten mußte, daß Veränderungen von ihrer Seite zur Auflösung der Ehe führen würden, die für sie nicht nur eine wichtige emotionale Beziehung, sondern auch die Grundlage des materiellen Überlebens war.

Meiner Überzeugung nach kann eine Frau ihre unglückliche Ehe nicht retten, wenn sie keinen Weg findet, ihr eigenes Selbst zu retten. Ich bin auch davon überzeugt, daß es für Frauen nichts Wichtigeres gibt, als einen eigenen Lebensplan zu entwickeln, der die Ehe weder erfordert noch ausschließt. Diese Aussage beinhaltet mehr als meine Auffassung, daß Frauen *und* Männer, die keine langfristigen Berufs- und Lebensziele haben, für Depressionen und andere Störungen und dysfunktionale Verhaltensweisen besonders anfällig sind. Es geht dabei im wesentlichen um die Frage des materiellen Überlebens. Wenn der gegenwärtige Trend, den die Statistiken zeigen, anhält, werden alleinstehende Frauen mit abhängigen Kindern und ältere Frauen um die Jahrtausendwende die am stärksten verarmte Klasse unserer Gesellschaft bilden. Obwohl es nicht die Aufgabe einer Psychotherapeutin ist, ihre Patientinnen zur Arbeitssuche anzuhalten, wird eine sorgfältige systemorientierte Bewußtseinsarbeit (die auch Fragen über den Umgang vorangegangener Frauengenerationen mit Arbeits- und Berufsproblemen beinhaltet) Patientinnen schließlich dazu bringen, ihre eigene Einstellung zu diesem Problem in einer Form zu überdenken, die weder auf Anpassung an kulturelle Zwänge und an die Wünsche und Erwartungen anderer hinausläuft noch auf blinde Rebellion dagegen (Lerner 1987).

Frau R. traf, solange sie bei mir in Therapie war, nicht die Entscheidung, einen eigenen Berufsweg zu planen. Sie konnte ihre Angst, nur die Wahl zwischen ihrer Ehe und dem Status der Sozialhilfeempfängerin zu haben, allerdings deutlicher artikulieren, und sie dachte über die Auswirkungen ihrer wirtschaftlichen Abhängigkeit auf ihre Ehe nach und über die Entscheidung, ihre Existenz einzig und allein von ihrer Rolle als Ehefrau abhängig zu machen. Als ihr Selbstvertrauen und ihr Glaube an ihre eigenen Fähigkeiten wuchsen, wurde sie zuversichtlicher,

daß sie notfalls auch allein einen Weg zum Überleben finden
könnte, und sie fühlte sich nicht mehr gezwungen, ihre Ehe um
jeden Preis aufrechtzuerhalten. Dadurch konnte sie sich auch
aus ihrer gleichzeitig vorwurfsvollen und angepaßten Haltung
ihrem Mann gegenüber lösen und in einigen Streitfragen in
ihrer Beziehung einen konsequenten Standpunkt vertreten, unter anderem in der Frage ihrer Überverantwortlichkeit im häus-
lich-familiären Bereich. Obwohl ihr verändertes Verhalten tatsächlich zum Ausbruch einer Ehekrise führte – ihr Mann stürzte
sich in eine kurze Liebesaffäre –, hielt die Ehe die Belastungen
aus und ging schließlich gestärkt aus dem Sturm hervor.

Ein Jahr nach Beendigung ihrer Therapie schrieb mir Frau R.,
daß die Familie umgezogen sei, weil ihr Mann sich beruflich
verbessern konnte. Sie selbst hatte gerade eine Ausbildung in be-
ratender Psychologie begonnen, und obwohl sie mit Schwierigkeiten zu kämpfen hatte, war sie weit davon entfernt, depressiv
zu sein.

Depression und Aggression

Sowohl in der populären (Rubin 1970) als auch in der klassischen psychoanalytischen Literatur (Abraham 1927, Freud
1917) wird Depression mit der Vermeidung der Wahrnehmung
und des Ausdrucks von Aggressionen in Zusammenhang gebracht. Depression wurde als »nach innen gewandte Aggression« oder »Aggression gegen das eigene Selbst« verstanden, als
seien unterdrückte Aggressionen die eigentliche Quelle der Depression und als genüge es, die Wut am richtigen Objekt abzu-
reagieren, um die Depression zu beenden. In letzter Zeit wurde
die alte psychohydraulische Theorie, die besagt, man solle alles
»herauslassen«, um sich vor den psychischen Gefahren des Ag-
gressionsstaus zu schützen, jedoch durch empirische Daten und
klinische Beobachtungen in Frage gestellt (Tavris 1982, Weissman und Klerman 1984, Lerner 1985).

Zweifellos ist die Fähigkeit, Wut und Protest auszudrücken,
für die Aufrechterhaltung der eigenen Würde und Selbstachtung und für das Bewirken individueller und gesellschaftlicher
Veränderungen von großer Bedeutung. Vor der zweiten Welle

der Frauenbewegung hatten depressive Frauen wie Frau R. das Gefühl, selbst an ihrem Unglück schuld zu sein, und präsentierten sich ihren Psychoanalytikern mit einer ausschließlichen Fixierung auf ihre persönliche Neurose – oder auf die Untaten ihrer Mütter. Im Unterschied dazu wissen heutige Frauen: »Das Persönliche ist das Politische«; sie fangen an, die Rollennormen und Verhaltensvorschriften, die das Leben von Frauen einengen, verzerren und falsch definieren, in Frage zu stellen. Trotz dieser beginnenden Prozesse der Bewußtwerdung und der sozialpolitischen Veränderung (in denen die bewußte Wahrnehmung der eigenen Aggressionen eine wichtige Rolle spielt) ist die Depression nichts Geringeres als ein universeller Aspekt der weiblichen Existenz. Bernardez-Bonesatti (1978) analysierte als erste die machtvollen inneren und kulturellen Tabus, denen weibliche Aggressionen unterliegen, und die psychischen Konsequenzen solcher Verbote, zu denen auch die Depression gehört.

Depression kann eine indirekte Form des Protests sein, aber sie bindet die Aggression und verschleiert ihre Ursachen. In Frau R.s Fall erzwang die Depression eine Veränderung in der ehelichen Beziehung (Herr R. begann Aufgaben im Haushalt und in der Fürsorge für die Kinder zu übernehmen, weil er für seine unterfunktionierende Frau einspringen mußte), aber sie schützte Frau R. auch davor, ihre Unzufriedenheit eindeutig artikulieren und den Status quo in Frage stellen zu müssen. Die Rolle der Kranken oder der depressiven Patientin in der Familie verminderte Frau R.s geringes Selbstwert- und Kompetenzgefühl nur noch mehr, wodurch es ihr weiter erschwert wurde, ein Gefühl der Legitimität ihrer Probleme zu entwickeln und in ihrem eigenen Interesse anders zu handeln.

Gleichzeitig bietet es Frauen keinen Schutz vor der Depression, wenn sie ihrer Wut freien Lauf lassen. Es half Frau R. nicht, daß sie ihrem Mann Vorwürfe machte und ihm die Schuld an ihrem Unglück gab, und es nutzte auch nichts, daß sie ihre Bindung an ihre Mutter festigte, indem sie sich bei ihr über ihren Mann beklagte. Depressive Frauen verstricken sich häufig in endlose Zyklen von Streit, Klagen und Vorwürfen, die zu nichts führen und die ihre Gefühle der Hilflosigkeit, Machtlosigkeit und des Selbstwertverlusts nur weiter verstärken.

Depressivität, geringes Selbstwertgefühl, Gefühle des Selbstverrats und des Selbsthasses sind unvermeidlich, wenn Frauen heftige Auseinandersetzungen führen, sich aber dennoch ungerechten Bedingungen unterwerfen; wenn sie sich beklagen, aber dennoch an Beziehungen festhalten, für die sie ihre Überzeugungen, Wertvorstellungen und Ziele verraten müssen, oder wenn sie sich darauf einlassen, das gesellschaftliche Stereotyp der nörgelnden, verbitterten, streitsüchtigen, destruktiven Frau zu verkörpern (Bernardez-Bonesatti 1978, Lerner 1985).

Bei Frau R., wie bei den meisten Frauen, wurde die Depression nicht dadurch gemildert, daß sie ihre Wut auf andere zum Ausdruck brachte – zum Beispiel die Wut auf ihren Mann wegen seiner Anspruchshaltung und seiner gönnerhaften Einstellung, die Wut auf ihre Mutter wegen ihrer Zudringlichkeit und ihrer Einmischungen in ihr Leben, die Wut auf ihren Vater wegen seiner Distanziertheit und emotionalen Unzugänglichkeit. Die Wahrnehmung dieser Wut war vielmehr Bestandteil eines umfassenderen Prozesses, in dem Frau R. eine bessere Beobachterin von Beziehungsmustern wurde und die Notwendigkeit erkannte, ihren eigenen Anteil daran zu verändern. Frau R.s wiederholte wütende Klagen – zum Beispiel über die emotionale Abwesenheit ihres Vaters – änderten wenig an ihrer Depression. Bedeutsam war vielmehr, daß sie schließlich fähig wurde, von sich aus den Kontakt zu ihm herzustellen, trotz der starken inneren und äußeren Widerstände, die damit verbunden waren. Diese Veränderung war erst möglich, als Frau R. längere Zeit in Therapie war und nachdem sie Informationen über familiäre Fakten, Muster und Dreieckskonstellationen gesammelt hatte, die ihr ermöglichten, die Distanziertheit ihres Vaters im weiteren Zusammenhang des Familiensystems zu sehen und zu verstehen, daß kein einzelnes Individuum als die Ursache der familiären Probleme betrachtet werden konnte.

Depression ist also nicht »nach innen gewandte Aggression«, obwohl die Verleugnung der Wut und das Nicht-Wahrnehmen ihrer Ursachen die Depression verstärken und effektives Handeln verhindern kann. Klinische Depression und chronische Wut und Verbitterung treten in der Regel gemeinsam auf; oft signalisieren sie die Notwendigkeit der Veränderung eines Beziehungssystems, von dem unbewußt angenommen wird, es sei nicht flexibel genug, Veränderungen zu tolerieren. Obwohl die Dynamik der Wut (außengerichtet) und der Depression (innengerichtet) sich unterscheiden, vermindern sich beide Formen emotionaler Reaktivität, wenn die Patientin ihren eigenen Anteil an Beziehungsmustern, die sie in der Stagnation festhalten, identifizieren und verändern kann und wenn es ihr gelingt, zur Expertin für die Bedürfnisse, Wünsche und Ziele ihres eigenen Selbst zu werden.

Wenn eine Frau durch ihre Depression und ihre Wut schließlich in die Richtung positiver Veränderungen gedrängt wird, haben diese Gefühle einen wichtigen Zweck erfüllt. Das bloße »Herauslassen« emotionaler Spannungen hat jedoch wenig therapeutischen Wert und blockiert die Patientin oft in ihrer Fähigkeit, über ihr Dilemma nachzudenken, statt nur darauf zu reagieren. Therapeuten, die das Aufdecken verdrängter Aggressionen bei depressiven Patientinnen und Patienten bereits als Therapieziel betrachten oder die hauptsächlich die Rolle des mitfühlenden Zuhörers einnehmen, wenn ihre Patienten sich über andere Familienmitglieder beschweren, wiederholen damit vielleicht eine dysfunktionale familiäre Dreieckskonstellation, in der nun die Nähe in der therapeutischen Beziehung auf Kosten der Beziehung der Patientin/des Patienten zu jenem anderen Familienmitglied geht, das als »schlecht«, »krank« oder »schuldig« angesehen wird (Lerner and Lerner 1983).

Depression und die Beziehungsorientiertheit von Frauen

Feministische Autorinnen vertreten häufig die Auffassung, daß Frauen sich von Männern durch ihr stärkeres Bedürfnis unterscheiden, auf andere bezogen zu sein und für andere zu sorgen (Miller 1976, Gilligan 1983). Die Vorstellung, daß emotionale Bindungen für das Selbstwertgefühl von Frauen wichtiger sind als für das von Männern, wurde herangezogen, um Untersuchungsergebnisse zu erklären, die auf eine größere Depressionsanfälligkeit bei Frauen hindeuten – eine Anfälligkeit, die sich durch alle gesellschaftlichen Schichten und alle Altersgruppen zieht (Scarf 1980). Obwohl feministische Theoretikerinnen die Beziehungsorientiertheit von Frauen nicht als Schwäche, sondern als Stärke betrachten, wurde ihre Arbeit so interpretiert, als sei das primäre Engagement für Beziehungen ein Risiko für die seelische Gesundheit und ein Schlüsselfaktor der weiblichen Depression. Manche Autoren (Scarf 1980) gehen davon aus, daß bei Frauen eine biologisch begründete Orientierung auf andere Menschen hin vorliege, die sie zu Depressionen geneigt mache, wenn Beziehungen fehlschlagen; andere Autoren bemühen statt der Natur die Erziehung, um zu ähnlichen Schlußfolgerungen zu gelangen (Braverman 1986).

Es gibt tatsächlich eine Verbindung zwischen weiblicher Depression und der Stellung, die Frauen in Beziehungen einnehmen, aber der Zusammenhang zwischen Beziehungsorientiertheit und Anfälligkeit für Depressionen ist nicht eindeutig nachgewiesen. Die hohe Wertschätzung von Ehe und Familie, von Intimität und Bindung, ist für die seelische Gesundheit vorteilhaft und keineswegs eine Belastung. Starke Beziehungsorientiertheit wird kaum der Grund für die Depressionsneigung eines Individuums sein, selbst wenn die zentrale Beziehung auseinanderbricht. Tatsächlich zeigen Erhebungen in unmißverständlicher Weise, daß Frauen ohne Männer wesentlich besser zurechtkommen als Männer ohne Frauen, trotz der wirtschaftlichen Nachteile, die Frauen in der Regel in Kauf nehmen müssen (Bernard 1973). Wie jede Versicherungsgesellschaft weiß, stellen alleinlebende Männer eine höchst gefährdete Gruppe dar, die in einem alarmierenden Ausmaß von emotionalen und psychischen Störungen betroffen ist. Männer brauchen Frauen genausosehr, wie Frauen Männer brauchen, oder sogar noch mehr, auch wenn männliche Abhängigkeitsbedürfnisse im allgemeinen stärker verborgen bleiben (Lerner 1983, Eichenbaum and Orbach 1983). Anders als die populäre Mythologie uns glauben machen will, sind Männer weitaus anfälliger für dysfunktionale Verhaltensweisen, wenn sie allein sind.

Es sind also nicht die Bindungsbedürfnisse und die Beziehungsorientiertheit, die Frauen für Depressionen anfällig machen, denn emotionale Verbundenheit ist ein menschliches Grundbedürfnis und auch eine Stärke. Was unsere Aufmerksamkeit verdient ist vielmehr die Frage: Was geschieht mit Frauen in Beziehungen? Die Struktur der Geschlechterrollen und der untergeordnete und entwertete Status der Frauen haben weitreichende Implikationen für die verletzliche Position einer Frau in ihrer Herkunftsfamilie und in ihrer Ehe (Carmen 1981, Lerner 1985). Das Leiden der Frauen an den Strukturen des traditionellen Familienlebens – oder an ihrer Auflösung durch die Scheidung – ist durch Publikationen aus verschiedenen Wissenschaftsdisziplinen gut dokumentiert (Bernard 1973, Carmen 1981, Wheeler 1985) und muß an dieser Stelle nicht eigens erläutert werden. Das häufige Vorkommen von Depressionen bei Frauen hat viele Ursachen; die hohe Wertschätzung von Beziehungen (vorausgesetzt, die Verbundenheit geht nicht auf Kosten des Selbst) ist jedoch bereits ein Teil der Lösung und nicht etwa das Problem.

Postskriptum: Das Persönliche ist das Politische

Als Psychologin und Psychotherapeutin richte ich in meiner Arbeit mit depressiven Frauen mein Hauptaugenmerk auf intrapsychische Faktoren, die mit dysfunktionalen familiären Mustern verwoben sind. Dabei muß jedoch erkannt werden, daß dysfunktionale Verhaltensmuster beim Individuum und in der Familie vom Dysfunktionalen in der patriarchalen Kultur nicht zu trennen sind (Carmen 1981, Goldner 1985 b, Hare-Mustin 1987). Frau R.s Position in ihrer Herkunftsfamilie ist dafür ein typisches Beispiel. Das allzu vertraute, immer wieder neu inszenierte Muster des distanzierten Ehemannes/Vaters, der kindfixierten Ehefrau/Mutter und der Tochter, die Symptome entwickelt, weil sie zu loyal ist, um erwachsen zu werden – dieses Muster ist durch das patriarchale Gesellschaftssystem vorgegeben und wird von ihm perpetuiert, ebenso wie dieser spezifische Typus der Familienorganisation immer wieder dieselbe Form der gesellschaftlichen Fehlhaltung hervorbringt und unterstützt. Solange Männer die Hauptakteure und Formgeber der Welt außerhalb von Heim und Herd bleiben, solange Frauen nicht frei über die Gestaltung ihres eigenen Lebens bestimmen können, solange die Gesellschaft fortfährt, die unsinnige Botschaft zu vermitteln, die Mutter – und nur sie – sei die Umwelt des Kindes, so lange wird die dysfunktionale Triade des distanzierten Vaters, der emotional überinvolvierten Mutter und des Kindes, das kaum die Chance zum Erwachsenwerden hat, die Basiseinheit und der prägende Mikrokosmos der Kultur bleiben (Lerner 1978, Goldner 1985 a).

Die Struktur der Familie und die Struktur der Gesellschaft bilden gemeinsam ein selbstperpetuierendes zyklisches System, das einen Sog zum Negativen ausübt (Lerner 1978). Je stärker Frauen daran gehindert werden, ihr eigenes Potential zu entwikkeln, und je mehr sie von Macht- und Autoritätspositionen ausgeschlossen werden, desto exzessiver fixieren sie sich auf ihre Kinder. In dem Maß, in dem sich die emotionale Intensität und Intimität auf die Mutter-Kind-Dyade verlagert, wird die Distanz und die emotionale Isolation des Ehemannes/Vaters zu einer festen Einrichtung. Kinder, die in dieser Situation aufwachsen, entwickeln starke Ängste vor den »destruktiven Kräften« der Frauen und greifen – in einem defensiven Versuch, die Aktivitäts- und Machtsphäre der Frauen in ihrem eigenen erwachsenen Leben weiter einzudämmen und zu beschneiden – ihrerseits zu patriarchalen »Lösungen«. Diese »Lösungen« perpetuieren natürlich das Problem und tragen unter anderem zu der großen Verbreitung von Depressionen bei Frauen bei.

Wie können solche Zyklen unterbrochen werden, und wo können wir intervenieren, um Veränderungen zu bewirken? In meiner Arbeit mit Frau R. konzentrierte ich mich vorwiegend auf die rigiden Muster und Strukturen, die sie in ihrer Herkunftsfamilie und in ihrer Ehe daran hinderten, ihr Persönlichkeitspotential zu entfalten. Meiner Erfahrung nach ist die individuelle Psychotherapie nach dem Modell der Familien-System-Theorie besonders gut geeignet, um die Differenzierung des Selbst zu fördern und psychische Strukturen und verzerrte internalisierte Objektbeziehungen zu verändern, die ihren Ursprung in frühen familiären Erfahrungen haben. Dennoch kann dysfunktionales Verhalten bei Individuen und Familien nicht unabhängig von den Strukturen des patriarchalen Systems verstanden werden, die der Familie und dem Differenzierungsprozeß des Selbst Form und Gestalt geben und deren Implikationen sorgfältig analysiert werden müssen. Wenn wir die Konsequenzen der patriarchalen Strukturen für das Verhalten von Individuen und Familien unberücksichtigt lassen, kann das nur dazu führen, daß unsere Theorien über weibliche Depression unvollständig und ungenau bleiben und daß wir uns in unseren Fähigkeiten, Veränderungen voranzutreiben, blockieren[4].

4 Dieses Kapitel wurde 1987 unter dem Titel »Female Depression: Self-sacrifice and Self-betrayal in Relationships« zum ersten Mal veröffentlicht in: Women and Depression: A Lifespan Perspective, ed. A. Gurian and P. Formanek, pp. 220–221, New York.

Literatur

ABRAHAM, K. (1927): Notes on the Psychoanalytic Investigation and Treatment of Manic-Depressive Insanity and Allied Conditions; Selected papers, London

AULT-RICHÉ, M. (1986): Love and Work: One Woman's Study of Her Family of Origin; Topeka, Kans., Menninger Video Productions

BERNARD, J. (1973): The Future of Marriage; New York

BERNARDEZ-BONESATTI, T. (1978): Women and anger; in: Journal of the American Medical Women's Association 33 (5): 215–219

BOWEN, M. (1978): Family Therapy in Clinical Practice; New York

BRAVERMAN, L. (1986): The depressed woman in context: A feminist family therapist's analysis; in: Women and Family Therapie, ed. M. Ault-Riché, pp. 90–99, Rockville

CARMEN, E., RUSSO, N.F., and MILLER, J.B. (1981): Inequality and women's mental health; in: American Journal of Psychiatry 138 (10): 1319–1330

CARTER, B. (1986): Success in family therapy; in: The Family Therapy Networker 19 (4): 16–22

EICHENBAUM, L., and ORBACH, S. (1983): What Do Women Want?; New York (Was wollen die Frauen? Reinbek b. Hamburg 1986)

FREUD, S. (1917): Mourning and melancholia; in: Collected Papers London 1956 (Trauer und Melancholie; Studienausgabe Bd. 3, Frankfurt a. M. 1971)

GILLIGAN, C. (1983): In a Different Voice; Boston (Die andere Stimme, München 1988)

GOLDNER, V. (1985 a): Feminism and family therapy; in: Family Process 24 (1): 31–47

– (1985 b): Warning: Family therapy may be hazardous to your health; in: The Family Therapy Networker 9 (6): 23–29

HARE-MUSTIN, R. T. (1987): The problem of gender in family theory; in: Family Process 26 (1): 15–27

KERR, M. (1981): Family systems theory and therapy; in: Handbook of Family Therapy, ed. Gurman and Kniskern, pp. 226–364; New York

LERNER, H. G. (1978): On the comfort of patriarchal solutions

– (1979): Effects of the nursing mother-infant-dyad on the family

– (1980): Internal prohibitions against female anger

– (1983): Female dependency in context

– (1985): The Dance of Anger (Wohin mit meiner Wut, Zürich 1987)

– (1987): Work and success inhibitions in women
a.a.O.

LERNER, S. (1984): Constructing the Multigenerational Family Genogram: Exploring a Problem in Context, Topeka, Kans., Menninger Video Productions

LERNER, S., and LERNER, H. G. (1983): A systemic approach to resistance; in: American Journal of Psychotherapy 37 (3): 387–399

McGoldrick, M., and Gerson, R. (1983): Genograms in Family Asessment, New York

Miller, J. B. (1976): Toward a New Psychology of Women, Boston (Die Stärke weiblicher Schwäche. Zu einem neuen Verständnis der Frau, Frankfurt/Main, 7. Aufl. 1988)

Rich, A. (1976): Of Woman Born; New York (Von Frauen geboren, München 1979)

Rubin, T. (1970): The Angry Book; New York (Mach deinem Ärger Luft, München 1989)

Scarf, M. (1980): Unfinished Business; New York

Tavris, C. (1982): Anger: The Misunderstood Emotion; New York

Weissman, M., and Klerman, G. (1984): Sex differences and the epidemiology of depression; in: The Gender Gap in Psychotherapy, ed. Rieker and Carmen, pp. 160–195, New York

Wheeler, D. (1985): The fear of feminism in family therpay; in: The Family Therapy Networker 9 (6): 53–55

Eine Kritik des feministischen Beitrags zur Psychoanalyse

In diesem letzten Kapitel werde ich Schlüsselaspekte der feministischen Entwicklungstheorie einer Kritik unterziehen. Es ist meine vorrangige Aufgabe, zu zeigen, daß ein großer Teil der feministischen psychoanalytischen Theorie einseitig mutterfixiert geblieben ist und es versäumt hat, die zirkulären Kausalitätszusammenhänge und die Wechselwirkungen innerhalb des Familienprozesses in Betracht zu ziehen. Außerdem werde ich meine Sorge begründen, daß Feministinnen vielleicht unwissentlich zu polarisierten Klischeevorstellungen über die Geschlechter beitragen, die Unterschiede zwischen Gruppen überbetonen und die Unterschiede innerhalb der Gruppen nicht genügend beachten. Meine eigene Arbeit ist über diese Kritik durchaus nicht erhaben; viele der in diesem Buch vorgestellten Beiträge sind in der Tat treffende Beispiele für eben die Probleme, die ich ansprechen werde.

Es ist Feministinnen verhältnismäßig leichtgefallen, die psychoanalytische Theorie zu revidieren – und es fällt uns verständlicherweise viel schwerer, uns selbst und unsere Mitstreiterinnen mit kritischen Augen zu sehen. Ich habe diese Aufgabe dennoch in Angriff genommen, weil ich meine, daß die feministische Theorie sich nicht weiterentwickeln kann, wenn wir nicht fähig sind, unsere Meinungsverschiedenheiten und Widersprüche in einem öffentlichen Forum zu diskutieren, wo andere teilnehmen und reagieren können. Meiner Überzeugung nach liegt die enorme Kraft und Integrität der feministischen Bewegung in ihrer Vielfalt; wir bezeugen der feministischen Theorie unseren größten Respekt, wenn wir uns ihrer sorgfältig und kritisch bedienen. In diesem Sinne möchte ich meine Kritik verstanden wissen.

Mutterfixiertheit in der feministischen psychoanalytischen Theorie

Wie wir aus Arbeiten über die Geschichte der Mutterschaft ersehen können, wurden Mütter seit der Zeit der industriellen Revolution glorifiziert oder verdammt; sie wurden entweder mit einer Aura romantischer Idealisierung umgeben oder zur Zielscheibe unverhüllter Verunglimpfung gemacht (Bernard 1974, Rich 1976). Die psychoanalytische Theorie hat die populäre Kultur insofern widergespiegelt und auch mitgeformt, als Erklärungen individueller Pathologie immer noch auf eine »Tätersuche« hinauslaufen, die in der Regel damit endet, daß mit dem Finger auf die Mutter gezeigt wird. Ob die psychodynamische Aufmerksamkeit auf die besonderen Qualitäten und Sensibilitäten der »guten Mutter« (oder der »hinreichend guten Mutter«) gerichtet ist oder auf die pathogenen Qualitäten der »schlechten Mutter« – implizit oder explizit geht man davon aus, die Mutter, und nur sie allein, sei die *Umwelt* des Kindes, insbesondere während der frühen Kindheit und in den entscheidenden Entwicklungsphasen.

Wenn wir sagen, daß Schuldzuweisungen an die Mütter in unserer Arbeit immer noch ein Problem darstellen, heißt das nicht, daß psychoanalytische Theoretiker/innen eine unbewußte Feindseligkeit gegen Frauen als Mütter hegen, die sich in Theorie und Praxis niederschlägt, obwohl dies natürlich vorkommen kann. Es bedeutet vielmehr, daß die psychodynamische Theorie immer noch auf einen erkenntnistheoretischen Rahmen festgelegt ist, in dem man davon ausgeht, was mit einem Kind geschehe, sei im wesentlichen darauf zurückzuführen, wer die Mutter ist und was sie tut oder läßt. Diese Annahme hat zu einer Fixierung auf die Mutter-Kind-Dyade und auf die Macht der Mütter geführt auf Kosten eines objektiven Verständnisses der familiären Dynamik und der Probleme weiblicher und männlicher Kinder mit dem Prozeß der Differenzierung innerhalb der Familie.

Seit mehr als einem Jahrzehnt kritisieren feministische Wissenschaftlerinnen die Schuldzuweisungen an die Mütter, indem sie die Aufmerksamkeit auf die größeren patriarchalen Zusammenhänge lenken, in denen die Mutterschaft angesiedelt ist. Die

Kausalzusammenhänge werden also von den Müttern auf die Gesellschaft verlagert, und es wird argumentiert, daß die pathologischen Formen der Mutter-Kind-Interaktion der untergeordneten Stellung der Frauen und der gesellschaftlich vorgegebenen Struktur des Familien- und Arbeitslebens entstammen. Die feministischen Erkenntnisse sind insofern von unschätzbarem Wert, als sie demonstrieren, daß die Mutter-Kind-Dyade nicht isoliert von der Kultur, in die sie eingebettet ist, und von der durch die dominante Gruppe dieser Kultur definierten Institution der Mutterschaft verstanden werden kann. In ihrem mittlerweile zum Klassiker gewordenen Buch »Of Woman Born« (Von der Frau geboren) legt Rich (1976) großen Wert darauf, sorgfältig zwischen möglichen Mutter-Kind-Interaktionen und den Verzerrungen dieser Interaktionen durch die Institution der Mutterschaft zu unterscheiden.

Obwohl der feministische Beitrag zum Problem der Mutterschaft außerordentlich bedeutsam ist, bleibt er dennoch problematisch. Erst 1982 wiesen Chodorow und Contratto darauf hin, daß sowohl die populäre Kultur als auch die feministische Theorie immer noch auf Phantasien mütterlicher Machtvollkommenheit fixiert sind und irrationalen Vorstellungen von mütterlicher Verantwortung anhängen. Da Idealisierung und Verdammung zwei Seiten desselben Glaubens an die allmächtige Mutter sind, sehen Chodorow und Contratto die Begrenztheit der feministischen Theorie darin, daß wir nicht weit genug über die Grenzen unseres eigenen Primärprozesses hinausgegangen sind. »Die feministischen Theorien über die Mutterschaft konnten sich deshalb nicht weiterentwickeln, weil ... sie in den herrschenden kulturellen Vorstellungen und Phantasien über das Muttersein und die mütterlichen Aufgaben befangen sind, die ihrerseits wieder auf phantasierten und unhinterfragten Vorstellungen von der kindlichen Entwicklung beruhen« (1982, S. 69). Während das mütterliche Verhalten aus feministischer Sicht eher als ein Produkt des Gefangenseins der Mutter in patriarchalen Strukturen denn als eine Spiegelung ihrer persönlichen Neurose erscheint, erinnern uns die Autorinnen daran, daß wir Mutter und Kind immer noch als eine magisch in sich geschlossene oder zur Isolation verdammte Dyade betrachten.

Die verschiedenen Lager:
intrapsychisch versus systemorientiert

Während Chodorow und Contratto (1982) uns mit der Forderung konfrontieren, die Zweierbeziehung von Mutter und Kind in den Kontext der »vielfältigen Beziehungen mit dem Rest der Welt« hineinzustellen, spiegelt Chodorows eigene Arbeit (1978) diese erweiterte, von der Interaktion ausgehende Sichtweise ebensowenig wie die Arbeit anderer Theoretikerinnen, die von einer feministischen psychoanalytischen Perspektive ausgehen. Die in sich geschlossene Einheit von Mutter und Kind oder die ödipale Triade Mutter, Vater und Kind sind nach wie vor der überwiegende, wenn nicht ausschließliche Rahmen feministischer Beobachtung und Theoriebildung, so daß die Komplexität der ineinander verflochtenen Familienbeziehungen aus dem Blickfeld gerät. Während es in jüngster Zeit Bewegungen in Richtung einer positiven theoretischen Neuformulierung der weiblichen Entwicklung gegeben hat, sind Bemühungen um ein Verständnis der Mutter-Kind-Interaktionen und des Selbstdifferenzierungsprozesses innerhalb des unmittelbaren und des generationsübergreifenden Familienkontextes selten geblieben.

Chodorow und Contratto (1982) weisen zwar auf die Defizite unserer Entwicklungstheorien hin, die Mutter und Kind nicht innerhalb eines Interaktionsgeflechts anderer Beziehungen sehen, aber sie erwähnen auch nicht die Existenz gut durchdachter Systemtheorien, die es vermeiden, das intrapsychische Selbst getrennt von interpersonellen Zusammenhängen zu definieren, und die überzeugend demonstrieren, daß die Mutter-Kind-Dyade nicht in Isolation von der Gesamtheit dieser Zusammenhänge verstanden werden kann. Es ist wichtig, sich klarzumachen, daß ein familientherapeutischer Hintergrund nichts damit zu tun hat, ob eine Therapeutin eine Person individuell behandelt oder sich mit einem Paar oder einer ganzen Familie zusammensetzt, und dieser Hintergrund sagt auch nichts darüber aus, ob die Behandlung kurz oder lang, symptomorientiert oder grundlegend ist. Das Systemdenken ist vielmehr ein erkenntnistheoretischer Ansatz, der auf lineare Kausalitätsmodelle (ein Familienmitglied ist die »Ursache« der Probleme eines anderen Familienmitglieds oder übt einseitige Macht über das

Ganze aus) verzichtet; Familienmitglieder werden als Elemente in einem Kreislauf von Interaktionen gesehen, wobei jede Person die andere beeinflußt und auch selbst von den anderen beeinflußt wird. Um Probleme der weiblichen Entwicklung aus einer systemischen Sichtweise heraus zu verstehen, ist sorgfältige Befragung notwendig; diese Befragung dient dem Ziel, spezifische Konstellationen transaktionaler Sequenzen zu erkennen, die von normalen Familienprozessen abweichen und dysfunktionale Verhaltensweisen zur Folge haben. Das Feld der Beobachtung oder Befragung ist nicht die Mutter-Kind-Dyade oder die Qualität des mütterlichen Erziehungsverhaltens, sondern es ist der Bereich der zirkulären, reziproken, repetitiven Muster, die von allen Familienmitgliedern (vorangegangene Generationen eingeschlossen) aufrechterhalten werden.

Es ist nicht die Frage, ob das Systemdenken »richtiger« ist als andere Sichtweisen. Mir geht es vielmehr darum, daß feministische Psychologinnen und Psychoanalytikerinnen die Familien-System-Theorie in auffälliger Weise ignorieren. Die gegenwärtige feministische Literatur im psychoanalytischen Bereich legt immer noch enorm viel Wert darauf, die fehlgeleiteten Vorstellungen Freuds und seiner Nachfolger aufzulisten und zu kritisieren, ignoriert aber mit Nachdruck die Arbeit des Frauenprojekts in der Familientherapie (1982) wie auch die Beiträge anderer Systemtheoretikerinnen oder feministischer Familientherapeutinnen[1]. Da die feministische Theorie grundsätzlich kontextbezogen ist, stellt es einen Widerspruch dar, wenn wir die Mutter-Kind-Dyade innerhalb der gesellschaftlichen Strukturen ansiedeln, die Analyse der Prozesse in der Kernfamilie und der generationsübergreifenden Familienprozesse jedoch überspringen. Dieses Meisterstück an Inkonsequenz brachten wir dadurch zustande, daß wir uns in zwei streng voneinander geschiedene Lager spalteten – intrapsychisch und systemorientiert –, obwohl diese Elemente nicht voneinander zu trennen sind; dadurch legten wir uns auf begrenzte, lineare Sichtweisen fest trotz unseres Bemühens, die

---

1 Das Frauenprojekt in der Familientherapie wurde von B. Carter, P. Papp, O. Silverstein und M. Walter begründet.

Bedeutung von Interaktion, Fluktuation, Prozeß und Kontext zu erkennen[2].

Lineares Ursache-Wirkung-Denken

Wir alle, Feministinnen eingeschlossen, neigen zu einer linearen und polarisierten Denkweise, die nur mit Schwierigkeiten überwunden werden kann – wenn es uns überhaupt gelingt, uns daraus zu lösen. An diese Tatsache wurde ich kürzlich erinnert, als ich mit dem erfahrenen Team einer großen psychiatrischen Institution als Beraterin zusammenarbeitete. Die Patientin, um die es ging, Deborah, war ein verhaltensgestörtes Kind im zweiten Schuljahr. Abbildung 1 zeigt die typische Mutter-Vater-Tochter-Triade, die von unserer Kultur hervorgebracht und verstärkt wird und die wir in der klinischen Arbeit häufig antreffen.

Abb. 1

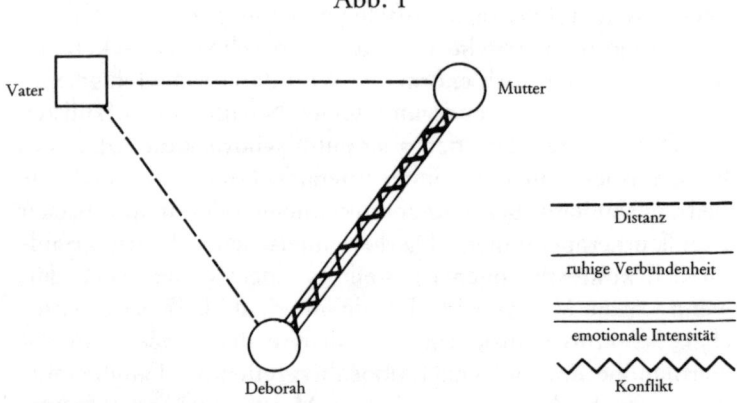

Die distanzierte eheliche Beziehung, die distanzierte Vater-Tochter-Beziehung und die intensive, konflikthafte Mutter-Tochter-Beziehung sind für die gesellschaftlich vorherrschende Familienstruktur charakteristisch.

2 Dies ist auch für jene Psychoanalytiker/innen (die Lacanianer) ein Problem, die sich auf die Rolle des Vaters konzentrieren beziehungsweise seine Bedeutung nicht genug betonen können.

Relevant ist in diesem Zusammenhang, wo jedes Teammitglied die Ursachen für Deborahs gestörtes Verhalten sah; ich werde die verschiedenen Auffassungen im folgenden kurz zusammengefaßt darstellen.

Der behandelnde Psychiater, der letztlich für die Formulierung der Diagnose verantwortlich war, sah Deborahs Symptome als Resultat des falschen Erziehungsverhaltens der Mutter. Seinem Bericht zufolge wechselte das Verhalten der Mutter zwischen gleichgültigem Nichtverfügbarsein und überstimulierendem Sichaufdrängen; er schloß daraus, daß »die mangelnde Einfühlung der Mutter in die affektiven Bedürfnisse ihres Kindes die Entwicklung des Selbstbildes, des Ich-Ideals und der Selbst- und Objektrepräsentationen behindert« habe. »Deborahs Symptome verschlimmerten sich in einer Phase exzessiver Fixierung der Mutter auf ihr Kind; die Tochter konnte den Prozeß der Separation-Individuation nur als bedrohlich erfahren.« In den Formulierungen des Psychiaters war implizit die Vorstellung enthalten, daß Deborahs Mutter für die Dynamik aller drei Seiten des Dreiecks verantwortlich war; ihre Fixierung auf die Tochter »drängte den Vater an den Rand« (daher die Distanz in der Vater-Tochter-Beziehung) und führte zu wachsender Entfremdung in der Ehe. In seinem Bericht merkte der Psychiater an, daß die Probleme der Mutter auf die pathologische Beziehung zu ihrer eigenen Mutter zurückzuführen seien.

Die Sozialarbeiterin des Teams wies die Begründungen des behandelnden Psychiaters zurück und erklärte mit gleichem Nachdruck, der Vater sei der verantwortliche Teil. Mit Hilfe sorgfältig dokumentierter Daten und Einzelheiten der Familiengeschichte zeigte sie auf, daß der Vater nach dem Tod seines eigenen Vaters eine Depression durchgemacht und sich emotional von der Familie zurückgezogen hatte und daß Deborahs Symptome sich unmittelbar danach entwickelt hatten, um die Zeit, als sie in die zweite Klasse kam. Nach der Auffassung der Sozialarbeiterin hatten Deborahs Symptome die Funktion, den Vater wieder fester an die Familie zu binden und – über die gemeinsame Sorge um das Kind – die eheliche Beziehung zu stabilisieren, als die Entfremdung zwischen den Ehepartnern (und die Depression des Vaters) bedrohliche Ausmaße angenommen hatte. Aus der Sicht der Sozialarbeiterin hatte der Vater nicht nur die Entfremdung in der Ehe verursacht und aufrechterhalten, sondern war auch für die Fixierung der Mutter auf die Tochter verantwortlich. (»Der zunehmende Rückzug des Vaters aus der Ehe und aus der erzieherischen Verantwortung führte dazu, daß die Mutter ihre Beziehung zu Deborah intensivierte und sich mehr und mehr an ihre Tochter hielt, um die emotionale Nähe zu erfahren, die in der Ehe nicht mehr existierte.«) Obwohl die Sozialarbeiterin nicht die bewußte Absicht hatte, dem Vater die Schuld zuzuweisen, erschien er in ihrer Interpretation doch als derjenige, von dem die Spannungen innerhalb des Dreiecks ausgegangen waren.

Der dritte Beitrag kam von einem Psychologen mit biologistischer Orientierung. Obwohl Deborah keine auffälligen Symptome gezeigt hatte, bevor sie ins zweite Schuljahr kam, war sie aus seiner Sicht von Geburt an ein schwieriges Kind, das sowohl in affektiver als auch in physischer Hinsicht störanfällig war. Der Psychologe erklärte, daß Säuglinge und Kinder ihre eigenen Stimuluswerte in die Familie einbringen und daß sie Interaktionen in dem Maß mitgestalten, wie sie selbst von ihnen geformt werden. Da ein schwieriges Kind für ein Paar starken Streß bedeutet, war die eheliche Distanz kaum überraschend. Deborahs schwieriges Verhalten verursachte die Ängste und die Überbesorgtheit der Mutter ebenso wie den Rückzug des Vaters. Aufgrund seiner Deutung der frühen Mutter-Kind-Interaktionen kam der Psychologe zu dem Schluß, daß »das Fehlverhalten in diesem Fall bei der Tochter und nicht bei der Mutter liegt«. Er stellte fest, daß Deborah durch ihr Verhalten »wenig mütterliche Reaktionsbereitschaft« ausgelöst hatte. Aus seiner Perspektive konnte Deborah selbst als Hauptursache der Spannungen auf allen drei Seiten der Triade betrachtet werden.

Es lag nicht im Interesse dieses Teams, den »Schuldigen« für das gestörte Verhalten des Kindes zu finden oder zu entscheiden, »wer angefangen hatte«. Als Psychotherapeut(inn)en geht es uns um das Verstehen und Diagnostizieren und nicht darum, ein bestimmtes Familienmitglied als »Täter« zu entlarven. Es muß auch erwähnt werden, daß dieses Team gut zusammenarbeitete, was sich nicht nur an den sorgfältig vorbereiteten Beiträgen der Mitarbeiter zeigte, sondern auch an ihrer Fähigkeit, unterschiedliche Auffassungen zu artikulieren und zu erkennen, daß jedes Teammitglied einen wichtigen Gesichtspunkt in die Diskussion einbrachte, der zu einer besseren Einschätzung des Gesamtbildes beitrug. Mir geht es bei dieser gerafften und unvollständigen Wiedergabe eines diagnostischen Prozesses darum, zu zeigen, wie selbstverständlich wir unsere Aufmerksamkeit auf den Bereich konzentrieren, der unserem jeweiligen Hintergrund entspricht, und wie leicht wir in eine lineare, kausale Sprache verfallen, die der komplexen, zirkulären und vorgeprägten Natur von Beziehungssystemen und der Art, wie sie ineinander verzahnt sind, nicht gerecht wird[3].

Die feministisch geprägte psychoanalytische Theorie der weiblichen Entwicklung geht zur Zeit von einem erkenntnistheoretischen Modell aus, das dem ähnelt, an dem sich der behandelnde Psychiater in dem eben dargestellten Fall orientierte. Was Deborahs Symptome und ihre Entwicklung angeht, würden die Formulierungen allerdings anders aussehen, wenn sie von einer Feministin kämen, die der Mutter-Tochter-Interaktion vermutlich mit einer positiveren Einstellung gegenüberstände (Herman and Lewis 1986, Jordan and Surrey 1986). Trotzdem fühle ich mich manchmal an das französische Sprichwort erinnert: »Je mehr die Dinge sich ändern, desto mehr bleiben sie sich gleich.« Das Territorium, das auf der feministischen Landkarte den herausragenden Platz einnimmt, ist immer noch die Mutter-Kind-Dyade, und die Kausalität liegt immer noch in dieser in sich geschlossenen Einheit, die so betrachtet wird, als führe sie ein Eigenleben.

Um diesen Punkt genauer zu verdeutlichen, werde ich zwei Beispiele aus der gegenwärtigen psychoanalytischen Literatur feministischer Prägung heranziehen. Das erste ist das mit großem Beifall begrüßte Buch von Chernin »The Hungry Self: Women, Eating and Identity« (Das hungrige Selbst: Frauen, Eßverhalten und Identität; 1986). Das zweite ist ein Artikel von Jordan und Surrey mit dem Titel »The Self-in-Relation: Empathy and the Mother-Daughter-Relationship« (Das Bezie-

3 Zur systemischen Darstellung der Situation eines verhaltensgestörten Kindes und der therapeutischen Arbeit auf diesem Hintergrund s. Lerner (1985, pp. 162–180, der Fall der Familie Kesler, deutsche Ausgabe S. 153 ff.) und Lerner and Lerner (1983). Bei Papp (1983, Kap. 2) findet sich eine exzellente Definition des Systemdenkens.

hungsselbst: Empathie und die Mutter-Tochter-Beziehung; 1986). Es handelt sich in beiden Fällen um den Versuch eines Neuentwurfs und einer Neuformulierung des gegenwärtigen psychoanalytischen Denkens (die feministische Theorie eingeschlossen), wobei ein neues Modell des Beziehungsselbst in der weiblichen Entwicklung vorgestellt wird. Diese beiden Arbeiten reichen keinesfalls aus, um die Vielfalt des feministischen psychoanalytischen Denkens darzustellen; sie sind jedoch wichtige und einflußreiche Beiträge, die sowohl die Stärken als auch die Probleme der Theoriebildung und der klinischen Praxis auf dem gegenwärtigen Stand widerspiegeln.

Chernins »Das hungrige Selbst« – die Mutter-Tochter-Dyade im historischen Kontext

Für Chernin sind Eßstörungen und ernährungsbezogene Zwangsvorstellungen Ausdruck von Identitätsproblemen, die ihre Wurzeln in den Ablösungskämpfen zwischen Mutter und Tochter haben. Wie die meisten feministischen Autorinnen warnt Chernin vor Schuldzuweisungen an die Mütter, indem sie die historisch bedingten Zwänge hervorhebt, die das Leben von Frauen prägen. Sie schildert eindringlich die Probleme von Töchtern, die zwischen den offenen Möglichkeiten ihres eigenen Lebens und den erzwungenen Begrenzungen des Lebens ihrer Mütter gefangen sind, und sie entwirft ein bemerkenswert prägnantes Bild der neuen Generation von Frauen, die in eine Welt vorzudringen versuchen, die der vorangegangenen Frauengeneration verschlossen war.

Andererseits geht Chernins Verständnis von Eßstörungen und, was noch wichtiger ist, ihre Analyse der mißlingenden weiblichen Identitätsfindung nie über die Mutter-Tochter-Dyade hinaus, die in ihrer Schilderung fast ausschließlich pathogene Züge trägt. Wer die Tochter ist und was aus ihr wird – von der Etablierung des »Urvertrauens« bis zur Durchsetzung ihres eigenen Willens und zum Glauben an ihre Fähigkeiten zur Eigeninitiative –, beruht darauf, wie die Mutter reagiert und wie sie die frühesten Bedürfnisse ihrer Tochter befriedigt oder frustriert. In dieser Hinsicht weicht Chernin nicht von der traditionellen Kleinianischen Betonung der präödipalen Mutter ab, und sie kommt zu dem Schluß, daß »unser fruchtbarstes Verständnis der weiblichen Psychologie von der Dual-Einheit Mutter und Kind, der Mund-zu-Brust-Dyade der frühen Kindheit ausgehen wird«. Die Mutter-Kind-Bindung ist primär, in sich geschlossen und magisch: »Säuglinge fühlen, was ihre Mütter empfinden« (S. 122). In ihrem gesamten Text findet sich keine Erwähnung des Vaters oder des familiären Prozesses.

Chernins Buch ist ein Bestseller in den USA, und seine außerordentliche Beliebtheit bei feministischen Wissenschaftlerinnen ist bemerkenswert. Während Fridays Buch »My Mother/Myself« (1977; »Wie meine Mutter«) von Feministinnen als Litanei von Schuldzuweisungen, Vorwürfen, Beschwerden und Enttäuschungen kritisiert wurde, wird Chernins Arbeit in feministischen Kreisen als inspirierte Metapher für unsere Zeit gefeiert. Die Bedeutung von Chernins Beitrag ist durchaus nicht gering zu bewerten; ihre Sprache ist fesselnd, und sie geht mit großer Sorgfalt und Aufmerksamkeit auf die historische Dimension des Lebens von Frauen ein. Aus meiner Sicht zeigt die große Beliebtheit ihres Buches jedoch auch, in welchem Maß die populäre Kultur (die feministische Kultur eingeschlossen) in linearen, mutterfixierten Formen der Beobachtung und der Organisation komplexer Informationen befangen ist, wenn es darum geht, menschliches Verhalten im allgemeinen und weibliches Verhalten im besonderen zu verstehen.

Chernins Arbeit demonstriert auch, wie schwierig es ist, eine ausgewogene, objektive Sichtweise der Stärken und Schwächen vorangegangener Frauengenerationen beizubehalten, insbesondere wenn diese Frauen unsere eigenen Mütter und Großmütter sind. Für Chernin haben diese Frauen wenig anderes hinterlassen als ein (allerdings nicht selbstverschuldetes) Vermächtnis der Deprivation und der Verarmung; die besonderen Stärken, den Mut und das Durchhaltevermögen dieser Frauen erwähnt die Autorin kaum, und sie sagt auch nichts über ihre Kompetenz, ihre Freuden und ihre Befriedigung innerhalb der traditionellen Wert- und Lebensvorstellungen. Sie schreibt:

»Eine Handvoll Lieblingsrezepte vielleicht und die zerbrochenen Träume und Desillusionierungen eines ganzen Lebens – das ist es, was die meisten heute lebenden Frauen von ihren Müttern mitnehmen können« (S. 42)[4].

Immer wieder sind es polarisierte und einseitige Sichtweisen von Frauen als Müttern (ob sie nun abwertenden oder idealisierenden Charakter haben), die sowohl die psychoanalytische als auch die populäre Literatur durchziehen. In meiner eigenen Arbeit spiegelt sich diese Polarität ebenso wie in der Arbeit von Chernin; wie ich es heute sehe, konzentrierte ich mich in viel zu einseitiger Weise auf das Drama des Neides und der Unzufriedenheit bei der Mutter und die damit verbundenen Ängste und Schuldgefühle bei der Tochter.

Wo sind eigentlich die Väter geblieben? Chernin schreibt in ihrem Vorwort, daß sie mit ihrem ausschließlichen Eingehen auf die Mütter nicht beabsichtigt, die Bedeutung der Vater-Tochter-Bindung zu verleugnen, und daß sie diese in einem nachfolgenden Band behandeln wird. Von dieser einschränkenden Vorbemerkung abgesehen, siedelt sie in ihrer Entwicklungstheorie und Symptomatologie die Kausalzusammenhänge eindeutig im mütterlichen Verhalten an. Darüber hinaus zeigt sich, erkenntnistheoretisch betrachtet, in der Vorstellung, daß man die Mutter-Tochter-Dyade isoliert von der Vater-Tochter-Dyade, der ehelichen Beziehung und anderen ineinandergreifenden familiären Beziehungen und Dreieckskonstellationen (die vielleicht Großeltern und Geschwister einschließen) verstehen kann, eine lineare, nichtkontextbezogene Sichtweise menschlichen Verhaltens, die den gesamten Komplex der familientherapeutischen Literatur ignoriert. Um diesen Punkt genauer zu verdeutlichen, stelle ich ein kurzes Beispiel aus meiner eigenen klinischen Arbeit mit einem Mädchen vor, bei dem der Kinderarzt eine »potentielle Eßstörung« diagnostiziert hatte. Es geht mir nicht darum, diesen Fall hier in seiner ganzen Komplexität darzustellen; ich möchte vielmehr ein familiäres Schlüsseldreieck beschreiben, das für die Symptome und die gehemmte

---

4 Dieses Bild wird Chernins eigenem Denken zweifellos nicht gerecht. In einem früheren Buch (1984) berichtet sie von der Wiederentdeckung der Stärken ihrer Mutter und von dem positiven Vermächtnis, das sie selbst übernahm.

Entwicklung der Tochter von zentraler Bedeutung war, das sich bei einem linearen oder dyadischen Ansatz jedoch der Beobachtung und der Intervention entzogen hätte.

Fallbeispiel

Sarah B. war sechs Jahre alt, als sie von beiden Eltern zur Menninger Foundation in meine Sprechstunde gebracht wurde. Zu ihren Symptomen gehörten schulische Probleme (Unaufmerksamkeit, exzessive Schüchternheit und Isolierung von den gleichaltrigen Kindern), die jedoch nicht der Hauptgegenstand der elterlichen Besorgtheit waren. Frau B. machte sich vor allem Sorgen um »Sarahs nervöses Essen, das ihre Gesundheit gefährdet«. Sarahs Probleme waren zum ersten Mal aufgetaucht, als sie etwa zwei Jahre alt war, und sie verschlimmerten sich, als sie in den Kindergarten kam. Offensichtlich waren bestimmte altersangemessene Entwicklungsschritte bei Sarah nicht glatt verlaufen. Meine Untersuchung familiengeschichtlicher Ereignisse und aktueller Beziehungsmuster brachte zutage, daß Sarahs Symptome und ihre gehemmte Entwicklung im Zusammenhang mit einer sich ständig wiederholenden Interaktionssequenz zwischen den Eltern standen; Herr und Frau B. stritten sich permanent um die Pflege und die Erziehung ihrer Tochter. Als Sarah zwei Jahre alt war, kam es zwischen den Ehepartnern zu heftigen Konflikten, die sich zunehmend um Erziehungsfragen drehten. Sarahs Vater vertrat einen »Law-and-Order«-Standpunkt, während die Mutter komplementär dazu eine Haltung einnahm, die sie als »Leben und leben lassen« beschrieb. Zu dem Zeitpunkt, als Sarah in Therapie kam, waren die Positionen der Eltern zu rigiden, polarisierten Formen erstarrt, wobei jeder Ehepartner das Verhalten des anderen provozierte und unterstützte (je rascher und intensiver der Vater eingriff, um Sarah zu disziplinieren, desto weniger Initiative und Kompetenz zeigte die Mutter in diesem Bereich; je weniger die Mutter ihrer Sorge um Sarahs Schwierigkeiten Ausdruck verlieh, desto mehr neigte der Vater zu Überreaktionen). Die Dynamik dieser rigiden kindfixierten Dreieckskonstellation speiste sich zum Teil aus den hohen angstvollen Spannungen, unter denen die Eltern standen, denn beide waren unfähig, ihre Ehekonflikte direkt anzugehen und wichtige Ereignisse und Probleme in ihren eigenen Herkunftsfamilien zu verarbeiten.

Zu dem Zeitpunkt, als Sarah zum Anamnesegespräch gebracht wurde, verlief die Interaktionssequenz, die sich um ihr gestörtes Eßverhalten drehte, etwa folgendermaßen: Sarah spielte bei Tisch mit ihrem Essen herum oder behauptete, sie habe keinen Hunger. Herr B. griff sofort ein, setzte Regeln (»Wenn du deinen Salat nicht ißt, bekommst du keinen Nachtisch!«) und drückte das gesamte Spektrum seiner Ängste um die Gesundheit der Tochter offen aus, von der Sorge, daß Sarah nicht kräftig genug sei, bis hin zu der Befürchtung, daß sie die ersten Anzeichen einer lebensbedrohenden Eßstörung zeigte. Wie zu erwarten war, durchkreuzte Sarahs Mutter die Versuche ihres Mannes, die Tochter zu regelmäßigem Essen zu erziehen, mit einer »Laß-sie-in-Ruhe«-Haltung, die Herrn B. in Wut brachte und ihn veranlaßte, seine spannungsvolle Aufmerksamkeit von seiner Tochter auf seine Frau zu verlagern. Im allgemeinen kam es dann zwischen den Ehepartnern zum Streit, und Sarah stand mit Magenschmerzen vom Eßtisch auf. Diese Dreiecksdynamik bestand, seit Sarah zwei Jahre alt war, und sie manifestierte sich in unterschiedlichen Formen und auf unterschiedlichen Inhaltsebenen. Als Sarah in den Kindergarten kam, trat das geschilderte Muster zyklisch auf, in zunehmend spannungsgeladenen Formen, und bezog sich weitgehend, wenn nicht ausschließlich, auf das Thema Ernährung.

Eine besondere Schwierigkeit für Sarah waren die Loyalitätsprobleme, die sie in ihrer Fähigkeit blockierten, altersadäquate Entwicklungsaufgaben in Angriff zu nehmen. Zeitweilig hatte Sarah die Rolle der Verbündeten ihrer Mutter, während der Vater in dem familiären Schlüsseldreieck die Außenseiterposition einnahm. Die Mutter bot Sarah heimlich Süßigkeiten und »Fast Food« an und beschwor sie, dem Vater nichts davon zu verraten. Wenn der Vater nicht da war, erlaubte sie Sarah auch, die von ihm gesetzten Regeln (»Auf der weißen Couch wird nicht herumgetobt!«) zu mißachten, und untergrub damit die Versuche ihres Mannes, Autorität auszuüben. Der Vater lud Sarah in ähnlicher Weise dazu ein, sich mit ihm gegen die Mutter zu verbünden; er vermittelte seiner Tochter immer wieder, daß die Mutter unfähig sei, sich richtig um sie zu kümmern.

Zur Zeit der psychiatrischen Anamnese waren die Dinge so weit eskaliert, daß die Wahl zwischen Salat und Sahnedessert für Sarah zu einem angstbeladenen Dilemma geworden war, unbewußt mit der Frage verbunden, auf wessen Seite sie sich in dem ständigen kindfixierten Ehekonflikt stellen sollte. Zweifellos trug eine große Anzahl unterschiedlicher Faktoren dazu bei, daß Sarah Symptome zeigte und daß ihre Entwicklung gehemmt war. Ich möchte dennoch betonen, daß die eben beschriebenen Interaktionssequenzen (sowie andere, stärker verdeckte Dreiecks- und Koalitionsbildungen) nicht beobachtet, nicht durch Fragen ans Licht gebracht und nicht als bedeutsam wahrgenommen werden können, wenn die eigene Theorie der Symptombildung (ob es sich um Eßstörungen oder andere Phänomene handelt) und der gehemmten weiblichen Entwicklung auf der fixen Idee beruht, das »eigentliche« Drama der Persönlichkeitsentwicklung und Ich-Differenzierung vollziehe sich ausschließlich zwischen Mutter und Kind. Das dyadische Denken verstellt uns den Blick für die entscheidende Rolle des Vaters in den präödipalen Jahren und blockiert außerdem die Fähigkeit, reale (vergangene und gegenwärtige) Beziehungsprozesse und Dreieckskonstellationen zu identifizieren, die aber die Grundbausteine des Familienprozesses und der weiblichen und männlichen Entwicklung sind.

Über den Ausschluß der Väter aus dem Brennpunkt der Aufmerksamkeit in unseren Theorien ist noch mehr zu sagen. Im Fall der Familie B. war der Vater nicht der distanzierte, periphere Elternteil. Von dem Zeitpunkt ihrer Geburt an war die Beziehung von Herrn B. zu seiner Tochter emotional aufgeladen und von Projektionen gefärbt, die aus Erfahrungen in seiner eigenen Herkunftsfamilie stammten. Auf das Überleben wichtiger weiblicher Bezugspersonen hatte er sich als Kind nicht verlassen können; seine Mutter und seine älteste Schwester waren frühzeitig und plötzlich gestorben. Diese traumatischen Verlusterfahrungen waren in der Familie weder emotional verarbeitet noch »abgetrauert« worden, was dazu führte, daß Herr B. in eine vergiftende Dreieckskonstellation mit seinem Vater und seiner Stiefmutter hineingezogen wurde, ähnlich der Konstellation, in der er nun selbst mit seiner Frau und seiner Tochter steckte. Außerdem gaben diese unverarbeiteten Verluste Herrn B.s erhöhter Reaktivität seiner erstgeborenen Tochter Sarah gegenüber und seiner ängstlichen, überbeschützenden Einstellung zu ihren Eßproblemen und ihrer Gesundheit ständig neue Nahrung. Aber selbst wenn Herr B. seine Ängste und emotionalen Spannungen nicht durch Überbesorgtheit, sondern durch defensive Distanz bewältigt hätte (wie es viele Männer tun), wäre er dadurch nicht zu einem unwichtigeren Mitspieler im Drama des Familienlebens geworden. Distanz und Abwendung wirken sich auf Familienbeziehungen nicht weniger stark aus als ihre polaren Gegenstücke Überbesorgtheit und Verschmelzung. Es ist zwingend, daß wir unsere Tendenz, Männer in der häuslich-privaten Sphäre in die Position des peripheren »Anderen« zu verweisen – so wie es mit den Frauen in der öffentlichen Sphäre geschah –, sorgfältig überprüfen. Ebenso müssen wir uns vor statischen, festgelegten Meinungen über die Rolle des Vaters hüten (der Vater vertritt die »Außenwelt« oder erleichtert dem Kind die Ablösung aus der symbiotischen Bindung an die Mutter), die unsere Fähigkeit blockieren, einen triadischen oder zirkulären Prozeß, wie er sich in einer bestimmten Familie abspielt, objektiv zu beobachten.

Die von Chernin vorgegebene Blickrichtung zum Verständnis weiblicher Identität und weiblicher Entwicklung ist für weite Bereiche des gegenwärtigen psychoanalytischen Denkens feministischer Prägung repräsentativ; dieses Denken verbindet sich rückwirkend mit dominanten kulturellen Wahrnehmungsgewohnheiten, wodurch eine systemische oder kontextbezogene Sichtweise von Entwicklungsphänomenen unmöglich gemacht wird. Meiner Auffassung nach liegt das Hauptproblem darin, daß wir hartnäckig daran festhalten, die aus der retrospektiven Methode der Psychoanalyse gewonnenen und die aus der systemischen Beobachtung der Familientherapie hervorgegangenen Erkenntnisse streng nach Fachrichtungen voneinander zu trennen. Das hat tiefgehende Auswirkungen auf die psychotherapeutische Praxis, denn die Formen der Intervention und der klinischen Arbeit sind natürlich von der Theorie bestimmt, an der wir uns orientieren. Wenn Mütter als die Ursache des Leidens der Töchter betrachtet werden (und umgekehrt), wenn wir die Symptome der Töchter als Resultat der mütterlichen Begrenzungen und des mütterlichen Mangels an emotionaler Kompetenz begreifen, dann werden Fragen und Interventionen natürlich in diese Richtung gehen. Und wenn die Mütter einerseits für alles verantwortlich, andererseits aber unschuldige Opfer sind – welche Therapieziele sollen Frauen dann verfolgen? Über die Schuldzuweisungen an die Mütter hinauszugehen bedeutet für Chernin, daß wir uns unserer Wut, unserer Frustration und unserer Verlassenheitsgefühle bewußt werden. »Und dann, wenn wir uns unsere Wut auf die Mutter eingestanden und den damit verbundenen Schock überwunden haben, müssen wir lernen, diese Gefühle in einem sozialen Kontext zu verstehen.« Zugegeben: Es ist besser, die Wut auf die Mütter in einem sozialen Kontext anzusiedeln, als gar keinen Kontext zu haben. Ich ziehe jedoch in Zweifel, ob Frauen in der Therapie zu einem positiveren und ausgewogeneren Erleben des eigenen Selbst oder auch des Gegenübers in Beziehungen gelangen können, wenn Mutter-Tochter-Interaktionen nicht im Kontext der anderen Familienbeziehungen, in die sie eingebettet sind, gesehen werden.

Die Theorie des »Beziehungsselbst« – ein neues Modell der weiblichen Entwicklung

Die von Jordan und Surrey postulierte Theorie des Beziehungsselbst entwirft ein neues Modell der weiblichen Identität, das auf einer Neuinterpretation der gegenwärtigen psychoanalytischen Theorie basiert und auf der Suche nach Prinzipien der Selbst-Entwicklung, die nicht dem männlichen Modell folgen. Die zentrale These dieser Arbeit (die hier nicht in ihrem gesamten Inhaltsreichtum wiedergegeben werden kann) ist, daß »bei Frauen die Organisation des Identitätsgefühls, die existentielle Sinnfindung, die Entwicklung von Kohärenz, Kontinuität und von Motivation im Kontext einer Beziehung stattfindet« (S. 102), sei es im Kontext einer gegenwärtigen realen oder einer internalisierten Beziehung. Jordan und Surrey stellen ihr Modell den bekannten Entwicklungstheorien gegenüber, die das Erreichen von Separation und Autonomie als Hauptmerkmal emotionaler Reife betrachten – eine aus der Sicht der Autorinnen für das männliche Modell charakteristische Auffassung, die den spezifischen Erfahrungen von Frauen nicht gerecht wird. Die Theorie des Beziehungsselbst legt das Schwergewicht auf die Entwicklung wechselseitiger Empathie in der Mutter-Tochter-Beziehung, die sich flüssiger und konfliktfreier vollzieht, als es zwischen Mutter und Sohn der Fall ist, was zu dem spezifischen Engagement von Frauen in Beziehungen und zu ihrem Sichwohlfühlen in der Bezogenheit führt[5].

Die Theorie des Beziehungsselbst repräsentiert eine andere Richtung feministischen Denkens als die in Chernins Arbeit vertretene. Chernin weicht nicht wesentlich vom gegenwärtigen psychoanalytischen Denken und von der Theorie Kleins ab; die Bedeutung ihrer Arbeit liegt in der sorgfältigen Analyse des Einflusses historischer und sozialer Faktoren auf das Leben von Frauen und in der Einbeziehung dieser Analyse in das psychologische Bild. Im Unterschied dazu folgt die Arbeit Jordans und Surreys den Ansätzen Millers (1976) und Gilligans (1982), die sich für die Entwicklung neuer Konzeptionen und einer neuen Sprache einsetzten, um die weibliche Erfahrung zu beschreiben. Hier geht es nicht nur darum, über das »Defizienzmodell« der weiblichen Entwicklung hinauszugehen und den sozialen Kontext mit einzubeziehen. Jordan und Surrey entwerfen vielmehr ein anderes Modell weiblicher Entwicklung, das die Wechselfälle der Mutter-Tochter-Interaktion einmal positiv statt negativ beschreibt und das die traditionellen weiblichen Werte des Daseins für andere und der Bezogenheit in neuer Weise bestätigt. Die positive Beschreibung der frühen Mutter-Tochter-Interaktionen steht im scharfen Kontrast zu der vertrauteren Darstellung Chernins, in deren Sicht die Mutter-Tochter-Dyade vorwiegend durch Aggression und Konflikt geprägt ist.

Meiner Auffassung nach ist die Theorie des Beziehungsselbst in vieler Hinsicht sehr bedeutungsvoll. Die Integrität und der intellektuelle Mut, mit dem die Autorinnen theoretisches Neu-

5 Jordans und Surreys Konzeption des Beziehungsselbst gründet sich auf die Arbeit von Miller und die kollektiven Bemühungen der Frauen am Stone Center (Wellesley College, Mass.), die weibliche Psychologie und Entwicklungstheorie neu zu formulieren.

land betreten, sowie ihr Respekt für Frauen und ihre offensichtliche Fähigkeit, mit ihrer eigenen Stimme zu sprechen, können für Theoretikerinnen und Praktikerinnen Vorbildfunktion erfüllen, wie es auch bei der frühen Pionierarbeit Millers (1976) der Fall war. Außerdem wenden Jordan und Surrey sich gegen die tiefeingewurzelte Gewohnheit der Psychoanalyse, die weibliche Entwicklung im allgemeinen und die Mutter-Tochter- Beziehung im besonderen zu pathologisieren. Ein Hauptvorzug der Theorie des Beziehungsselbst liegt in der positiven Neudefinition der entstehenden Mutter-Tochter-Bindung; dieser Neuentwurf stellt einen Ausgleich zu den existierenden Theorien (feministische Beiträge eingeschlossen) dar, die sich hauptsächlich, wenn nicht ausschließlich, mit der dunklen Seite dieser Dyade befassen.

Dennoch sehe ich Jordans und Surreys ausschließliche Konzentration auf die Mutter-Tochter-Beziehung (und die theoretischen Folgerungen, die eine solche Konzentration nach sich zieht) als problematisch an. Die Theorie des Beziehungsselbst geht nicht über die Vorstellung hinaus, daß die Herausbildung der Identität oder des Selbst als einer organisierenden psychischen Struktur (und die damit verbundene Fähigkeit, sich empathisch auf andere zu beziehen) sich im Kontext der frühen Mutter-Kind-Interaktionen vollzieht. Obwohl Jordan und Surrey die systemische, interaktive Sichtweise ausdrücklich gutheißen und an einer Stelle sogar betonen (S. 88), daß sie das Modell des Beziehungsselbst nicht als spezifisch für die Kernbeziehung zwischen Mutter und Tochter verstanden wissen wollen, geht diese erweiterte Perspektive nicht in das eigentliche Theoriegebäude ein. Wie bei Chernin fällt auch hier die Unsichtbarkeit der Väter und des grundlegenden Familienprozesses auf. Um es noch einmal zu betonen: Dieses Problem durchzieht das gesamte feministische psychoanalytische Denken, vielleicht weil unser Erkenntnisideal in bezug auf das Interaktionsgeflecht, das die Entwicklung beeinflußt, nicht einzulösen ist, wenn die Realität ausschließlich aus der psychoanalytischen Perspektive heraus konstruiert wird.

Jordan und Surrey weisen darauf hin, daß die Physik Newtons mit ihrer Betonung stetiger Abläufe und fester, begrenzter Objekte von der »neuen Physik« und der Quantentheorie abgelöst wurde, die von unstetigen Energiestufen, Wellen und Wechselbeziehungen ausgeht. Die Autorinnen streben explizit nach einer ähnlichen Anerkennung der Bedeutung von Prozessen, Interaktionen und Wechselbeziehungen im psychologischen Bereich. Damit weisen sie das alte, eindimensionale Entwicklungsmodell, nach dem die Mutter den Säugling auf lineare Weise prägt, zurück und ersetzen es durch ein Modell, das den Zwei-Wege-Aspekt der Interaktion betont. Außerdem definieren sie das Selbst nicht als eine in sich geschlossene, isolierte Einheit, sondern beziehen sich darauf, daß »Systemtheoretiker in jüngster Zeit die Idee einer Gruppe von interagierenden Einheiten, zwischen denen Beziehungen bestehen, auch auf die menschliche Entwicklung angewandt« haben (S. 84). Im weiteren Verlauf verfahren die Autorinnen dennoch so, daß sie die Mutter-Kind-Dyade vom Familienprozeß (und auch vom sozialen Kontext der patriarchalen Gesellschaft) isolieren und sie als eine in sich geschlossene Einheit behandeln, die angeblich der Ort ist, wo die Entwicklung und Festigung der Ich-Ideale, des Identitätsgefühls, der Strukturen des Selbst und der Motivation sich vollzieht. Ich werde im folgenden kurz darauf eingehen, welche Implikationen das für Theorien über weibliche und männliche Entwicklung hat.

Mutterfixiertheit und Geschlechterdichotomien

Vom systemischen Standpunkt aus vollzieht sich die Entwicklung des Selbst oder der Identität und der damit verbundenen Fähigkeit zu empathischer Bezogenheit im Kontext komplexer Familienprozesse, die ihre Gestalt wiederum durch den kulturellen Kontext erhalten, in den die Familie eingebettet ist. Obwohl Knaben und Mädchen sich am gleichgeschlechtlichen Elternteil als Rollenmodell für das Frau-Sein und Mann-Sein orientieren, bilden grundlegende psychische Strukturen sich nicht innerhalb einer isolierten Dyade heraus. Die Beziehungsfähigkeit und die Struktur des Selbst sind vielmehr durch zahlreiche, miteinander in Wechselwirkung stehende Faktoren bestimmt, unter anderem durch familiäre Schlüsseldreiecke, die Beziehung zwischen den Eltern, das Niveau der Differenzierung von der eigenen Herkunftsfamilie, das jeder Elternteil erreicht hat, und die Fähigkeit jedes Elternteils, eine enge emotionale Beziehung zu dem Kind herzustellen, die von ehelichen Konflikten oder anderen Beziehungsproblemen relativ unberührt ist. Im Rahmen der Ich-Entwicklung stellt sich dem Kleindkind die Aufgabe der Differenzierung vom anderen (und der gleichzeitigen Aufrechterhaltung der emotionalen Verbundenheit mit dem anderen); dabei muß das Kind herausfinden, wieweit es jedem Elternteil gleicht und wieweit es sich jeweils von ihm unterscheidet, und es muß außerdem feststellen, wieweit das Ausdrücken von Unterschieden in der Familie akzeptiert ist. In systemischer Sicht ist das Verhalten jedes Familienmitglieds sowohl Ursache als auch Wirkung des Verhaltens jedes anderen, und die Verhaltensweisen einzelner in der Familie können nicht isoliert vom Ganzen verstanden werden.

Diese unvollständige und vereinfachende Darstellung ist nur dazu gedacht, einen kontrastierenden Hintergrund zu psychoanalytischen Vorstellungen über den Primat und die Exklusivität der präödipalen Mutter-Kind-Dyade abzugeben. Wenn man annimmt, daß der zentrale Prozeß der Entwicklung und der Identitätsbildung sich zwischen Mutter und Kind vollzieht, ergeben sich daraus zwangsläufig bestimmte Verallgemeinerungen und polarisierte Vorstellungen über Geschlechterunterschiede. Die als gültige Wahrheit anerkannte Ausgangsbasis ist die, daß männliche Kinder den Prozeß der Ich-Differenzierung und der Herausbildung von Selbst- und Beziehungsstrukturen mit dem gegengeschlechtlichen Elternteil erleben und daß Mädchen bei denselben Entwicklungsaufgaben mit dem gleichgeschlechtlichen Elternteil konfrontiert sind. Für bestimmte psychoanalytische Theoretikerinnen feministischer Prägung ist diese Grundvoraussetzung in den gesellschaftlich bestimmten Strukturen des Familien- und Arbeitslebens begründet (und würde sich somit durch echte Gleichberechtigung der Geschlechter und geteilte Elternschaft ändern); für andere ist es eine Grundgegebenheit, die die Besonderheiten des patriarchalen Gesellschaftssystems und der Geschlechtsrollennormen transzendiert. In jedem Fall folgen daraus polarisierte und dichotomische Vorstellungen von Männlichkeit und Weiblichkeit. Welchem Geschlecht dann bestimmte Vorzüge oder Defizite zugeschrieben werden, hängt von der Einstellung der jeweiligen Theoretikerin ab. Chodorow (1978) nimmt zum Beispiel an, daß das präödipale Mädchen als eine »Erweiterung oder ein Double der Mutter« (S. 109) gesehen wird, was zu »verschwommenen Ich-Grenzen und zu einem mangelnden Gefühl von Eigenständigkeit in der Außenwelt« führt. Auch meine eigene Arbeit (1980) konzentrierte sich in einseitiger Weise auf die durch die Zugehörigkeit zum gleichen Geschlecht bedingten Schwierigkeiten von Müttern und Töchtern, den Prozeß der Ablösung und Differenzierung zu bewältigen. Jordan und Surrey (1986) postulieren dagegen, daß die Gleichheit von Mutter und Tochter das empathische Aufeinander-Bezogensein erleichtert, was sich letztlich so auswirkt, daß Mädchen und Frauen über größere Beziehungsfähigkeit verfügen. Da Männer, wie vorausgesetzt wird, ihre psychischen Strukturen in der Konfrontation mit dem gegengeschlechtlichen Elternteil entwickeln, »ist ihre grundlegende Einstellung zu Beziehungen von Getrenntheit und mangelnder Identifikation bestimmt« (S. 90). Jordan und Surrey behandeln das Thema der weiblichen Fürsorglichkeit und der Verbundenheit mit anderen und der Beziehungsorientiertheit von Frauen, das auch in der feministischen Theorie (und in der antifeministischen Theorie) stets sehr viel Raum einnimmt, mit außergewöhnlicher Klarheit und Sensibilität.

Unglücklicherweise beziehen sie den sozialen Kontext nicht in ihre Erörterung der Geschlechterunterschiede ein. Die Autorinnen beschreiben die wechselseitige Aufmerksamkeit und Empathie, die ihrer Auffassung nach zwischen Mutter und Tochter in ständigem Fluß ist, und stellen dem gegenüber: »Der Kontrast in der Entwicklung dieser Fähigkeit beim männlichen Kind zeigt sich in der Schilderung eines Patienten, der eine zentrale Kindheitserfahrung als › Nicht-Zuhören-Lernen‹ beschreibt, als ›Lernen, die Stimme meiner Mutter auszublenden, so daß ich nicht von der Verfolgung meiner eigenen Interessen abgelenkt wurde‹« (S. 89). Wichtig ist in diesem Zusammenhang, daß die Autorinnen dieses Beispiel nicht verwenden, um eine individuelle, familiale und/oder kulturelle Form dysfunktionalen Verhaltens zu demonstrieren, sondern um die »andere Entwicklungslinie« aufzuzeigen, der Männer folgen. Es ist erwähnenswert, daß Miller (1976) sorgfältig herausarbeitet, wie Geschlechterunterschiede mit der Chancenungleichheit von Männern und Frauen und mit der komplexen Dynamik zwischen dominanten und untergeordneten Gruppen zusammenhängen – daß Kanter (1977) die vorrangige Bedeutung der Arbeitszusammenhänge für die Neigung eines Individuums zu beruflichem Ehrgeiz oder zwischenmenschlicher Verbundenheit demonstriert – daß Chodorow geschlechtsbezogene Persönlichkeitsunterschiede mit den Besonderheiten der vorherrschenden Familienform kapitalistischer Industriegesellschaften in Beziehung setzt –, während Jordan und Surrey in ihrer Arbeit keinen dieser Faktoren in Betracht ziehen. Ihre zentrale These, daß Frauen in Beziehungen und in der Fürsorge für andere Lebenssinn und Motivation finden, während Männer ihre Identität durch Autonomie und Getrenntheit erkämpfen, ist vielmehr ein Echo der Arbeit Gilligans (1982), die von der Prämisse ausgeht, diese Geschlechterunterschiede stellten eine Art universeller Grundgegebenheit dar. Unter solchen Voraussetzungen geht die Forderung nicht nach sozialer Veränderung und nach der Umstrukturierung des Familien- und Arbeitslebens, die beiden Geschlechtern einen ausgewogeneren Umgang mit dem Ich und dem »Wir«, mit Arbeit und Liebe ermöglichen würden. Soziale Veränderungen würden aus dieser Sicht eine »Anders-aber-gleichwertig«-Doktrin reflektieren, die der unterschiedlichen Entwicklungslinie und den überlegenen Fürsorge- und Beziehungsfähigkeiten von Frauen Rechnung trägt und diese Qualitäten anerkennt, wertschätzt und unterstützt.

Das Modell des Beziehungsselbst repräsentiert einen besonders wichtigen Zweig der Theoriebildung, sowohl in inhaltlicher Hinsicht (da es uns der positiven Realität des weiblichen Lebens näherbringt) als auch im Hinblick auf das Voranschreiten der feministischen Forschung. Die Hervorhebung der bisher unterbewerteten Qualitäten der empathischen Bezogenheit und die Beschreibung des Beziehungsselbst, das sich im lebendigen Kontext wechselseitiger Verbindlichkeit und Bestärkung entfaltet, kann, wie ich meine, der Ansatz für ein allgemeines Modell menschlicher Entwicklung sein. Für Jordan und Surrey wie für andere psychoanalytische Autor/innen scheinen die polarisierten Rollen und die Unterschiede der Geschlechter jedoch auf der impliziten Voraussetzung des Primats der frühen Beziehung zur Mutter zu beruhen und auf der damit verbundenen Annahme, daß Interaktionen mit gleichgeschlechtlichen beziehungsweise gegengeschlechtlichen Kindern zwangsläufig zu unterschiedlichen, wenn nicht gegensätzlichen Entwicklungswegen führen. Da Jordan und Surrey dem Prozeß der Mutterschaft und den positiven, entwicklungsfördernden Aspekten der Mutter-Tochter-Beziehung sorgfältige und respektvolle Beachtung schenken, würde es einige Anstrengung kosten, in ihrer Arbeit »Schuldzuweisungen an die Mütter« zu entdecken. Tatsächlich gehen ihre theoretischen Erörterungen eher in die gegenteilige Richtung. Ich möchte trotzdem meine Überzeugung unterstreichen, daß jeder lineare, auf die Rolle der Mutter fixierte Ansatz zum Verständnis menschlichen Verhaltens letztlich implizit den Müttern die Verantwortung zuschiebt (auch wenn die bewußten Absichten ganz andere sind), insofern als der Ort der Kausalität – »wo die entscheidenden Dinge sich abspielen« – sowohl im Hinblick auf normales als auch auf pathologisches Verhalten primär innerhalb der Mutter-Kind-Dyade angesiedelt wird. Diese Auffassung, auf die sich die Theorie der Objektbeziehungen gründet, nimmt weder die Existenz der Väter noch die Komplexität und Vielfalt realer Interaktionsmuster in realen Familien zur Kenntnis.

Ein Postskriptum über Polaritäten

Was in der jüngsten feministischen Literatur kritisch überprüft werden muß, ist der Rückfall in dichotomische Vorstellungen von Weiblichkeit und Männlichkeit und die polarisierten Sichtweisen weiblicher und männlicher Entwicklung. Einerseits ist die Neudefinition und Neubewertung der Beziehungsfähigkeiten von Frauen eine wichtige Leistung feministischer Wissenschaftlerinnen; sie bildet ein Gegengewicht zur Abwertung traditionell weiblicher Eigenschaften in unserer konkurrenzorientierten, kriegerischen, männlich dominierten Gesellschaft, in der Wettbewerb und Aufstieg allzuoft Vorrang vor menschlichen Beziehungen und sogar Menschenleben haben. Andererseits tendieren die neueren Theorien über die Psychologie der

Frau dahin, Geschlechterunterschiede zu verfestigen und zu übertreiben, ohne den weiteren familialen und gesellschaftlichen Kontext einzubeziehen, was zu falschen Polarisierungen der Geschlechter führt, die weder dem wissenschaftlichen Anspruch auf Genauigkeit noch der Reichhaltigkeit und Vielfalt menschlicher Erfahrung gerecht werden. Behauptungen wie »Bei Frauen entwickelt sich das Selbst innerhalb eines Beziehungskontexts, bei Männern entsteht das Selbst durch die Ablösung aus diesem Kontext« oder »Frauen definieren ihre Identität über ihre sozialen und familiären Beziehungen, Männer über Leistung, Individuation und Autonomie« oder »Die grundlegende Orientierung von Frauen ist die Fürsorge für andere« sind der Ausdruck der tiefverwurzelten menschlichen Tendenz (von der Feministinnen nicht ausgenommen sind), in dichotomen und polarisierten Vorstellungen zu denken.

Was die Theorie des Beziehungsselbst angeht, stimme ich mit Jordan und Surrey darin überein, daß Frauen in realen oder internalisierten Beziehungszusammenhängen Identität und Lebenssinn finden. Die Implikation, daß Männer dagegen in Beziehungszusammenhängen *keinen* Lebenssinn finden und *kein* Selbst herausbilden, ist jedoch verblüffend, denn schließlich entwickeln sich *alle* Menschen im Kontext familiärer Beziehungen, und *alle* werden durch das Fehlen zwischenmenschlicher Verbundenheit in ihrem Persönlichkeitswachstum gehemmt. Außerdem ist jede dichotomische Darstellung von Verbundenheit und Fürsorglichkeit als konträr zu Autonomie und Leistungsvermögen der Ausdruck einer offensichtlichen Unklarheit des Denkens, denn reife Intimität erfordert ein hohes Maß an Differenziertheit und Eigenständigkeit (das heißt die Fähigkeit, innerhalb des »Wir« das »Ich« zu definieren) und die Fähigkeit beider Partner, unabhängig von der Beziehung individuelle Lebensziele zu formulieren und anzustreben. Wir wissen auch, daß Männer und Frauen, wenn sie in genügendem Maß über Status, Möglichkeiten und Zugang zu Geld und Macht verfügen, gleichermaßen Schwierigkeiten damit haben, ihre individuellen Ambitionen zurückzuschrauben, um sich wichtigen Beziehungen zu widmen. Beide Geschlechter haben ein Leben lang damit zu kämpfen, diese widersprüchlichen Strebungen miteinander in Einklang zu bringen, und das reziproke Muster des Überfunktionierens/Unterfunktionierens der Geschlechter in der privaten beziehungsweise öffentlichen Sphäre führt durch wechselseitige Verstärkung zu einem zirkulären Prozeß, der schwer zu durchbrechen ist.

Damit ist nicht gesagt, Geschlechterunterschiede seien nebensächlich oder nicht existent. Es soll auch nicht verleugnet werden, daß die Geschlechtszugehörigkeit in der Organisation der menschlichen Erfahrung eine wesentliche Variable darstellt. Ich wende mich auch nicht gegen verallgemeinernde Aussagen darüber, worin die Geschlechter sich unterscheiden. Bei bestimmten Paaren ist es mehr als wahrscheinlich, daß der Mann Ängste und Spannungen durch Distanz und Rückzug aus der Beziehung bewältigt und daß die Frau eher mit dem Streben nach Nähe und Zusammengehörigkeit reagiert. Ebenso wahrscheinlich ist, daß der Mann persönliche und berufliche Ziele auf Kosten familiärer Bindungen und Pflichten verfolgt und daß es sich bei der Frau genau umgekehrt verhält. Es trifft auch zu, daß durch die historische Entwicklung in Verbindung mit der traditionellen Familienstruktur Eltern- und Erziehungsrollen geschaffen wurden, die sich in unterschiedlicher Weise auf die Geschlechter auswirken. Viele Männer wurden von physisch und emotional abwesenden Vätern und omnipräsenten (in der Verfolgung ihrer individuellen Ziele blockierten) Müttern erzogen; männliche Kinder werden dann aber dazu angehalten, die entscheidenden Qualitäten dieser allgegenwärtigen Mütter in sich selbst nicht zuzulassen. Eine solche Familienstruktur kann sich auf die Etablierung einer stabilen männlichen Identität und der damit verbundenen Fähigkeit zur Intimität jedoch schwerlich fördernd auswirken. Als weitere Faktoren, die das Bild mitbestimmen, sind schließlich noch die biologischen Unterschiede zwischen den Geschlechtern zu nennen.

Die Beschäftigung mit den Unterschieden zwischen den Geschlechtern und mit der Psychologie der Frau stellt uns also vor eine schwierige Aufgabe. Wenn wir die Unterschiede zwischen Gruppen studieren, sind wir genötigt, zu Generalisierungen zu greifen, von denen es immer Ausnahmen geben wird. Wir benutzen Verallgemeinerungen nicht, um die Unterschiede innerhalb der Gruppen zu verwischen, sondern um uns Klarheit über verschiedene Formen der Realitätswahrnehmung zu verschaffen. Unglücklicherweise wohnt denselben Verallgemeinerungen, die Gruppenunterschiede verdeutlichen, die Tendenz inne, Menschen in Stereotypen und Simplifizierungen einzuzwängen, Abweichungen zwischen den Gruppen zu übertreiben, Ähnlichkeiten und Übereinstimmungen menschlicher Erfahrungen zu verkleinern und sich zu statischen Vorstellungen darüber zu verdichten, was für eine bestimmte Gruppe »natürlich«, »gesund«, »gottgegeben«, »gut und richtig« ist. Generalisierungen in bezug auf die Geschlechter sind also sowohl notwendig als auch ihrem Wesen nach problematisch. Nehmen wir zum Beispiel Jordans und Surreys Prämisse, daß Mütter sich auf unproblematische Weise mit ihren Töchtern affektiv verbunden fühlen und daß sich innerhalb dieser Bindung leichter echte Emphatie entfaltet. Die Autorinnen schreiben:

»Da das Mann-Sein etwas ist, mit dem die Mutter keine unmittelbaren Erfahrungen hat, muß sie auf Beobachtungen zurückgreifen, wie andere mit dem Männlichen umgehen, oder sie muß sich ihre eigenen Vorstellungen machen, was zu tun ist« (S. 88).

Die Generalisierung ist, wie andere ihrer Art, interessant und erwägenswert, vorausgesetzt, man behält dabei im Auge, daß sie mit den tatsächlichen Vorgängen in einer bestimmten Dyade oder Familie vielleicht nichts zu tun hat. Eine Mutter, die aus ihrer Herkunftsfamilie als ältere Schwester den Umgang mit jüngeren Brüdern gewöhnt ist, könnte sich mit Söhnen besonders wohl fühlen, vielleicht mehr als mit Töchtern. Außerdem sind die Besonderheiten der Familiengeschichte oft von größerer Bedeutung als die Frage der Geschlechtszugehörigkeit.

Ich arbeite zur Zeit therapeutisch mit einer Frau, deren chronisch gestörte ältere Schwester permanent im Zentrum der intensiven elterlichen Besorgtheit stand. Ein jüngerer Bruder war vom familiären Projektionsprozeß relativ wenig betroffen und durchlief die Kindheit und das frühe Erwachsenenalter ohne nennenswerte Schwierigkeiten. Als meine Patientin geheiratet und zwei Kinder bekommen hatte, fixierte sie sich in negativer Weise auf ihre erstgeborene Tochter, die in ihrer unbewußten Wahrnehmung mit ihrer eigenen älteren Schwester verschmolz. Die frühen Interaktionen mit ihrem Sohn waren wesentlich ruhiger, weniger von Ängsten und Projektionen und stärker von sicherer Empathie bestimmt; das Bild, das sie von ihm hatte, war nicht das Resultat ihrer Wünsche und Befürchtungen, sondern sie konnte ihn so sehen und annehmen, wie er war. Um in einem bestimmten Fall gezielte Aussagen über die Unterschiede zwischen der Mutter-Tochter-Beziehung und der Mutter-Sohn-Beziehung zu machen, müßte man das komplette Genogramm der Familie studieren und Zugang zu wichtigen Informationen über die Familiengeschichte haben. Es wären auch Informationen über die eheliche Beziehung und die Vater-Kind-Beziehung erforderlich, denn diese formen die Mutter-Kind-Beziehung mit und werden umgekehrt auch von ihr geformt.

Ich habe diese Beispiele nicht mit dem Ziel angeführt, Jordans und Surreys wichtige Hypothese über die Verbundenheit von Mutter und Tochter zu kritisieren. Ihr sorgfältiges Eingehen auf die positive Entwicklung von Interaktionen in der Mutter-Tochter-Dyade ist ein wesentlicher und längst überfälliger Beitrag zur Neudefinition der weiblichen Psychologie. Es geht mir vielmehr darum, die problematische Natur von Generalisierungen in bezug auf die Geschlechter hervorzuheben, während ich gleichzeitig anerkenne, daß Generalisierungen unvermeidlich sind, wenn Gruppenunterschiede diskutiert werden. Wenn wir verallgemeinernde Feststellungen über Angehörige unterprivilegierter Gruppen treffen (Schwarze, ethnische Minoritäten, Frauen), besteht das zusätzliche Risiko, daß diese Verallgemeinerungen aus dem Kontext des unterprivilegierten Status der Gruppe herausgerissen und in einer Weise verwendet werden, die den Status quo rechtfertigt oder bestätigt und von der Notwendigkeit sozialer Veränderungen ablenkt.

Gilligans (1982) Arbeit wird häufig in einer Form interpretiert, die für dieses Problem charakteristisch ist. In meiner Funktion als Beraterin bei Institutionen und in Seminaren des höheren Managements erlebe ich es oft, daß Gilligans Forschungsergebnisse so ausgelegt werden, als demonstrierten sie, daß Frauen sich im Berufsleben vorwiegend mit den Gefühlen anderer und mit persönlichen Bindungen befassen, während Männer in rationalen, logischen, abstrakten Begriffen denken und planen und sich primär auf die gestellten Aufgaben konzentrieren. Wenn solche absurden Verallgemeinerungen auf Tatsachen beruhten, würde kein vernünftiger Arbeitgeber Frauen beschäftigen, denn das Hauptinteresse eines Unternehmens oder einer Institution ist die Sicherung der eigenen wirtschaftlichen Lebensfähigkeit und die zügige Erledigung der anfallenden Arbeiten. Unternehmen und Institutionen haben nicht die Zielsetzung, unter ihren Angestellten zwischenmenschliche Beziehungen und Bindungen zu stiften, obwohl das im Idealfall nicht ausgeschlossen sein sollte. Gilligan selbst ist bestürzt darüber, daß ihre Arbeit dazu mißbraucht wird, alte Stereotypen zu untermauern, aber die Sprache, in der sie ihre verallgemeinernden Feststellungen formuliert, und die Tatsache, daß sie es unterlassen hat, die Geschlechterunterschiede mit dem fundamentalen Macht- und Autoritätsgefälle zwischen Männern und Frauen in Beziehung zu setzen, haben den Mißdeutungen vielleicht die Wege geebnet und tragen zu einer weiteren Polarisierung der Geschlechter bei, die Unterschiede überbetont und Ähnlichkeiten verschleiert.

Was können wir also tun, um die Schwierigkeiten, die mit dem Studium der Geschlechterunterschiede verbunden sind, zu verringern? Erstens können wir uns bemühen, auf unsere Sprache zu achten. Ein Satz wie »Die weibliche Identität gründet sich auf das Umsorgen und Pflegen und auf die Fürsorge für andere, während die männliche Identität in Leistung und Selbstverwirklichung wurzelt« stellt uns vor die unangenehmsten Probleme. Wenn wir Vergleiche zwischen den Geschlechtern anstellen wollen, wäre es präziser, zu sagen: »Mehr Frauen als Männer beziehen ihre Identität aus der Fürsorge für andere« oder »Mehr Männer als Frauen verfolgen ihre ehrgeizigen Strebungen auf Kosten der intimen Bezogenheit auf andere und der Fürsorge für andere«.

Zweitens können wir die zirkuläre Wechselwirkung zwischen den Geschlechtern anerkennen; das heißt, es besteht eine sich wechselseitig verstärkende Dynamik zwischen der überfunktionierenden Position der Frauen im Familien- und Beziehungsbereich und dem Unterfunktionieren der Männer in diesem Feld (Lerner 1985). In ähnlicher Weise existiert eine zirkuläre Wechselbeziehung zwischen der Außenseiterposition der Frauen in der öffentlichen Sphäre und der Außenseiterposition der Männer in der häuslich-privaten Sphäre. Aus systemischer Sicht können wir folgende Voraussage formulieren: Je mehr wir die fürsorglichen, nährenden und umsorgenden Qualitäten der Frauen als »andere, aber gleichwertige« Entwicklungslinie glorifizieren, desto weniger wahrscheinlich ist es, daß Männer ihre eigene Kompetenz in diesem Bereich erkennen und ausüben.

Drittens müssen wir verstehen, daß Geschlechterunterschiede mit dem Verhältnis zwischen dominanten und untergeordneten Gruppen zusammenhängen und daß sie somit immer in diesem weiteren sozialen Kontext gesehen werden müssen. Die Persönlichkeitsmerkmale und Verhaltensweisen, die Gilligan und Jordan und Surrey als spezifisch weiblich beschreiben, sind identisch mit den Charakteristika jeder unterprivilegierten Gruppe, wie sie in Untersuchungsergebnissen erscheinen. Zweifellos sehen Gilligans Schlußfolgerungen ganz anders aus, wenn wir sie auf dem Hintergrund der Untersuchungen Kanters (1977) über kontextbezogene Variablen in der Arbeitswelt oder Hare-Mustins (1987) Analyse von Macht- und Hierarchiestrukturen interpretieren. In der psychoanalytischen Literatur ist Millers (1976) klassischer Text nach wie vor ein exzellentes Beispiel für eine Sichtweise, die den Beziehungsstärken von Frauen Gerechtigkeit widerfahren läßt, ohne die weibliche Psychologie abzuwerten oder zu glorifizieren; die spezifischen Stärken und Probleme von Frauen werden vielmehr sorgfältig in den Kontext der Dynamik zwischen dominanten und unterprivilegierten Gruppen eingeordnet.

Und viertens müssen wir erkennen, daß Geschlechterunterschiede nicht nur im weiteren soziopolitischen Zusammenhang, sondern auch im weiteren familiären Kontext verstanden werden müssen. Die psychoanalytische Vorstellung, daß Geschlechterunterschiede in der Begrenzung auf die Mutter-Kind-Dyade erforscht werden können oder daß irgendeine dyadische Beziehung isoliert vom Ganzen verstanden werden kann, ist zutiefst problematisch; es spiegelt sich darin die Spaltung zwischen dem psychodynamischen und dem systemischen Denken und das Ausmaß, in dem wir den ganzheitlichen Familienprozeß ignorieren. Wenn wir in unserer Theoriebildung und Forschung weiterhin auf diesem engen Blickwinkel beharren, werden wir dem Mann in dem bekannten Witz ähneln, der seine Schlüssel in der dunklen Allee verloren hatte, aber unter einer Straßenlaterne danach suchte, weil dort das Licht besser war.

Obwohl das ernsthafte Studium des Familienprozesses für psychoanalytisch geschulte Feministinnen ein gutes Gegenmittel darstellt, was die geschilderten Schwierigkeiten betrifft, ist die Beglaubigung als »Familientherapeutin« oder »Systemtheoretikerin« noch keine Garantie für größere Klarheit und intellektuelle Rechtschaffenheit oder für komplexeres Denken (Luepnitz 1984). Wie Bograd (1986) und andere Familientherapeutinnen betonten, wird die systemische Sprache oft benutzt, um lineare Erklärungsmodelle zu überdecken, und die Berufung auf zirkuläre Kausalität oder Rekursivität mündet oft wieder in die altvertrauten Schuldzuweisungen an die Mütter ein. Außerdem haben Familientherapeuten bis vor kurzem das Thema Geschlechtszugehörigkeit und Geschlechterunterschiede schlicht ignoriert (Goldner 1985, Taggart 1985, Hare-Mustin und Marecek 1986), was nur die Gegenseite der obsessiven und reduktionistischen Beschäftigung der Psychoanalytiker mit diesen Fragen ist. Hare-Mustin (1987) merkt dazu an, daß nur wenige von uns einen Mittelweg zwischen dem, wie sie es nennt, »Alpha-Vorurteil« (Übertreiben der Geschlechterunterschiede) der psychodynamischen Theorien und dem »Beta-Vorurteil« (Ignorieren der Geschlechterunterschiede) der systemischen Theorien finden.

Zum Schluß möchte ich betonen, daß die Fragen, die ich hier aufgeworfen habe, für uns alle Gegenstand offener und kritischer Auseinandersetzungen sein sollten. Die Arbeiten, die ich kritisiert habe, stellen wichtige Beiträge zur weiblichen Psychologie dar, auch wenn sich in ihnen ungeklärte Probleme zeigen, für die es keine einfachen Lösungen gibt. Carter (1985) bringt das auf die knappe Formel: »Wie sollen wir mit der zentralen Rolle der Mütter im emotionalen Leben der Familie umgehen? Wenn wir die Mutter ignorieren oder beiseite schieben, werden wir ihrer Bedeutung und ihrem Engagement nicht gerecht; wenn wir uns übermäßig auf sie konzentrieren, schieben wir ihr die Verantwortung für das Problem und/oder die notwendigen Veränderungen zu« (S. 78). Wie Chernin und Jordan und Surrey erinnert uns auch Carter daran, daß Mütter und Töchter im emotionalen Leben von Familien eine zentrale Achse bilden und daß diese Beziehung bislang nicht die Aufmerksamkeit erfahren hat, die sie verdient. Wie sollen wir es aber erreichen, ihr die angemessene Beachtung zu schenken, ohne die Perspektive des Familienprozesses aus den Augen zu verlieren, ohne die Rolle der Väter, die Komplexität der ineinander verflochtenen Beziehungen und die Auswirkungen der sozialen Normen und des untergeordneten Status von Frauen zu verkleinern oder zu verdunkeln? Und wie können wir eine Sprache schaffen, die es uns erlaubt, die Diskussion um Geschlechterunterschiede und den Entwurf einer neuen weiblichen Psychologie so zu führen, daß wir nicht in alte Klischees zurückfallen oder Geschlechterdichotomien konstruieren, die im besten Fall reduktionistisch sind, im schlimmsten Fall aber alte Rollenzwänge bestätigen? Selbstverständlich behaupte ich nicht, die Antworten parat zu haben, die nur aus kontinuierlichen Bemühungen um konstruktive Zusammenarbeit hervorgehen können. Ich hoffe aber, ich habe die richtigen Fragen gestellt.

Literatur

BERNARD, J. (1974): The Future of Motherhood; New York

BOGRAD, M. (1986): A feminist examination of family therapy; what is woman's place? In: Women in Therapy 5 (2/3): 95–106

CARTER, B. (1985): My intervention's guide to »correct« feminist family therapy; in· Family Therapy Networker 9 (6): 78–79

CHERNIN, K. (1984): In My Mother's House: A Daughter's Story; New York (In meiner Mutter Haus, Frankfurt/Main 1990)

– (1986): The Hungry Self: Women, Eating and Identity; New York

CHODOROW, N. (1978): The Reproduction of Mothering; Berkeley (Das Erbe der Mütter. Psychoanalyse und Soziologie der Mütterlichkeit, München 1985)

CHODOROW, N., and CONTRATTO, S. (1982): The fantasy of the perfect mother, in: Rethinking the Family: Some Feminist Questions, ed. B. Thorne und M. Yalom, pp. 54–75; New York

FRIDAY, N. (1977): My Mother/Myself; New York (Wie meine Mutter, Frankfurt/Main 10. Aufl. 1989)

GILLIGAN, C. (1982): In a Different Voice; Cambridge, Massachusetts (Die andere Stimme, München 1988)

GOLDNER, V. (1985): Feminism and family therapy; in: Family Process 24 (1): 31–47

HARE-MUSTIN, R. (1987): The problem of gender in family therapy theory; in: Family Process 26 (1): 15–27

HARE-MUSTIN, R., and MARECEK, J. (1986): Autonomy and gender: some questions for therapists; in: Psychotherapy 23 (2): 205–212

HERMAN, J. L., and LEWIS, H. B. (1986): Anger in the mother-daughter relationship; in: The Psychology of Today's Woman, ed. T. Bernay and D. W. Cantor, pp. 139–168; Hillsdale

JORDAN, J. V., and SURREY, J. L. (1986): The self-in-relation: empathy and the mother-daughter relationship., in: The Psychology of Today's Woman, a.a.O., pp. 81–104

KANTER, R. M. (1977): Men and Women of the Corporation; New York

LERNER, H. G. (1980): Internal prohibitions against female anger

– (1985): The Dance of Anger (Wohin mit meiner Wut, Zürich 1987)

LERNER, S., and LERNER, H. G. (1983): A systemic approach to resistance, a.a.O.

LUEPNITZ, D. (1984): Cybernetic baroque: The hi-tech talk of family therapy; in: Family Therapy Networker 8: 37–41

MILLER, J. B. (1976): Toward a New Psychology of Women, New York (Die Stärke weiblicher Schwäche. Zu einem neuen Verständnis der Frau, Frankfurt/Main 7. Aufl. 1988)

PAPP, P. (1983): The Process of Change; New York (Die Veränderung des Familiensystems, Stuttgart 1989)

RICH, A. (1976): Of Woman Born; New York (Von Frauen geboren, München 1979)

TAGGART, M. (1985): The feminist critique in epistemological perspective: questions of context in family therapy; in: Journal of Marital and Family Therapy 11: 113–126

Women's Project in Family Therapy (1982): Mothers and Daughters; Monograph Series 1 (1). s. auch: Mothers and Sons, Fathers and Daughters (1983), Monograph Series 2 (1); Washington, D.C.

Danksagungen

Dieses Buch ist eine Sammlung von Artikeln, die ich in einem Zeitraum von fünfzehn Jahren geschrieben habe, beginnend in der Zeit meines Forschungsstipendiums bei der Menninger Foundation (1972–1974) bis in die Gegenwart. Während dieser Jahre hatte ich viele hervorragende Lehrer und Lehrerinnen in Theorie und Praxis der Psychoanalyse. Ich möchte diesen Menschen, die zu zahlreich sind, um alle namentlich genannt zu werden, dafür danken, daß sie meine berufliche Entwicklung gefördert und mich zum Schreiben ermutigt haben.

Die Menninger Foundation ist ein lebendiger Beweis für die Richtigkeit des bekannten Ausspruchs: »Vielbeschäftigte Leute sind die besten Helfer.« Meine Kollegen stellten mir immer großzügig ihre Zeit und ihre Fachkenntnisse zur Verfügung und übten ausführliche, konstruktive Kritik. Mein besonderer Dank gilt Otto Kernberg, Paul Pruyser, Peter Novotny, Meredith Titus, Arthur Mandelbaum, Tobias Brocher, Leonard Horwitz, Sydney Smith, Donald Colson und Marianne Ault-Riché für ihre Vorschläge und Hinweise zu einem oder mehreren Kapiteln dieses Buches.

Robert Seidenberg und Marie Badaracco, Kollegen außerhalb der Menninger Foundation, leisteten mir wertvolle Hilfe bei früheren Beiträgen. Ich danke auch Jean Baker Miller, Rachel Hare-Mustin, Michelle Bograd, Patricia Klein Frithiof, Virginia Goldner, Ellen Safir, Jane Hirschman, Jeanne Marecek und Nancy Chodorow für ihre kritische Auseinandersetzung mit dem letzten Kapitel. Außerdem danke ich Roy Menninger, dem Präsidenten der Menninger Foundation, und Irwin Rosen, dem Direktor des Adult Outpatient Department für flexible Arbeitsarrangements und dafür, daß sie es mir ermöglichten, meine eigenen Zielsetzungen zu verfolgen. Andere Kollegen bei der Menninger Foundation haben über Jahre zur Entstehung dieses Buches beigetragen. Ich danke Virginia Eichholtz für ihre beruhigende editorische Präsenz und ihre großzügige Hilfe während meiner gesamten schriftstellerischen Laufbahn. Mein Dank gilt auch Alice Brand und den Bibliothekarinnen und Bibliothekaren, deren Mitarbeit über ihre Pflichten hinausging, die Quellen aufsuchten und mir in den letzten Stadien dieses Buchprojekts in letzter Minute bei zahllosen Details halfen.

Betty Hoppes leistete als Sekretärin hervorragende Arbeit; während meiner gesamten Laufbahn war sie stets eine Quelle großzügiger Unterstützung und Ermutigung. Solange ich mich zurückerinnern kann, sorgten Mary McLin und Sue Spicer mit außergewöhnlicher Kompetenz für einen reibungslosen Ablauf organisatorischer Dinge. Auch Jeannine Riddle und Aleta Pennington, die auf dem Word Processor in kürzester Zeit Manuskripte fertigstellten, verdienen besonderen Dank.

Teresa Bernardez verließ die Menninger Foundation, bevor meine Mitarbeit dort begann, aber wir kamen dennoch miteinander in Verbindung, und ich werde ihr für ihre energiespendende und inspirierende Gegenwart in meinem Leben immer dankbar sein. Anthony Kowalski, Dennis Farrell, Estela Beale, Shahla Chehrazi, Sherry Levi-Reiner, Diana Hartley, Deborah Levy und Sally Davis waren wichtig für mich während der einander überschneidenden Jahre unserer Arbeit bei der Menninger Foundation; ich danke ihnen allen für ihre kollegiale Unterstützung meiner Arbeit.

Mein besonderer Dank gilt meinem Verleger, Jason Aronson, der mich dazu anregte, diesen Band zusammenzustellen, und der an seiner Entstehung maßgeblich beteiligt war. Ich hatte das Glück, Rachel Witty als Lektorin zu haben; sie stand mir während der Entstehungszeit dieses Buches mit klaren Ratschlägen und wertvollen Hinweisen zur Seite, und es war ein Vergnügen, mit ihr zusammenzuarbeiten. Nancy Morgan Andreola leistete hervorragende Arbeit bei der Korrektur des Manuskripts.

Mein Mann Stephen Lerner stand mir mit konstruktiver Kritik zur Seite und sorgte gemeinsam mit unseren beiden Söhnen

Matthew und Benjamin für eine liebevolle Atmosphäre, in der ich schreiben konnte. Meine Liebe und Dankbarkeit gelten auch meiner Familie, meinen Eltern und meiner Schwester, deren Einfluß sich in meiner gesamten Arbeit spiegelt.

Über System-Denken (insbesondere über die Familien-System-Theorie von Bowen) lernte ich am meisten von Katherine Glenn Kent, und ihr Einfluß spiegelt sich in den letzten drei Kapiteln dieses Buches. Sie war die bei weitem wichtigste Mentorin in meiner beruflichen Entwicklung; ich danke ihr für alles, was ich von ihr gelernt habe, und für mehr als ein Jahrzehnt großmütiger Freundschaft.

Der feministischen Bewegung bin ich zu besonderem Dank verpflichtet; ihr Einfluß erlaubte mir, freier zu denken, mutigere Fragen zu stellen und mich authentischer auf meine eigenen Erfahrungen zu beziehen. Seit dem Beginn meiner Berufslaufbahn hatte ich das Glück, in ein weitreichendes Netzwerk feministischer Freundinnen und Kolleginnen eingebunden zu sein, die meine Arbeit auch während der schwierigen Phase unterstützten und mir ein neues Verständnis der intellektuellen Gemeinschaft und der Solidarität unter Frauen vermittelten. Wenn ich an dieser Stelle Teresa Bernardez und Jean Baker Miller meinen besonderen Dank ausspreche, bin ich mir bewußt, daß ich nicht annähernd alle Frauen aufzählen kann, deren radikale Ansichten mein Leben in den letzten fünfzehn Jahren so sehr verändert haben. Dieses Buch ist allen Stimmen der feministischen Bewegung gewidmet.

Quellennachweis

Mit freundlicher Genehmigung des Suhrkamp Verlages
wurden aus dem nachfolgenden Werk Zitate übernommen:
J. Chasseguet-Smirgel (Hrsg.), Psychoanalyse der weiblichen
Sexualität, übersetzt von Grete Osterwald, es 697
© Suhrkamp Verlag Frankfurt am Main 1974

Wohin mit meiner Wut?

Mit großer Sachkenntnis begleitet uns die Autorin auf dem schwierigen Weg, Aggressionen in der Beziehung zu erkennen, ihren Gründen auf die Spur zu kommen und die Wut zur fruchtbaren Veränderung des eigenen Verhaltens einzusetzen – und dabei der Angst vor dem Neuen standzuhalten. Der Lohn für die Auseinandersetzung mit unserer Wut kann ein klares Bewußtsein unser selbst und damit eine neue, zufriedenstellendere Form von Beziehung sein.

> Harriet Goldhor Lerner
> **Wohin mit meiner Wut?**
> Neue Beziehungsmuster für Frauen
> *217 Seiten, kartoniert*

Wut ist gut, Veränderung besser.

»Zärtliches Tempo« setzt da an, wo »Wohin mit meiner Wut« endet. Beziehungsprobleme entstehen häufig, weil Frauen darauf verzichten, eigene Standpunkte zu vertreten, um eine scheinbare Nähe aufrechtzuerhalten. Dadurch kommt die eigene Entwicklung zu kurz. Depression und Wut sind die Folge. Veränderung ist angesagt. Wie eine solche vor sich gehen kann, wie Frauen lernen, zu ihren Vorstellungen und Vorhaben zu stehen, ohne dabei eine Kampfposition dem anderen gegenüber einzunehmen, zeigt die Autorin an vielen Beispielen und typischen Situationen.

> Harriet Goldhor Lerner
> **Zärtliches Tempo**
> Wie Frauen ihre Beziehungen verändern,
> ohne sie zu zerstören
> *256 Seiten, kartoniert*

KREUZ: Bücher zum Leben.

Liebe oder Karriere?

Inge Stephan zeigt am Beispiel von elf Frauen aus allen Bereichen der Kunst und Wissenschaft, daß bedeutende Männer wie Einstein, Marx, Tolstoi, Corinth und Barth ihre großen Werke nur schaffen konnten, weil Frauen ihnen praktisch, emotional und geistig zugearbeitet haben. Dabei war der Konflikt zwischen Liebe und Karriere kein Thema der Vergangenheit. Auch heute stellt sich für Frauen die Frage, ob sie lieben oder kreativ sein wollen, ob sie Beziehungsarbeit oder schöpferische Arbeit tun. Die begabte Frau erlebt eine dramatische Tragödie, wenn sie zugleich eine liebende Frau sein will.

Inge Stephan
Das Schicksal der begabten Frau
Im Schatten berühmter Männer
217 Seiten, mit zahlreichen Abbildungen, kartoniert

Auf der Suche nach weiblicher Identität.

Gibt es eine ganz spezifische weibliche Identität? Oder viele? Wie bildet sie sich heraus? Wie wurde (und wird) sie behindert und unterdrückt? Wie entwickeln wir ein eigenes Bild des Weiblichen, finden wir unser eigenes Körper-, Frauen-, Lebensbild?
Von verschiedensten Forschungs- und Therapieansätzen aus entwerfen die Autorinnen dieses Bandes Bilder weiblicher Zukunft.

Elisabeth Camenzind/
Ulfa von den Steinen (Hrsg.)
Frauen definieren sich selbst
Auf der Suche nach weiblicher Identität
259 Seiten, kartoniert

KREUZ: Bücher zum Leben.

Feministische Psychotherapie:

Was heißt es, als Frau psychotherapeutisch tätig zu sein, und was heißt es, als Frau eine Psychotherapie in Anspruch zu nehmen? Zwischen Frauen-Bewegung und Männer-Theorien versuchen in diesem Sammelband Psychotherapeutinnen ihre Position zu bestimmen. Sie gehen dabei von sehr verschiedenen, praktischen und theoretischen Frage stellungen aus. Allen gemeinsam ist jedoch der Wunsch, das, was in der Therapie geschieht, mit weiblichen Augen neu zu sehen.

Elisabeth Camenzind/Ulfa von den Steinen (Hrsg.)
Frauen verlassen die Couch
Feministische Psychotherapie
223 Seiten, kartoniert

Frauenporträts aus zwei Jahrhunderten:

Die Biographien und Charaktere der 20 porträtierten Frauen sind völlig verschieden. Ihr ganz privates Schicksal bekam für sie öffentliche und gesellschaftliche Bedeutung. Und gerade die Hindernisse, an deren Überwindung noch im 19. Jahrhundert eine Frau ihre ganze Energie verbrauchte und die heute beseitigt sind, machen deutlich, wie schwer, aber auch wie notwendig der Kampf der Frau um Emanzipation ist. Schriftstellerinnen und Journalistinnen von heute befragen mit Sympathie und kritischem Abstand ihre Vorfahrinnen nach ihrem Werdegang und dem, was sie daraus gemacht haben – ein spannend zu lesendes Buch!

Hans Jürgen Schultz (Hrsg.)
Frauen
Porträts aus zwei Jahrhunderten
*305 Seiten, 20 Porträtfotos,
kartoniert*

KREUZ: Bücher zum Leben.

Frauen in der Lebensmitte ziehen Bilanz.

Dörthe Binkert hat ihren eigenen 40. Geburtstag zum Anlaß genommen, bei anderen Frauen in diesem Alter nachzufragen, wie sie ihr bisheriges Leben und wie sie ihre nächste Zukunft sehen.
Die Porträts zeichnen sehr verschiedene Frauen und Lebensentwürfe nach: Neben Künstlerinnen und Singles erscheinen verheiratete Frauen und Mütter, solche, die einem Beruf nachgehen, und andere, die Hausfrauen sind, sogar eine Ordensfrau. Selbstverwirklichung, so das Resümee der Autorin, ist wohl immer nur stückweise zu haben und ist auch alles andere als einfach Glück. Sie will durch Arbeit an sich selbst erworben sein.

Dörthe Binkert
Ein Gesicht, das zu mir paßt
Frauen in der Lebensmitte ziehen Bilanz
158 Seiten, kartoniert

Frauen finden eigene Kreativität.

Zur schöpferischen Arbeit gehört Konzentration auf die eigene Gedanken- und Phantasiewelt, gehört unzerstückelte Zeit, »ein Zimmer für sich allein« und nicht zuletzt Selbstbewußtsein und eine gewisse Aggressivität, wenn Kreativität nicht in der gesellschaftsfernen Nische des Töpferkurses enden soll. Frauen bringen, ohne daß sie es wissen, viele Voraussetzungen für kreatives Verhalten mit – das bringt Olga Rinne in diesem Buch allen Frauen in Erinnerung und ermöglicht damit gleichzeitig neue Einsichten.

Olga Rinne
Und wer küßt mich, fragt die Muse
Frauen finden ihre eigene Kreativität
118 Seiten, kartoniert

KREUZ: Bücher zum Leben.